シャイな教師の教職遂行を規定する認知的要因に関する研究

高柳真人 著

風間書房

刊行によせて

　このたび，高柳真人氏が平成27（2015）年度筑波大学大学院人間総合科学研究科生涯発達科学専攻に提出された博士論文「シャイな教師の教職遂行を規定する認知的要因に関する研究」を公刊することになり，言葉を寄せることになった。高柳真人氏は，この学位論文で博士（カウンセリング科学）の学位を取得した。

　高柳真人氏とはじめてお会いしたのは，23年前，平成7（1995）年5月頃のことだったと思う。私は，それまでの筑波大学心理学系助手勤務から，東京・大塚地区（学校教育部）担当の心理学系講師として赴任した年であった。筑波大学学校教育部は，東京高等師範学校，東京文理科大学，東京教育大学の流れを引く，教育相談の発祥の地としての歴史を引き継いでいる附属学校の管理および教育相談施設であった。私の主たる勤務内容は，地域住民へのサービスとしての教育相談担当を中心に，当時危うくなっていた附属学校と大学との連携の再構築，および教育研究科カウンセリング専攻カウンセリングコースの教育支援などであった。

　特に，平成元（1989）年に開設されたカウンセリングコースは，東京地区の有効活用手段として考案され，日本初の社会人大学院であり，有職者に対して平日18時20分から21時までと，土曜日10時から19時半まで授業を開講し，修士（カウンセリング）を授与してきた。これを執筆している平成30年9月現在，第30期までが在籍している。カウンセリングコースでは，社会人有職者である大学院生が，最先端の現場での問題について科学に基づく方法論や考え方でアプローチし，現場で役立つ新たな知見を見出し，修士論文を作成した。そして，修了生には，社会に役立つ情報を積極的に発信していくことが求められた。

高柳真人氏は，カウンセリングコースの第7期の入学生であり，私が赴任直後に出会った学年のかたであった。言うなれば，私は同級生のような立場であった。私にとって，異動は大きな出来事であったが，この平成7年はさらに大きな出来事が続いた。国分康孝教授を大会準備委員長，田上不二夫教授を大会事務局長として，日本カウンセリング学会第28回大会（大会テーマ「カウンセリングとは何か？」）が大塚キャンパスで開催されたのであった。現場で困った出来事があると支援に行く遊撃隊として任命され，てんやわんやのうちに大会が終わったのを覚えている。大会期間中，誰が在学生で誰が修了生か区別できないうちに，いろいろ交流があった。その中にも，高柳真人氏がいた。

　赴任直後，田上教授のゼミに，私は研究指導補助として参加させて頂いた。高柳真人氏は，田上教授の指導のもと，今回上梓された博士論文につながる，「シャイな教師に関する研究」で修士論文に取り組まれていたところであった。

　その後，学校教育部の仕事として，高柳真人氏が務める附属坂戸高校との連携の仕事の際にも何度もお邪魔し，お世話になったのを覚えている。平成12（2000）年に故あって，私は上越教育大学，その後兵庫教育大学へと異動した。しばらくして，高柳氏が高知大学教授になられたことを，人づてに知った。

　先輩教員のかたたちの努力により，先の修士課程教育研究科カウンセリング専攻カウンセリングコースが，高度専門職業人の養成という社会のニーズの追い風を受けて，平成20（2008）年に，人間総合科学研究科生涯発達科学専攻（博士後期課程）が開設された。私も縁があって，平成21（2009）年筑波大学東京キャンパスの方に戻ってくるとことになった。高柳真人氏とは手紙のやりとりをしていて，博士号を取得する気が無いかを問うたことが縁で，今回の博士号取得につながることになったと思う。

　高柳真人氏は，理科系の筑波大学農林学類出身であり，教科教育専攻学校

教育コースで取得した教育学修士を持っていながら，修士（カウンセリング）のみならず，武蔵野美術短期大学通信教育課程で美術の準学士も取得するなど，非常に勉強熱心でさまざまな側面でのスキルをお持ちなかたである。今回，博士号を取得したことは，それらの集大成であると思われる。

　近年，京都教育大学に異動されたのも，博士号取得のおかげではなかったかと思う。

　博士論文を書き上げると，しばらくは中身をみたくなくなるかも知れないが，是非この勢いを保ったまま新しい研究を進めて頂きたいと思う。是非，後進を育てる側として，日本の教育，教員養成にも「エビデンス」に基づく教育を取り入れて頂きたい。日本の教育は残念ながら，声が大きいものが勝つ世界になってはいないだろうか。

　是非，これまでの経験をフルに生かして，今後も日本の教育にインパクトを与えていただきたい。先端学問分野の博士（カウンセリング科学）を持つものとしても，後輩を導いて頂きたい。

　高柳真人さん，このたびは出版おめでとうございます。
　今後のますますのご発展をお祈り致します。

平成30年9月15日

　　　　　　　　　筑波大学人間系（心理学域）教授　藤生英行

目　　次

刊行によせて（藤生英行）
はじめに………………………………………………………………………1

第Ⅰ部　理論的背景 …………………………………………………7

第1章　問題提起………………………………………………………10
1　教師の職務と対人行動……………………………………………10
2　シャイな教師………………………………………………………16
3　シャイな教師の認知と教職遂行…………………………………20

第2章　先行研究の概観と概念の定義……………………………23
1　問題と目的…………………………………………………………23
2　方法…………………………………………………………………24
3　シャイネス研究の概要……………………………………………26
4　シャイネスの概念…………………………………………………32
　4.1　シャイな人……………………………………………………32
　4.2　シャイネスの定義……………………………………………35
　4.3　社会恐怖（対人不安障害）との関係………………………37
　4.4　シャイネスの測定……………………………………………38
　4.5　シャイネスと他のパーソナリティ要因との関係…………41
5　シャイネスを喚起される場面……………………………………43
6　シャイな人の認知と対人行動……………………………………45
　6.1　シャイな人の認知……………………………………………45

   6.2 シャイな人の対人行動……………………………………………46
   6.3 シャイな人の認知と対人行動…………………………………48
 7 シャイな教師の教職遂行………………………………………………49
   7.1 シャイな人のキャリア形成や職業行動………………………49
   7.2 シャイな教師の教職遂行………………………………………50
 8 シャイな教師の教職遂行に関する研究の動向と本研究への示唆……55
 9 概念の定義………………………………………………………………57
   9.1 シャイな教師……………………………………………………57
   9.2 教職遂行…………………………………………………………58

第3章 本論文の目的と構成……………………………………………59
 1 本論文の目的……………………………………………………………59
 2 本論文の構成……………………………………………………………60
 3 本論文を作成するために実施した調査………………………………64
   3.1 教師を対象とした調査…………………………………………65
   3.2 大学生を対象とした調査………………………………………66

第Ⅱ部 シャイな教師の教職遂行………………………………………67

第4章 学校におけるシャイな教師の実態【研究1】………………70
 1 問題と目的………………………………………………………………70
 2 自己報告によるシャイな教師のスクリーニング可能性の検討………70
   2.1 問題と目的………………………………………………………70
   2.2 方法………………………………………………………………71
   2.3 結果………………………………………………………………72
   2.4 考察………………………………………………………………75
 3 学校におけるシャイな教師の実態（教師調査1）……………………76

3.1　問題と目的 …………………………………………………76
　　3.2　方法 ……………………………………………………………76
　　3.3　結果 ……………………………………………………………78
　　3.4　考察 ……………………………………………………………86
　4　学校におけるシャイな教師の実態（教師調査2）……………88
　　4.1　問題と目的 …………………………………………………88
　　4.2　方法 ……………………………………………………………88
　　4.3　結果 ……………………………………………………………91
　　4.4　考察 …………………………………………………………100

第5章　シャイな教師の対人行動【研究2】……………………103
　1　問題と目的 …………………………………………………………103
　2　シャイな教師の対人行動（教師調査）…………………………103
　　2.1　問題と目的 …………………………………………………103
　　2.2　方法 …………………………………………………………104
　　2.3　結果 …………………………………………………………105
　　2.4　考察 …………………………………………………………107
　3　シャイな教師の対人行動（学生調査）…………………………108
　　3.1　問題と目的 …………………………………………………108
　　3.2　方法 …………………………………………………………108
　　3.3　結果 …………………………………………………………109
　　3.4　考察 …………………………………………………………114
　4　シャイな教師の対人行動の背景にあるパーソナリティ特性の検討‥116
　　4.1　問題と目的 …………………………………………………116
　　4.2　方法 …………………………………………………………116
　　4.3　結果 …………………………………………………………118
　　4.4　考察 …………………………………………………………125

第6章 シャイな教師に対する評価【研究3】……………………127
1　問題と目的…………………………………………………127
2　方法…………………………………………………………128
3　結果…………………………………………………………129
4　考察…………………………………………………………138

第7章 教職遂行過程におけるシャイな教師の困った経験
【研究4】………………………………………………………141
1　問題と目的…………………………………………………141
2　シャイな教師の困った経験（教師調査1）……………141
　2.1　問題と目的……………………………………………141
　2.2　方法……………………………………………………142
　2.3　結果……………………………………………………142
　2.4　考察……………………………………………………146
3　シャイな教師の困った経験（教師調査2）……………147
　3.1　問題と目的……………………………………………147
　3.2　方法……………………………………………………147
　3.3　結果……………………………………………………152
　3.4　考察……………………………………………………179

第Ⅲ部　シャイな教師の教職遂行を規定する認知的要因……………183

第8章 シャイな教師の困った経験と関連した認知的要因
【研究5】………………………………………………………186
1　問題と目的…………………………………………………186
2　方法…………………………………………………………186
3　結果…………………………………………………………190

4　考察 …………………………………………………………………194

第9章　教職遂行場面評価及び対人評価が教職遂行に及ぼす影響
　　　　【研究6】……………………………………………………………196
　　1　問題と目的……………………………………………………………196
　　2　方法……………………………………………………………………196
　　3　結果……………………………………………………………………197
　　4　考察……………………………………………………………………214

第10章　シャイネスに対する評価が教職遂行に及ぼす影響
　　　　【研究7】……………………………………………………………216
　　1　問題と目的……………………………………………………………216
　　2　シャイネスに対する評価と教職遂行の関連（教師調査1）………216
　　　2.1　問題と目的………………………………………………………216
　　　2.2　方法………………………………………………………………216
　　　2.3　結果………………………………………………………………217
　　　2.4　考察………………………………………………………………222
　　3　シャイネスに対する評価と教職遂行の関連（教師調査2）………222
　　　3.1　問題と目的………………………………………………………222
　　　3.2　方法………………………………………………………………222
　　　3.3　結果………………………………………………………………223
　　　3.4　考察………………………………………………………………225

第11章　教職対人行動効力感が教職遂行に及ぼす影響【研究8】……226
　　1　問題と目的……………………………………………………………226
　　2　方法……………………………………………………………………228
　　3　結果……………………………………………………………………230

    4 考察 ·· 239

第12章　シャイな教師の認知と教職遂行の関係モデルの構成
【研究9】·· 241
　1　問題と目的 ·· 241
　2　方法 ··· 242
　3　結果 ··· 242
　4　考察 ··· 246

第Ⅳ部　総括 ·· 249

第13章　総合的考察 ·· 251
　1　本論文の概略 ·· 251
　　1.1　各章の概略 ··· 251
　　1.2　シャイな教師の困った経験 ··· 259
　　1.3　シャイな教師の教職遂行を規定する認知的要因 ······················· 260
　2　本論文の意義 ·· 262
　　2.1　「シャイな教師」という視点の導入 ·································· 262
　　2.2　シャイな人の職業行動の解明 ······································· 263
　　2.3　シャイな人の実態の解明 ··· 264
　3　シャイな教師に対する支援策の提案 ······································ 265
　　3.1　教職遂行場面評価及び対人評価と教職遂行の関係に関する知見から ··· 266
　　3.2　シャイネス評価と教職遂行の関係に関する知見から ················· 267
　　3.3　シャイネス反応と教職遂行の関係に関する知見から ················· 268
　　3.4　教職対人行動効力感と教職遂行の関係に関する知見から ············· 269
　　3.5　シャイな教師の実態から ··· 269

第14章　本研究の限界と今後の課題……………………………271
　1　本研究の限界……………………………………………………271
　　1.1　調査対象者の特性による限界……………………………271
　　1.2　因果関係の検討の限界……………………………………273
　　1.3　取り上げた認知的変数についての限界…………………274
　　1.4　シャイな教師の定義に関する限界………………………274
　2　今後の課題……………………………………………………276

引用文献………………………………………………………………279
各研究の発表状況……………………………………………………297
あとがき………………………………………………………………299
資料……………………………………………………………………305

はじめに

　筆者は，よき師や友人に恵まれ，学ぶことも好きだったので，いつまでも学校という場にいたいという思いは強く，社会に出る際にも，企業に就職するという選択肢は全く思い浮かばなかった。幸いなことに，東京都の高校教師として社会人としてのキャリアをスタートすることができ，その後，縁あって，母校の附属高校にも勤務した。いずれの学校にあっても，生徒や同僚・上司，保護者との出会いに恵まれ，授業，担任業務，校務分掌の仕事，部活動指導，保護者との連携など，教師としてのさまざまな仕事を進める上で，周りの方々に多くの面で助けられながら，自分なりに充実した教員生活を送ることができた。

　先輩教師や同僚たちは，それぞれが個性的であり，教師として生きていく上でのモデルには事欠かなかった。着任した初日に，「お近づきの印に，お昼に天丼をとっておいたので，よかったら召し上がって」と右も左もわからず心細い思いをしていた若輩者の私に，丁寧な言葉で，歓迎の意とご厚情を示して下さったN先生。いつもにこにこして決して声を荒げることがなかった方だが，ずば抜けた教科の専門的力量を持っておられ，そのことが自ずと子どもたちにも伝わっており，いつも柔らかい雰囲気で授業が進んでいたものだった。また，本気で子どもたちを育てたいという温かさに裏打ちされた妥協のない指導をされながら，「K先生だったら，こんなことしたら絶対許さないよ」と子どもたち自身がその指導を受け入れ，行動のよりどころとしていたK先生。「私は，授業では，最初ではなく，最後を締めているんだ」，「あの子たちが10年後に判ってくれればいいんだ」と仰りながら本気で生徒を叱るT先生。ご自身の人生経験を上手に自己開示しながら，時には励まし，時には叱り，生徒たちが自分たちの生き方を考える際のモデルとしても大きな役

割を果たしていた生徒との人間関係作りの達人ともいうべきH先生。校務分掌などとは独立して年度ごとに作られる実行委員会方式で開催される文化祭の顧問を，毎年，ご自身も立候補して担当され，実行委員たちの活動に夜遅くまで付き合いながら，上手に見守り，また必要な支援をされていたI先生。「いいか，高柳」という枕詞で教師としての心構えをいろいろと教えて下さったK先生。いずれも百戦錬磨のつわものであり，私もそうだったが，生徒たちから慕われ，敬愛される存在で，自分が足を踏み入れた教師の世界の豊饒さに目を開かれる思いがしたものである。

　とはいえ自分はどうかといえば，恥ずかしがり屋であったこともあって，教師になった当初は，自分から生徒に声をかけたり，働きかけることがなかなかできず，受け身の姿勢でいることが多かった。授業をするにも自信が持てず，うつむきがちに小さな声で講義をしたり，質問されても困らないようにと，お守り代わりに大判の『岩波生物学辞典』を授業のたびに持ち歩いていたことが思い出される。初めて学年主任を任された32歳の時も，自分のクラスはいいとして，学年全体の生徒たちと向き合う時には自信がなくて，何が起こるかドキドキしながら必死の思いで取り組んでいた。その頃は，会う方，会う方に，「どうすれば自信がつくと思いますか」などという愚直な質問を投げかけることも多かった。自信がありそうな方から，「私も自信はないけど，やるべきことは責任をもって，きちんとやるって感じかな」などという回答を戴いて，こんな方でも自信がないのかと驚いたり，しかし，それでも，どうすれば自信がつくのか，などと，相変わらず自問自答を繰り返していたものであった。それでも，学年集会が終わった折りなどに，同僚が，「高柳さんの話を生徒たちはよく聞いているよ」などといった言葉をかけてくれたことが大きな支えとなって，なんとかかんとかやっていた。

　ただ，よく眺めてみると，同僚教師の中にも，人柄もよく，思いやりがあり，専門教科の知識や技術も豊かに持ちながら，遠慮がちであったり，恥ずかしがり屋の教師がいることに気づくようになった。例えば，毎日，放課後，

生徒たちが帰った後に自分の担任する教室に行き，生徒の机をきれいに並べていた同僚がいた。毎日，続けることはなかなかできることではなく，生徒たちも，担任が毎日，教室をきれいにしてくれているのには気づいていてありがたく思っていた。私の中では，生徒と仲が悪いわけでもなく，思いも伝わっているのだから，生徒に一声かけて一緒にやったらいいのにと思うこともあったが，彼は，生徒に声をかけることができない人なのであった。また，授業だけでなく，休み時間などでも，生徒の前に立つと緊張してしまい，早口になってしまって話のポイントがわかりにくくなりがちな同僚もいた。大きな体で心優しい熊さんのような先生もいて，生徒たちからも慕われているのだが，口数が少なく，必要なこと以外は自分からは生徒に話しかけることが滅多になく，結局，生徒も何となく話しかけにくくなっていた同僚，生徒に強く言うことが苦手で，逆に，生徒から何か少し強く言われると黙ってしまう同僚もいた。そんな同僚の姿を見ていると，自分も含め，教師といっても様々で，誰でも上手に話ができたり，自分から気軽に声をかけることができる人ばかりではないということに気づかされた。このことは当たり前のようだが一つの発見だった。

同様の知見がフランスの精神科医の手になる『他人がこわい』(André et Légeron, 1995) という本の中にも紹介されている。

> こうした「双方向的」なやりとりでの≪遂行不安≫は，一見そういう不安とは無縁に見える人々，例えば，学校の教師にも訪れる。いったいどれほど多くの教師が，教室で生徒たちと相対しながら教鞭を振ることに，大きな不安を感じていることか。(中略) このほかに，職員会議が苦手な教師の相談を受けたこともある。(邦訳書，p.27)

教師は「教える人」というイメージが強いが，それ以上に「関わる人」であるのだろうと思う。前述のK先生がある時，「いいか，高柳，教師には4つ

のタイプがある。まず一つめは,管理職となって学校全体の経営を考える者,二つめは,授業の実践や研究を深めていく者,三つめは,部活動指導に力を注ぐ者,四つめは,担任としてどんな生徒とでも最後まで付き合おうとする者だ。自分がどんな教師になるか,しっかりと考えておくことが大事だよ」と仰って下さったことがあった。これら4つの教師像には,教師がその教師生活の中で取り組むべき課題がそれぞれ折り込まれており,そのどこに力点を置いてやっていくのか,それがその人らしい教師像につながるのだと今は考えている。今,改めて考えてみると,いずれの生き方を志向するにせよ,管理職であれば学校全体,授業では受け持つ生徒,部活動なら部員,担任なら自分のクラスの生徒など,対象は違っていたとしても,人間関係のなかで職務を進めていくという点に共通性を見出すことができると思われる。

　教師の1日を思い浮かべてみても,朝の出勤途中で生徒や同僚と挨拶を交わしたり,ちょっとお喋りをしたりする機会がある。朝の打ち合わせが済むと,朝のショートホームルームの時間だ。教室に行き,生徒たちの顔を見ながら連絡事項を伝えたり,担任として生徒に伝えたいことを話したりする。欠席者がいて,欠席連絡がなければ家庭に連絡をし,家族や本人から話を聞く。それが済むと,今度は授業だ。昼には掃除の監督,午後も授業,そして帰りのショートホームルームでクラスの生徒と再び顔を合わせる。放課後は,部活動に顔を出して生徒と過ごすひと時を楽しむこともあれば,学年会,職員会議,校務分掌会議等で同僚とともに時間を過ごして1日の終わりを迎えることも通常のことである。

　1週間,或いは,年間の活動に目を向けると,ホームルームの時間や体育祭,文化祭,生徒会関連の学校行事等で,生徒と一緒に目標に向かって,あれこれ相談したり,作業を手伝ったり,その時に他愛もないおしゃべりをしたりしながら,ともに歩んでいく機会も少なくない。学期末には各学期の生活や学業の取り組みについての個別面談も行われる。ついつい話し込んで,予定時間をずれてしまうことも多かったが,文句も言わず待ってくれた生徒

たちは，自分のことや将来の夢，担任への注文や思いなど，いろんなことを話してくれたものだった。また，学級懇談会やPTA行事で保護者の方と話す機会も結構あり，保護者の方からねぎらわれたり，励まされたり，また，子育ての難しさを話される保護者を慰めたりということもあった。

　教師の仕事の多くは，このように，対人行動を通じて展開されるといってよいだろう。しかし，教師のすべてが対人行動を得意としているわけではなさそうである。本研究では，自分も含め，これまで出会ってきた内気であったり，恥ずかしがり屋の教師，すなわちシャイな教師に焦点を当て，その実態を明らかにするとともに，シャイな教師が困らなくなるための方策を考える上で役に立つ知見を得たいと考えている。教員生活は，常に順風満帆というわけにはいかず，様々な困った出来事に遭遇する。それが場合によっては，教師の意欲や取組みを阻んでしまうこともあり得るが，そこを乗り越えることで，教師として大きく成長する契機にもなり得るものである。

　自分のことを振り返ってみても，教員として勤務しながらカウンセリングについて学んだことが一つの契機となったと思う。欠点ばかりに目が行きがちだった自分のありようをリフレーミングすること，話しかけるのが苦手な分，丁寧に話を聴くことを心がけること，生徒のことを優先しすぎて自分のことは後回しにしていたあり方を，生徒と同じくらいは自分のことも考慮するよう心掛けようと考えたこと，生徒の表面的な行動に一喜一憂するのではなく，その背景を考えながら関わるようにしたこと，話す時に，アナウンサーの如く立て板に水で話せなくても，伝えたいことが伝わるのなら大丈夫と考えたこと，等々。そんなことを考えたり，心がけながら過ごしているうちに，周囲に気軽に声をかけたり，言いたいことが言えるようになって，困ることが少なくなった。

　このことを踏まえ，本論文では，特に，シャイな教師の認知的な特徴に焦点を当て，教職遂行過程における困った経験との関係を検討したいと思う。どのような教職遂行場面でシャイな教師が困っていて，どうして困ってしま

うのか，困っていない教師との相違点も検討しながら，シャイな教師の教師としての成長を促したり，その支援策を考える際の手がかりとなるような，認知的要因と教職遂行の関係に関する知見を得ることができたらと考えている。

第Ⅰ部　理論的背景

第1章　問題提起
第2章　先行研究の概観と概念の定義
第3章　本論文の目的と構成

第Ⅰ部　理論的背景

　第Ⅰ部では，本論文の理論的背景について議論する。

第1章　問題提起

　教師が教職を遂行する際，対人行動を伴う職務に多くの時間従事している。従って，対人行動や対人関係の良否が，教職遂行の円滑な遂行やその結果としての教育の質保障と関係するとともに，教師の危機や成長と関連しており，対人行動が，教職遂行上，重要な役割を果たしている。対人関係がストレッサーとなる教師も少なくないが，教師の中に，対人関係で困りやすい教師と困りにくい教師がいることが考えられる。本論文では，対人関係で困りやすい教師としてシャイな教師を想定し，その実態や困った経験を明らかにすることを本研究の第1の目的とする。また，シャイな教師に教職遂行場面における困った経験をもたらす要因として認知的要因を想定し，その要因と困った経験の関係モデルを構想し，その妥当性を検討することを第2の目的とする。これらが明らかになることで，対人的教職遂行場面で困りやすい教師を特定することができるとともに，シャイな教師に困った経験をもたらすメカニズムを解明することで，その特性に応じた支援策を検討することができると考えられる。

第2章　先行研究の概観と概念の定義

　シャイネス及び教師に関する先行研究を概観し，シャイな教師の教職遂行に関する研究の現状や概念を明らかにするとともに，本論文における検討課題を議論する。シャイネスに関する文献発行件数，研究分野，研究対象などの動向を概観し，本論文で取り上げるシャイネスの概念について，シャイな

人と特性シャイネス，状態シャイネスとの関係や，これまでなされたシャイネスの定義，シャイネスと対人不安障害との関係，シャイネスの測定といった観点から，先行研究の議論や成果を概観する。更に，シャイな教師の実態解明につながる知見として，シャネスを喚起される場面，シャイな人の認知及び行動の特徴について概観する。次いで，教師研究の動向を概観した後，シャイな教師の教職遂行に関する先行研究を概観するとともに，シャイな教師の教職遂行を規定する認知的要因に関する研究を行うことの意義を明らかにする。

第3章　本論文の目的と構成

　第1章及び第2章の議論を踏まえたうえで，本研究の目的を設定するとともに，本論文の構成を明らかにする。本論文では，シャイな教師の教職遂行の実態，とりわけ，困った経験の実際を明らかにすることを第1の目的とする。このことを，第Ⅱ部の4つの研究で実証的に解明することを目指す。また，シャイな教師の困った経験に影響を及ぼすと考えられる認知的要因を明らかにし，それらを測定する尺度を作成する。作成された尺度を用いて，シャイな教師の認知と困った経験の関係を明らかにするとともに，認知的要因間の関係を検討し，認知的要因と対人的教職遂行場面における困った経験の関係を説明する妥当なモデルを作成することを第2の目的とする。そのことを，第Ⅲ部の5つの研究で実証的に解明することを目指している。論文全体は，4部で構成され，問題提起や先行研究の概観，目的や概念の定義を述べる第Ⅰ部，シャイな教師の実態を解明する第Ⅱ部，シャイな教師の認知的要因と教職遂行過程における困った経験の関係を解明する第Ⅲ部，総合的考察や今後の課題を述べる第Ⅳ部からなっている。

第1章　問題提起

1　教師の職務と対人行動

　教師[1]の職務は，学校教育法第三十七条11項に，小学校の「教諭は，児童の教育をつかさどる」と規定され，この規定が中学校や高等学校にも準用されることが定められている（同法第四十九条：中学校，第六十二条：高等学校）。すなわち，教師の職務は「教育をつかさどる」ということになる。しかし，この規定だけでは，教育とは何か，どのようなことをどこまで執り行うのかといった職務の内容や範囲を明確に定めることが難しい。佐藤（1997）が，教師の職務や責任が際限なく拡張されやすいことを，教育の「無境界性」と表現したように，教師が取り組む職務は多岐に渡り，その全体像を掴むことは容易ではない。

　とはいえ，教師が日常的に従事している活動から教師の職務を把握する試みもあり，「教員勤務実態調査」報告書（東京大学，2006）では，教師の職務がTable 1-1のようにまとめられている。これを見ると，教師の職務としてすぐに思い浮かぶ授業や学級経営，部活動指導のほか，会議や外部対応等，教師が様々な職務に従事していることがわかる。同書では，これらを「児童生徒の指導に直接的に関わる業務」（Table 1-1のa, b, d, f, g, h, i, jがそれに相当），「児童生徒の指導に間接的に関わる業務」（同c, e, k），「学校の運営にかかわる業務及びその他の業務」（同l, m, n, o, s, t, u），「外部対

---

[1]　本論文では，「教育職員免許法」に定められた教育職員を「教師」として扱う。学校を職場とし職業として教育に従事する者（森下，2009）を指す。但し，文献から引用する際，「教員」，「教諭」等，「教師」を意味する別の名称が利用されている場合は，文献中の表記に従うこととする。

Table 1-1　教師の職務

1．児童生徒の指導にかかわる職務
　　a 朝の業務　b 授業　c 授業準備　d 学習指導　e 成績処理
　　f 生徒指導（集団）　g 生徒指導（個人）　h 部（クラブ）活動　i 児童・生徒会活動
　　j 学校行事　k 学年・学級経営
2．学校の運営にかかわる職務
　　l 学校経営　m 会議・打合せ　n 事務・報告書作成　o 校内研修
3．外部対応
　　p 保護者・PTA対応　q 地域対応　r 行政・関係団体対応
4．校外
　　s 校務としての研修　t 会議
5．その他
　　u その他の校務　v 休憩・休息

東京大学（2006）「教員勤務実態調査」資料を改変．

Table 1-2　教師が各種職務に従事する時間

職務内容	小学校	中学校	小中全体	高校
児童生徒の指導に直接的に関わる職務	5:45	6:07	5:57	5:03
児童生徒の指導に間接的に関わる職務	2:36	2:33	2:34	2:36
学校の運営に関わる職務及びその他の職務	2:37	2:28	2:32	2:13
外部対応	0:23	0:29	0:26	0:07

東京大学（2006）「教員勤務実態調査」資料に基づき作成（数字は時間：分）．

応」（同p，q，r）の４つに分類している．また，同調査の対象となった公立小・中学校の教師約５万人，及び，公立高等学校の教師約２万人が，その職務に従事した時間が報告されている（Table 1-2）．この結果からわかるように，校種を問わず，職務の種類ごとに教師が従事する時間は，概ね似ていることがみてとれる．いずれの校種においても，教師は，授業の準備，成績処理など単独で行うと考えられる職務に２時間30分程度従事しているが，それ以外の多くの時間を，授業や学級経営，生徒指導といった児童生徒と直接関わる職務，職員会議や校務分掌など同僚と関わりながら進めていく職務，保

護者や地域の人々と関わる職務に従事している。

　佐久間（2007）は，我が国の教師は「授業だけでなく，子どもたちと生活を共にしながら，子どもの心や身体の成長を，丸ごと支援することを期待されている」（p.2）と述べている。教師が「児童生徒に直接的に関わる業務」に多くの時間従事していることを示すこの調査結果は，そのことを裏付けているといえよう。我が国の教師が執り行う職務は多岐に渡り，例えば，学校に職員室がなく，校務分掌も「ほとんどなく」，「進路相談はキャリア・カウンセラー，心の相談はサイコロジスト，家庭に問題を抱えた子どもの生活相談はソーシャル・ワーカー」が分担して担当し，「朝出勤すると自分の教室に直行し，授業が終わればそこから帰宅する」（佐久間，2007, p.2）アメリカの教師の在り様とは随分と様相を異にするものと考えられる（同様の指摘は，例えば，石隈，1999）。このことは，中学校教師のストレスに関する日米比較などからも推察できる。中野・昼田・松崎・飛田・初澤（2008）は，日米の中学校教師を対象とした調査を行い，日本の教師はアメリカの教師に比べ，生徒指導，時間外勤務，教師関係がストレッサーとなっており，アメリカの教師は学習指導がストレッサーとなっていることを報告している。

　但し，我が国では学校の時間割のほとんどが授業で占められていることもあり，学校教育の中心，教師の職務の根幹は授業であるとする考え方もなされてきた（例えば，秋田，2008；浅田，1998；藤岡，1998；福本，2011；平井，2006；斎藤，1969；佐藤，2009；；澤本，1998）。「教職は，他者に何かを教える職業である」（澤本，1998, p.256），「教師はどうしても『教える』ことが好きで，『教育』という用語のもっている他の側面，『育てる』，『育つ』の方を忘れがちになるのではなかろうか」という指摘（河合，1995, p.146）があるように，教師を，文字通り，「教える人」（藤岡，1998）として理解する見方があるのも事実である。「教員実態調査」（東京大学，2006）でも，教師が，授業，授業準備，学習指導，成績処理等，授業に関連した業務に相当時間従事していることが示されており，こうした理解の仕方も首肯できる面があると

いえよう。

　しかし，見方を変えて，教師の職務の性質を考えると，教師の職務の多くは，対人行動を通じて行われるものであるということができよう。例えば，授業においても，教師は，単に知識・技術を伝達するだけの「教え屋」であってはならないとされている（大城・島袋，2009）。授業とは，「一つの共有された空間において対面による同時一対多対応を基本とした高度に複雑な教育活動」（高橋，2013）である。その遂行過程で，「対面による同時一対多対応」が求められているとするならば，授業においても，対人行動が重要な役割を果たすといってよいであろう。また，教師は，生徒指導や学級経営等を通じて，児童生徒の相談活動に従事したり，不適応状況の解消に努めたり，積極的に，児童生徒の個性化，社会化を促す指導・援助にも取り組んでおり，対人援助職（例えば，久保，2004；奥野，2013）として理解される側面も有している。このように，我が国の教師は，授業やそれ以外の職務を含め，日常的に，対児童生徒，対保護者，教師同士の3つの人間関係の中で（新井，2010）職務を遂行しており，教職を，人間を相手にした仕事（秦，1998；川瀬，2013）として理解することに，一定の妥当性があると思われる。

　教職を遂行する際，仮にその教師が，知識や技術を豊富に持っていたとしても，自分が関わる相手に対して，十分にそれを行使できなければ，意図していたことをねらい通りに実現することは難しいであろう。それらは，具体的な対人行動を展開する過程で実現されるものである。学習指導や生徒指導，学級経営等を，より円滑に，かつ効果的に進めていくためには，教師が児童生徒に適切な仕方で関わることができたり，同僚教師や保護者との連携，協力が適切に行われることが重要になってくる。すなわち，児童生徒をはじめとする教職遂行過程で出会う人たちとの人間関係を形成し，維持・発展させる対人行動をうまく取れることが，教職遂行の成否の鍵を握っていると考えられる。教職遂行過程において，教師の対人行動が良好であり，児童生徒などの教育対象や，同僚，保護者等，連携する者とよい人間関係を形成

できることは，円滑な教職遂行，ひいては教職遂行の質を保障することにつながり，教育の成果としての児童生徒の成長・発達にとって重要な意味を持つといえよう。

　また，教師が対人行動を円滑に遂行することは，現実的な面からも要請されるような現状がある。平成25年度の「児童生徒の問題行動等生徒指導上の諸問題に関する調査」（文部科学省初等中等教育局児童生徒課，2014）によると，平成25年度に，我が国の初等中等教育段階の学校において，暴力行為が59,345件（小学校10,896件，中学校40,246件，高等学校8,203件），いじめの認知件数が185,860件（小学校118,805件，中学校55,248件，高等学校11,039件，特別支援学校768件），小中学校の不登校が119,617件（小学校24,175件，中学校95,442件），高等学校の不登校が55,657件あったことが報告されている。こうした生徒指導上の諸問題に対し，教師は，同僚教師や管理職，保護者と連携しながら，児童生徒と向き合い，信頼関係を築きながら，解決策を模索していくことが求められている。また，1990年代半ば頃から，小学校を中心に，「学級崩壊」といわれる，学級がうまく機能しない状況が生まれていることが報告されている（例えば，平井，2003；河村，2006；折出，2001；坪田・赤木・松浦，2011）。坪田ら（2011）の報告では，授業が始まっても席に着かない，授業中，大声で話したり，立ち歩いたり，教室を出てしまう，教師の指示が通らず，教師に激しく反抗するといった状態像が紹介されている。こうした状況に対し，今日の教師には，児童生徒との関係をうまく取り結びながら，児童生徒とともに学級を作り上げていく力量が求められている。また，「モンスターペアレント」といわれる「自分の子どもが通う学校に理不尽な要求をしたり，クレームをつけたりする親」（小坂・佐藤・木内・山下，2011）への対応が，近年，求められている状況もある（同様の指摘は，例えば，齋原，2010）。保護者の願いを理解しつつ，連携，対応する力量も求められているといえよう。

　このように，教職遂行の主要な部分が対人行動を伴うものであると同時

に，学校を取り巻く状況やそこでの人間関係が厳しさを増す中，学校における人間関係のもつれが，教師のストレッサーとなり，場合によっては，それがメンタルヘルスを悪化させ，バーン・アウトや病気休職につながりかねないことが指摘されている（例えば，赤岡・谷口，2009；小林，2000；中川・小谷・西村・井上・西川・能，2000；坂本，2006；杉若・伊藤，2004；田中・高木，2008；田中・杉江・勝倉，2003；栃沢・中野，2010）。例えば，田中ら（2003）は，同僚教師や児童生徒との関係，同僚教師や保護者からの評価，問題を抱える児童生徒への個別指導といった職務上の人間関係が，教師のストレッサーとなることを報告している。また，田中・高木（2008）は，同僚関係を含む「職場環境の要因」が，児童生徒とのコミュニケーションや集団作りの難しさを内容とする「職務自体の要因」に影響し，それが教師に「バーン・アウト」をもたらすという因果モデルを実証している。他にも，悩みをもたらす人間関係の実際に関するより詳細な報告もある（都丸・庄司，2005）。それによると，中学校教師の悩みとして，「なんとなく合わない」，「気持ちや行動が理解できない」生徒がいるなどの「生徒への抵抗感」，「クラスをうまくまとめられない」，「生徒への関わりに自信が持てない」などの「指導上の困難感」，生徒から「避けられている」，「嫌われている」ように感じるなどの「生徒からの非受容感」，「生徒を感情で叱ってしまい，関係がうまくいかない」，「心を開いてくれない」などの「関わり不全感」の4つのパターンが見出されたという。8割以上の教師が，これら4つのパターンの悩みをすべて経験しており，対人関係に悩む教師が多いことが示唆されている。4つのパターンの中でも，「指導上の困難感」や「関わり不全感」は，対人行動をうまく取れないこととの関連が強いと考えられ，その結果，「生徒への抵抗感」や「生徒からの非受容感」を感じることにつながっていくことが考えられよう。

しかしその一方で，職場の悩み，その中でもとりわけ人間関係の悩みを乗り越えることが，教師としての成長[2]の契機となる可能性があることも，これまで指摘されてきた（例えば，網谷，2001；安藤，2002；茅野，2010；西村・小

谷・井上・西川・石黒・中川・能，2001-2003；小島，2006；坂本，2006；佐藤・前原，2013；都丸・庄司，2005)。例えば，坂本（2006）は，職場の人間関係や生徒，保護者への対応が教師のストレッサーとなるものの，学級経営や教科指導の形で児童生徒と関わることや，教師同士の指導助言，モデリングを通じて，生徒理解，指導や対応，授業面での上達，待ちの姿勢の獲得などといった教師としての成長がみられることを報告している。また，都丸・庄司（2005）は，自分自身の内面や周囲に支えられながら，悩みに対処する過程が教師の成長につながる可能性が高いこと，特に，悩みを振り返り，その意味を捉え直す「認知的変容」による変容効果が大きいことを報告している。

このように，教師にとって，教職遂行過程における対人行動の成否は，教職の円滑な遂行や教職遂行の質そのものを左右するとともに，教師にとっても，教師生活に危機をもたらす可能性がある一方，成長の契機ともなり得る重要な要因となっているといえよう。対人行動を通して職務を遂行する機会の多い教師であるからこそ，人間関係がストレッサーになるのだと考えられる。学校における対人関係がストレッサーとなる教師が多いことや，そのことが教師の危機にも成長にもつながっている現状を鑑みる時，対人行動を中心とした教師の職務の円滑な遂行をもたらす要因，円滑な遂行を妨げる要因について検討することには，教育実践上の意義が認められると考えられる。本論文ではこの問題を検討する。

2 シャイな教師

職場における人間関係が，教師にとっての主要なストレッサーの一つとなっていることを述べた。しかし，教師には「子ども好き」というイメージ

---

2 筆者は，教師の円滑な教職遂行に関心があり，この視点から教師の「成長」を定義する高橋（2013）にならって，教師の「成長」を，教師が「職務をより良く遂行できるようになること」という意味で用いる。

があることも事実であろう。実際に，筆者が，教員養成系大学の学生を対象に行った調査（高柳，2007）でも，教員養成課程に入学した動機として，「子どもが好き」，「子どもとふれあう仕事がしたい」という教員志望動機が見出されている。そのように考えた時，職場での対人関係が，教師のストレッサーとなり得るとしても，すべての教師が同じように対人関係で困っているとは限らないと考えることも無理ではないといえよう。すなわち，教師の中に，対人関係で困りやすい教師，困りにくい教師がいるのではないかということが考えられる。筆者の教職経験から考えてみると，対人関係に困りやすい教師として，シャイな教師が，それに該当するように思われる。

　これまで，我が国では，シャイな人を，「内気」，「はずかしがりや」，「引っ込み思案」，「てれや」，「はにかみや」などとして理解できるという指摘がなされてきた（例えば，相川，1991；岸本，1988，1994；桜井・桜井，1991）。こうした言葉で表現される人は，対人行動を進める際に不利になる可能性がある。すなわち，シャイな教師は，教職を遂行する際に困った経験をしやすい可能性があると考えられよう。

　荻野（2007）が，シャイネスに関する心理学的研究の嚆矢であるとするZimbardo, Pilkonis & Norwood（1975）の論文では，シャイネスがもたらす問題として，以下の7つが挙げられている。①初めての人に会ったり，友達を作ったり，素晴らしい経験を楽しむことに対して問題になること，②抑うつや孤立，孤独感といった否定的感情と関係があること，③適切に自己主張したり，意見や価値観を表明することが困難なこと，④自分のよいところを理解させることが困難なため，他者を混乱させること，⑤他者から，退屈だとか，親しみにくい，弱いといった不正確な評価を受けること，⑥他者がいると明確に考えたり効果的に関わることができなくなること，⑦自意識や自分自身の行動に対する過度のとらわれがあること，である。こうした経験を背景にしてのことと考えられるが，シャイネスは，個人の社会適応に重要な影響を及ぼす個人特性の一つであり，学校，恋愛，就職，結婚など様々な社

会的場面で不利な立場に立たされやすい（Caspi, Elder & Bem, 1988；菅原, 1998）という指摘や，日常生活を阻害しうるもの（関口・長江・伊藤・宮田・根建, 1999），QOL（quality of life）を低下させるもの（福田・寺崎, 2012）という指摘もなされている。教職遂行過程において，対人行動や対人関係が重要な役割を果たしているとすれば，シャイであることは，教職を遂行する上で不利になる可能性があると考えられよう。

　その一方で，シャイな人が，否定的に受け取られるとは限らないという報告もある。Rapee, Kim, Wang, Liu, Hofmann, Chen, Oh, Bogels, Arman, Heinrichs & Alden（2011）は，西洋人の方が東アジアの人に比べ，引っ込み思案や控えめであることを否定的に見積もっていることを報告している。また，日本には，「おとなしい，控え目な，内気な行動を好意的に評価する文化がある」（佐藤, 1996）という指摘や，「シャイという表現は"恥ずかしがり屋""はにかみや"といった意味合いで用いられ，必ずしも否定的な意味合いを含まない」（相川・藤井, 2011）という指摘がある。岸本（1988）が日本の大学生を対象に行った調査では，シャイネスに否定的な反応を示す者が52.7％いたものの，「好ましい，望ましい」などの肯定的反応を示した者が40.5％いたことが報告されている。羽下・篠田（2001）の，大学生とその親を対象とした調査でも，海外経験者の方が日本在住者に比べてシャイネスを否定的に評価していること，シャイネスには肯定的側面と否定的側面の両方あると回答した者が60％以上おり，そのうち50％以上の者が，シャイをほめ言葉として認識していたことが報告されている。我が国では，シャイネスが，謙虚さや対人的魅力の現れとして機能している可能性があるという指摘もある（長江, 2005）。確かに，抑制的であることが，相手のペースを尊重するあり方に通じる場合もあると思われるし，はずかしがる様子に，純情さや素直さ，繊細さを感じる場合もあると思われる。本論文では，シャイであることの是非を論じるのではなく，本人が抱える困難さに注目して論を進めることとしたい。

Zimbardo（1977）は，自らのシャイネス調査の結果を踏まえ，シャイネスが「一般的な，広くはびこっている万人共通のもの」(邦訳書，Ⅰ部，p.20)であるとともに，「シャイネスは，私たちが調査したどんな文化においてよりも，日本と台湾で蔓延していることを私たちの研究が示しています」と報告している（邦訳書，Ⅱ部，p.192）。具体的には，「日本人の中の五十七パーセントが現在シャイであると報告し」，「九十パーセント以上が，過去もしくは現在自分自身にシャイというレッテルを貼っていると，報告しています」と述べている（邦訳書，Ⅱ部，p.192）。岸本（1988）が日本の大学生を対象として行った調査でも，シャイネスを経験した者が90.6%いること，長江（2005）の早稲田大学生を対象とした調査でも，シャイネスを自覚している者が67.5%，過去に自覚した経験のある者が70.7%存在することが報告されている。われわれ日本人にとって，シャイネスは「身近な」(関口ら，1999)現象であるといえよう。

　我が国にシャイな人が多いのであれば，約98万7千人いるとされる（文部科学省，2014）我が国の小学校，中学校，高等学校，特別支援学校の教師（幼稚園教諭も加えれば約110万人）の中に，シャイな教師も一定数存在すると考えることにも無理はないであろう。そのことは，筆者の教職経験での実感とも合致している。「はじめに」でも取り上げた，André et Légeron（1995）の著作に示されているように，対人行動に不安を感じる，苦手であるとする教師がフランスにおいても例外的でないとすれば，我が国でも，シャイであるため困っている教師が存在する可能性は十分に考えられる。我が国にシャイな教師が存在し，対人的な教職遂行場面で困っていることを確認できれば，対人関係で困っている教師を，シャイであるという特性から絞り込むことができる。その結果，その特性に見合った支援策を検討しやすくなることが考えられよう。

　我が国では，対人関係が教師の主要なストレッサーの一つになっているが，対人関係で困りやすい教師とそうでない教師がいるのではないか，とい

うことを本論文の一つの出発点とし，我が国にシャイな教師が一定数存在し，シャイな教師は，対人的な教職遂行過程で困りやすいという仮説を立て，そのことを実証することを，本論文の目的の一つとする。

3　シャイな教師の認知と教職遂行

　教師の教職遂行過程において，対人行動が重要な役割を果たしており，その円滑な遂行が教育の質保障につながるとともに，教師のメンタルヘルスにもつながることが考えられることから，教師の円滑な教職遂行をもたらす，或いは，妨げる要因について検討することには，教育実践上，重要な意義がある。特に，本論文では，対人的な教職遂行場面で，円滑な教職遂行に困難さを抱える可能性がある教師として，シャイな教師を取り上げ，シャイな教師に教職遂行過程において困った経験をもたらす教師の要因を明らかにするとともに，その要因と困った経験との関係を明らかにしたい。教師に困った経験をもたらす要因と教職遂行の関係を検討する際，これまで，従属変数として，抑うつなどのストレス反応やバーン・アウト，対処行動等が取り上げられてきたが，筆者は，教職の遂行過程における教師が抱える困難さやそれを克服していく成長過程に関心があり，教職遂行過程における困った経験を従属変数として設定することとする。教職遂行過程で困っている教師の実態や，認知と困った経験の関係を解明し，その支援策につながる知見を得たいと考えている。

　シャイな教師に困った経験をもたらす要因を検討する際，ソーシャル・スキルのような行動的側面に焦点を当てることも考えられる。Zimbardo (1977) は，シャイな人には，行動的欠陥に悩む公的にシャイな人 (publicly shy) と，不安など内面的な出来事に焦点を合わせる私的にシャイな人 (privately shy) がおり，私的にシャイな人は「他の人々を喜ばせるため，受け入れられるため，出世するためには，何をしなければならないかを知って

いる」(邦訳書, I 部, p.52) と述べ, ソーシャル・スキルを発展させること
の重要性を示唆し, 具体的トレーニングプログラムを提示した (邦訳書, 第
II 部)。シャイであっても, ソーシャル・スキルを獲得することで, 行動抑
制や行動上のぎこちなさは緩和されると考えられ, シャイな人に対するソー
シャル・スキル訓練の重要性を主張する研究者も少なくない (例えば, 相川,
1998；Cristoff, Scott, Kelly, Schlundt, Baer & Kelley, 1985；Jupp & Griffiths, 1990；
Nelson-Jones, 1990；佐藤, 1996；菅原, 1996；徳永・稲畑・原田・境, 2013；van der
Molen, 1990)。従って, ソーシャル・スキルに着目したアプローチも, シャ
イな教師とその教職遂行との関係を考える際の一つの方向性を示すものと考
えられよう。

　それとともに, シャイな人の認知に注目することの重要性も指摘されてい
る (例えば, Glass & Shea, 1986；van der Molen, 1990)。今日,「認知行動療法
(cognitive therapy)」(例えば, Beck, 1970；Beck, Rush, Shaw & Emery, 1979；Beck,
1995；Dryden & Rentoul, 1991) や「論理 (情動行動) 療法 (rational emotional be-
havioral therapy)」(例えば, Dryden & DiGiuseppe, 1990；Ellis & Harper, 1975),
或いは,「リフレーミング (reframing)」(Bandler & Grinder, 1982) に関する理
論が広く受容されている。すなわち,「人の感情や行動が, その人の出来事
に対する理解の仕方によって影響を受ける」(Beck, 1995),「意味が変われ
ば, その人の反応や行動も変わる」(Bandler & Grinder, 1982) という考え方が
支持されていると考えられる。これらの考え方に立つと, 職場の人間関係
が, どの教師にも同じようにストレッサーになり, ストレス反応を生じさせ
たり, 対処行動をとりにくくさせると考えるよりも, その状況や相手との関
係をどのように認知するのかということの影響を考慮に入れることがよいの
ではないかと考えられる。

　van der Molen (1990) は, シャイな人のシャイネス喚起状況が様々である
ことから, シャイネスを喚起する「客観的な状況」があると考えるよりも,
その状況が, その人にとってどのような「心理的」状況であるのかという,

その人の認知を検討することが重要であると考えた。また，Glass & Shea (1986) は，シャイネス・プログラム参加者に対応した経験から，参加者の大部分は，否定的自己評価や自信のなさに問題があることや，認知療法がシャイネス軽減に効果的であることを報告している。

　こうした指摘を受け，本研究では，シャイな教師に特有の認知を取り上げ，その認知が，教職遂行過程で，シャイな教師に困った経験をもたらすメカニズムを解明することを第2の目的とする。このことを通して，シャイな教師が困らなくなる方策を検討する手がかりが得られると考えられる。そのことはまた，より大きな枠組みの中で考えてみると，教職遂行の質保障や，教師のメンタルヘルス，成長支援といった教育実践上の課題を検討する際に有用な知見を提供することにもつながってこよう。

第2章 先行研究の概観と概念の定義

1 問題と目的

　第2章では，我が国及び海外におけるシャイネスやシャイな教師の教職遂行に関する先行研究を概観し，本論文で扱う主要な概念を定義するとともに，本論文で取り組む課題について検討する。

　先行研究を概観するに当たり，海外文献における"shyness"が，シャイネスに対応する概念であることを確認しておきたい。これまで我が国の研究者は，シャイネスと"shyness"を同一概念とみなしてきた。例えば，シャイネス研究に関する展望論文（例えば，後藤，2001；松島，1999；関口ら，1999）で先行研究として取り上げられているのは"shyness"文献である。我が国のシャイネス尺度も，"shyness"研究の成果を踏まえて作成されている。桜井・桜井（1991）の「シャイネス尺度日本語版」は，Jones & Russell（1982）が開発した"Social Reticence Scale"の日本語版であり，相川（1991）の「特性シャイネス尺度」は，Leary（1986）の"shyness"の定義に従い作成され，鈴木ら（1997）の「早稲田シャイネス尺度（WSS）」も，Cheek & Melchior（1990）やvan der Molen（1990）が提唱した"shyness"の3要素モデルを踏まえて作成されている。また，シャイな人やshyな人に関する調査結果も，シャイネスと"shyness"の同一性を示している。岸本（1994）は，日本の大学生を対象とした調査から，シャイな人には，赤面，胸がドキドキする等の「生理的・身体的反応」，自己否定的等の「思考」，小さな話し声，視線を合わせない，他の人々を避ける，等の「行動」の3要素のいずれかがみられることが報告している。Cheek & Watson（1989）やCheek &

Melchior（1990），van der Molen（1990）も，shyな人にも同様の3要素が見出されることを報告している。わが国の研究者の議論や，シャイな人とshyな人の反応の同一性を考慮して，本論文ではシャイネスと"shyness"を同一概念として扱う。

2　方法

　海外文献については，APA（American Psychological Association）の文献データベースPsycINFOを利用して"shyness"文献を検索した。PsycINFOを利用して必要な文献をもれなく無駄なく検索するためには，シソーラスにおける標準的キーワードである検索統制語（postable index term；PIT）を用いるとよいとされている（例えば，成田，1994；成田・嶋崎，1994）。検索統制語とは，「データベースに収録された文献データの主題・内容を表す統一されたキーワード」であり，「同じ内容を表す様々な語を特定の用語に統一して各文献データに付与」（筑波大学附属大塚図書館，2012）したものである。それを利用すると「表記の違いで生じる検索漏れやノイズを避けることができます」（名古屋大学附属図書館，2013）とされている。実際に，PsycINFOの上級検索で"shyness"をキーワードとして選び，「検索語にマッピングする」をチェックしておくと"timidity"が選択される。続行して検索すると，検索結果の88.2%は，"shy"，"shyness"という語を表題に含む（70.1%）か"summary"にそれらの語を含む文献（合計88.2%）であった（"human"で絞り込んだ"All journals"について。2015年2月10日現在）。その他には，"bashful boys and coy girls"（恥ずかしがりやの男の子と内気な女の子）に関する論文（Rudasill & Kaltsuskaya, 2014）や，"solitary play in young children"（小さい子の一人遊び）に関する論文（Coplan, Ooi, Rose-Krasnor & Nocita, 2014）など，他者との関わりをテーマとする文献が検索された。このように，検索統制語としての"timidity"は，この語が本来有する「臆病な」という意味ではな

く,"shyness"や,それと関連する語の代表として用いられていること,"timidity"をキーワードとして検索した文献の9割近くは,"shyness"をテーマとする文献であることが確認できた。また,キーワードを掛け合わせて文献を検索するマルチフィールド検索を利用し,"timidity" All Fields AND "teachers" All Fieldsで検索すると,"shy","shyness"を表題に含む文献や,それらの語を"summary"に含む文献が85.1%検索された("human"で絞り込んだ"All journals"について。2015年2月10日現在)。成田(1994,p.167)は,検索統制語の"timidity"を利用して「shynessに関する論文を必要十分に検索できる」と述べたが,このことが確認できたと考えられる。そこで,海外の"shyness"文献については,検索する際のキーワードとして"timidity"を利用することとした。*The Oxford English Dictionary*"(1933, reprinted 1961, Oxford University press)には,"shy"に「驚きやすい」("easily frightened away"),「臆病,用心深さ,不信のため対象に接近することが難しい」("difficult to approach owing to timidity, caution, or distrust")という意味があり,"a. of persons"と"b. of an animal, bird, etc."と記載され,この語が,動物や鳥などにも適用されることが示されている。PsycINFOの上級検索で"timidity"文献を検索し,"animal"で絞り込むと,マウスやラット,ネコ,チンパンジー,シカ等のほ乳類,ウズラやヒヨコ等の鳥類,ミノカサゴ,ニジマス,グッピーなどの魚類に関する文献が検索された(2014年8月25日)ので,本論文では,検索の際,"human"で「絞り込み」を行うこととした。

　国内文献については,国立情報学研究所の文献データベースCiNiiを利用し,名詞の「シャイネス」,及び,形容詞の「シャイな」という語をキーワードとして利用することとした。

3　シャイネス研究の概要

　初めに，シャイネスに関する研究の全体像を概観する。PsycINFOの上級検索で"timidity"をキーワードとして文献を検索し，"human"で絞り込みを行ったところ，1068件の文献が見出された（2014年8月25日）。1970年から2013年まで，5年毎に区切った区分における1年当りのシャイネス文献の全体および年齢別の発行件数を，Fig. 2-1に示す。年齢区分のchildhood（子ども）は誕生から12歳まで（birth to 12 years），adolescence（青年）は13歳から17歳（13 to 17 years），adult（成人）は18歳以上（18＋years）である。Zimbardo（1977）の研究を契機としてシャイネスに関する研究が進展してきたといわれるが（例えば，相川，1991），実際に，1980年代以降に文献数が増加していることがわかる。

　年齢別では，相対的に子どもと成人を対象とした研究が多い。「羞恥は成人，青年期に感じることが最も多く，また心理的問題がより深刻になってくるのもこれらの時期である」（成田，1994，p.168）とされるが，年齢区分における成人（18歳以上）には青年後期も含まれ，大学生を対象とした研究が多いことも考慮すると，青年期のshyness研究が充実していないとはいえないであろう。いずれの年齢区分においても，1980年以降，文献数が増加しており，2000年以降に総文献数の約半数以上が含まれていることから，現在においても，シャイネスに関する研究が活発に進められている状況にあることがわかる。

　シャイネス研究の全体像を把握するため，研究分野を示すCategory code（分類コード）を利用して絞り込み検索を行った（2013年1月18日）。各研究分野は，2100 General Psychology（一般心理学）から4290 Police & Legal Personnel（警察・司法の専門職員）までの157分野が4桁のコードで示されている。先頭2桁のコードが共通する場合，その分野は関連性が高い。そこ

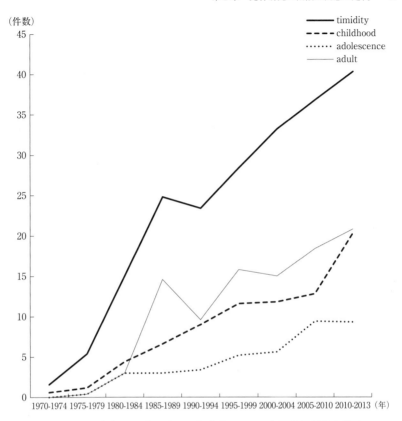

Fig. 2-1　5年毎の区分による1年当りshyness文献発行件数の推移

で，分類コードの先頭2桁（21〜42までの22分類）を分類基準とし，shyness 研究が約30年間進展してきたことから，30件以上の文献が検索された研究分野（分野名は下2桁00のコード名を援用した。例えば，"2800 Developmental Psychology"を援用し，「28発達心理学関連」とした），及び，4桁の分類コードで10件以上の文献が検索された研究分野を調査した。この時点での総件数は1140件であった。結果をTable 2-1，Fig. 2-2に示す。

　分類コード先頭2桁を基準とすると，「28発達心理学」や「31人格心理学」

Table 2-1　shyness文献が見出される主な研究分野

Category Code（分類コード）	件数（%）
22　心理測定・統計・方法論関連	52　(4.6)
2223　Personality Scales & Inventories（パーソナリティ尺度・質問紙）	33　(2.9)
28　発達心理学関連	287(25.2)
2800　Developmental Psychology（発達心理学）	48　(4.2)
2840　Psychosocial & Personality Development（心理社会的・人格的発達）	233(20.4)
29　社会的過程・社会問題関連	37　(3.2)
2956　Childrearing & Child Care（児童生徒の養育）	15　(1.3)
30　社会心理学関連	96　(8.4)
3000　Social Psychology（社会心理学）	29　(2.5)
3020　Groups & Interpersonal Processes（集団・対人相互作用過程）	53　(4.6)
3040　Social Perception & Cognition（社会認知）	14　(1.2)
31　人格心理学関連	249(21.8)
3100　Personality Psychology（人格心理学）	23　(2.0)
3120　Personality Traits & Processes（パーソナリティ特性・過程）	223(19.6)
32　心理的・身体的障害関連	129(11.8)
3210　Psychological Disorder（心理的障害）	12　(1.1)
3215　Neuroses & Anxiety Disorders（神経症及び不安障害）	50　(4.4)
3290　Physical & Somatoform & Psychogenic disorders（身体・神経・心因性障害）	11　(1.0)
33　健康・精神的健康の治療・予防関連	127(11.1)
3300　Health & Mental Health Treatment & Prevention（健康の治療・予防）	36　(3.2)
3310　Psychotherapy & Psychotherapeutic Counseling（精神療法・精神療法的カウンセリング）	20　(1.8)
3311　Cognitive Therapy（認知療法）	10　(0.9)
3312　Behavior Therapy & Behavior Modification（行動療法及び行動修正）	17　(1.5)
3314　Interpersonal & Client Centered & Humanistic Therapy（対人関係論的療法・来談者中心療法・ヒューマニスティック療法）	17　(1.5)
35　教育心理学関連	90　(7.9)
3500　Educational Psychology（教育心理学）	14　(1.2)
3530　Curriculum & Programs & Teaching Methods（カリキュラム・プログラム・教授法）	14　(1.2)
3560　Classroom Dynamics & Student Adjustment & Attitude（教室のダイナミクス，生徒の適応や態度）	35　(3.1)
3580　Educational/Vocational Counseling & Student Services（教育／職業相談とサービス）	10　(0.9)

第 2 章　先行研究の概観と概念の定義　29

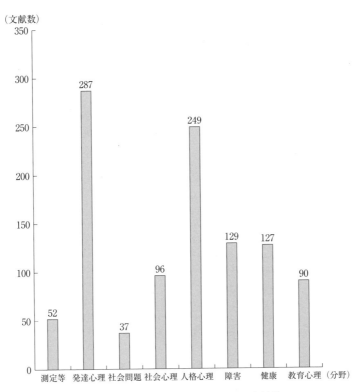

Fig. 2-2　主な研究分野別のshyness文献数

関連の文献が多く，両者で総件数の半数近く（47.0％）を占め，次いで，「32 心理的・身体的障害」，「33健康・精神的健康の治療・予防」といった臨床心理学と関連する分野，「30社会心理学」，「35教育心理学」関連の文献が多いことがわかる。これら 6 分野の文献で総文献の85.9％を占める。分類コード（ 4 桁）別には，発達心理学分野の"Psychosocial & Personality Development"（「心理社会的・人格的発達」）文献が233件（全体の20.4％），人格心理学分野の"Personality Traits & Processes"（「パーソナリティ特性・過程」）文献が223件（全体の19.6％）と多く検索され，これら 2 つで全件数の

40.0%を占めていた。

　「心理社会的・人格的発達」分野の文献を年齢で絞り込むと，「子ども」を対象とした研究が184件と多く，次いで「青年」が69件，「成人」が58件であった。具体的には，気質など生得的側面や親の養育態度など環境的側面と子どものシャイネスとの関係，シャイな子どもの人間関係，幼少期から青年，成人期にかけてのシャイネスとシャイネスに関連した特性との関係やその発達（縦断的研究）に関する研究が見出された。2008年から2012年の5年間でも，67件（総件数の28.8%）の文献の主なテーマとして，シャイネスとその他の特性（対人不安，抑うつ，孤独感，奇抜なファッション，学業成績，電子コミュニケーションの利用，等）との関係（17件），シャイネスの発達（例えば，"slow-to-warm-up infants" は，幼児期にシャイネス傾向が認められるが，その後区別できなくなるといった縦断研究，等，12件），親の養育態度（過保護，虐待，等）との関係（11件）が見出された。その他，気質や生物学的研究，異文化間や異なる時代の間での比較研究などもある。「人格特性・過程」分野の文献も1980年以降増加を続け，2000年以降に全件数の47.5%を占めるなど，近年ますます研究が盛んに行われている。1980年以降，シャイネスと社交性，外向性といった他の人格特性との関係や，自尊感情，帰属スタイル，孤独感，ソーシャル・スキル，SNSなどコンピュータ介在型コミュニケーションとの関わりといった認知，感情，行動的側面との関係が検討され，シャイな人の特性を解明しようとする研究が目立つ。2008年から2012年までの5年間に見出される30件（総文献数の13.5%）のテーマも多岐に渡るが，シャイな人の特性（電子コミュニケーションとの付き合い方，ユーモアスタイル，食行動，等）に関する研究が多く見出され，シャイな人の特徴に関する探究は続いているといえよう。「集団・対人過程」分野（53件）では，シャイな子どもや学生の集団参加や役割遂行，デートや恋愛，視線，身体的魅力，罰への感受性とシャイネスとの関係等に関する研究が行われているが，近年，オンラインコミュニケーションとの関係に関する研究が増えている。この分野でもシャイな人

の行動的側目への関心が持たれているといえよう。

その後，再検索を行うと，「心理社会的・人格的発達」分野の文献が264件（全件数の24.7%），「パーソナリティ特性・形成過程」分野の文献が233件（全件数の21.8%）見出された（2014年8月25日）。全文献の46.5%を占めるこの2つの分野の研究成果は，シャイネスの概念や対人行動を検討する際に有用であると考えられ，この分野の代表的な文献を中心に，それらの文献中で引用されている文献も一部利用して，海外における先行研究を概観することとした。

我が国の文献についてはCiNiiを利用し，"シャイネスORシャイな"をキーワードとして文献検索を行った結果，148件の文献が検索された（2014年6月25日）。1980年から2013年まで5年毎の区分における1年当り文献発行件数をFig. 2-3に示す。我が国では1990年代から文献数が増加していることがわかる。研究テーマとして，尺度開発がある（例えば，相川，1991；相川・藤井，2011；今井・押見，1987；桜井・桜井，1991；鈴木ら，1997）。また，シャイネスと孤独感（石田，1998；杉山，2004），対人積極性（鈴木，2010），自己提示（疋田，2003），自己開示（松島・塩見，2000），感情制御（崔・新井，2000），友人形成（石田，2003），コミュニケーション手段の選好（風間，2009），恋愛の告白（栗林，2002），作り笑い（栗林，2012），視線（飯塚，1995）など，対人行動やそれと関連する行動特性との関係が検討されている。効力感や自己概念等の認知的特徴に関する検討（例えば，岸本，2000；栗林，2005；栗林・相川，1995；葛生，1994；三輪ら，1999；鈴木・富重，2004；太幡・押見，2004）もなされ，様々な視点からシャイな人を解明しようとしている。また，認知行動療法やソーシャル・スキル・トレーニングなどによる支援策の検討（例えば，相川，1998，2000a；伊藤・大矢・二木・根建，2001；長江・根建・関口，1999；荻島，2000；関口・根建，1999）もなされている。

これら148件の文献のうち，シャイネスの定義やシャイな教師の教職遂行を検討する上で重要と思われる文献を中心に，そこでの引用文献も一部利用

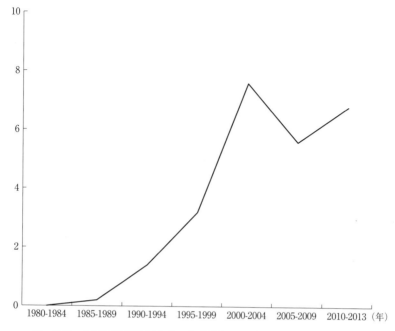

Fig. 2-3　5年毎の区分による1年当りシャイネス文献発行件数の推移

して，我が国におけるシャイネスに関する先行研究を概観する。

4　シャイネスの概念

　本論文で，シャイな教師について検討するに当たり，シャイ，シャイネスという語の概念を明らかにする。

4.1　シャイな人

　Crozier (1990) は，シャイ，シャイネスという語は，人を記述する場合にも，反応を記述する場合にも用いられるとし，前者の例として「彼はシャイである」，後者の例として「某氏を訪ねた時，どうして君はシャイだった

の?」という用例を示している。岸本 (1988) は「シャイ」,「シャイネス」に相当する日本語を調査し,「恥ずかしがり屋」,「恥ずかしがる」,「恥ずかしい気持ち」という語を収集した。「恥ずかしがり屋」とは恥ずかしがりな「人」のこと,「恥ずかしがる」,「恥ずかしい気持ち」という語は誰もが経験し得る「反応」について言及しているといえよう。

　Crozier (1979) は,内向性や神経質と相関するが,それらとは独立したパーソナリティ特性として,シャイネス因子が存在することを報告した。それが「特性シャイネス (trait shyness)」である。パーソナリティの特性論では,パーソナリティをパーソナリティ特性の集合と考える (例えば,渡邊, 2005a)。この立場に立てば,特性シャイネスというパーソナリティ特性の豊かなシャイな人がいると考えられる (同様の指摘は,後藤, 2001)。また,特定の社会的 (対人的) 状況において,シャイな人であるかどうかに関わらず,「誰もが示す」(関口ら, 1999) 反応を「状態シャイネス (state shyness)」という (例えば,相川, 1991；Briggs & Smith, 1986；Cheek & Briggs, 1990；Russell, Cutrona & Jones, 1986)。Hill (1989) は,シャイネスを経験する人はよくいるが,そのことで,その人をシャイな人だとみなすことは,そのうちの半分もないと述べた。また,Ishiyama (1984) は,シャイでない人も,見知らぬ人と出会う時や個人的な問題が話題になる時,評価される場面などでシャイネスが喚起されること,岸本 (2000) は,自分はシャイでないと報告した大学生でも,時々シャイネスを経験することがあることを報告している。

　従って,シャイネスを取り上げる際,「状態シャイネス」を話題にしているのか,「特性シャイネス」を話題にしているのか,意識しておくことは必要であろう (同様の指摘は,例えば,相川, 1991；Asendorpf, 1987；Cheek & Briggs, 1990；Crozier, 1979)。とはいえ,自分自身をシャイだと報告した個人の78.8%は「ときどき,週に一度未満」かそれより多くシャイネスを経験し,自分はシャイではないと報告した個人の89.2%は「ときどき,週に一度未満」かそれよりシャイネス経験が少ないことが報告されている (岸本,

2000)。この報告から，シャイネスを経験しやすい人とそうでない人がいること，自分をシャイだとみなしている人は，状態シャイネスを経験しやすい人であることがわかる。尚，初期のシャイネス研究では，状態シャイネスと特性シャイネスが並行して記述されていたが，その後は，特性シャイネスに関する研究が主流となっているという指摘（後藤，2001）がある（同様の指摘は，関口ら，1999）。本論文では，特性シャイネス論を踏まえ，シャイな人（教師）が存在することを研究の前提とし，シャイな教師の教職遂行について検討する。

　筆者は教師の成長に関心があるが，シャイな教師の成長をどう考えるかについても述べておきたい。あるパーソナリティ特性と関連した行動には一貫性（「経時的安定性（temporal stability）」）があり（例えば，土屋，1990；渡邊，2005b），この一貫性がその人らしさをもたらすと考えられている。この一貫性については，今日，状況や文脈を超えて一貫している（「通状況的一貫性（cross-situational consistency）」）と考えるよりも，個人の生活状況（環境）との相互作用の結果として生じる，その人なりの「首尾一貫性（coherence）」と考える見方が定着しているとされている（渡邊，2005b）。シャイネスは，どのような状況においても同様に喚起される（通状況的一貫性を示す）というよりも，状況特定的（被評価場面など）であるとされるが（例えば，後藤，2001；関口ら，1999），このことも，この見方を裏付けていると考えられる。和田（2005）は，個々人に固有の一貫性のあるパーソナリティ傾向が存在し，それが外界に適応しようとして生じた知覚，思考，行動のパターンをパーソナリティであると説明する。これらの考えを踏まえると，シャイな人は，生活状況（環境）に適応しようとして相互作用を繰り返す結果，シャイネス傾向の豊かな人であるという首尾一貫性を保ちつつも，表現されるあり方は変容する可能性，すなわち，成長する可能性があると考えられよう。本論文でも，シャイネス傾向は安定したものと考えるが，生活状況（環境）との相互作用を通じて，シャイな教師の反応の総体であるパーソナリティも変

容（成長）する可能性があると考えることとする。

4.2 シャイネスの定義

　Zimbardo（1977）は，シャイな人には様々な反応が現れ，その多様性ゆえ簡潔に定義することが難しいと考え，「あなたがもしシャイだと思ったら，あなたはシャイなのです」（邦訳書，第I部，p.28）という自己報告型の定義を採用した。その後，シャイな人に特有の反応を踏まえた定義が提案されるようになる。例えば，Pilkonis（1977a）は，「対人交流を回避したり，対人状況に適切に参加できない傾向」という行動面の特徴から定義を行い，Buss（1980）は，シャイネスを対人不安の1類型と考えた。Cheek & Buss（1981）は，「他者が存在する時に生じる居心地の悪さと抑制」と定義し，Jones & Russell（1982）は，「他者とうまくつきあうことを妨げる対人不安」という定義を行ったが，これらは，対人不安と行動抑制の両要素を含む定義といえる。Leary（1986）は，それまでになされたシャイネスの定義を「対人不安」，「行動抑制」及び「対人不安と行動抑制」の両要素を含む定義に3分類できるとし，そのうち対人不安と行動抑制の両方を含む定義が最適であるとして，「シャイネスとは，予期する，或いは現実の対人評価の結果生じる対人不安や対人行動抑制を特徴とする感情的・行動的症候群」と定義した。Cheek & Watson（1989）は，Leary（1986）の定義に「否定的評価への恐れ」という認知的側面が含まれていることを指摘し，自ら実施した調査の結果を踏まえて，自分をシャイだと思う人は「身体・情動的要素」，「行動的要素」，「認知的要素」のいずれかを経験しているという3要素モデル（three-component model）を提唱した。Cheek & Melchior（1990）やvan der Molen（1990）も，その直後に，同様の3要素モデルを提唱した。この定義は，"Encyclopedia of Mental Helth"の"shyness"の解説（Henderon & Zimbardo, 1998）や，我が国の『社会心理学事典』の「シャイネス」の解説（相川，2009）にも採用されている。『社会心理学事典』で「シャイネス」と

は,「対人場面における特徴的な認知（公的自己意識の高まり,他者からの否定的評価の予測,自己否定体験など）,感情（不安や緊張などの情動の自覚,赤面,動悸,発汗などの身体徴候を含む）,行動（行動抑制や望ましくない対人行動など）のいずれかの要素または複数の要素から成る症候群」であり,「最近は,認知,感情,行動の3側面からシャイネスを捉える考えが主流である」と解説されている（相川, 2009, p.116）。3要素モデルは人格の3要素といわれる「認知」,「感情」,「行動」の3側面すべてを取り上げている点で,評価できるものと考えられる。わが国でも3要素モデルを支持する研究者は少なくない（例えば,後藤, 2001；岸本, 1999；松島, 1999；関口ら, 1999）。三輪ら（1999）は,3要素モデルに基づき作成された早稲田シャイネス尺度を大学生に適用し,「シャイネスが全般的に低いタイプ」,「行動的側面だけが高いタイプ」,「3側面が全般的に高いタイプ」,「認知的側面だけが高いタイプ」,「情動的側面だけが高いタイプ」がいることを見出し3要素モデルを支持する結果を得ている。また,この結果が示すように,シャイな人にはサブタイプが存在すると考えられている（同様の指摘は,例えば,岸本, 1999）。

また,シャイな人に共通する特徴として,自分をシャイだと考えていることが報告されている（例えば, Cheek & Melchior, 1990；岸本, 1999）。近年においても,シャイな人をスクリーニングする際に自己報告を利用した論文もあり（例えば, Alm, 2007；Hofmann, Moscovitch & Kim, 2006）,シャイな人の自己報告は信頼できるとする報告がある（例えば, Alm & Frodi, 2008）。実際,自分をシャイだと報告する学生は,そうでないと報告した学生に比べ,認知,情動,行動の3側面において,より多くの兆候を示すことが報告されている（例えば, Faits, 1983；岸本, 1999）。その人が自分をシャイであると判断する背景には,その判断を裏付ける各個人のシャイネス経験が存在すると考えられ,シャイな人は,状態シャイネスを経験しやすい人であると考えると,自己報告型の定義にも一定の弁別力があると考えられる。Bem（1972）は,自分のとった行動や状況を観察することにより自分の態度を推測し,自分の態

度を知るという「自己知覚理論」("self-perception theory")を唱えたが，この理論もこのことの裏付けとなると考えられる。これらのことを踏まえ，本論文では，自己報告を利用してシャイな教師を定義することとしたい。

4.3 社会恐怖（対人不安障害）との関係

これまで，シャイネスと社会恐怖（対人不安障害）の関係も議論されてきた。アメリカ精神医学会は，『精神疾患の診断・統計マニュアル』(Diagnostical and Statistical Manual of Mental Disorders；DSM) を出版している。DSM-Ⅲ (American Psychiatric Association, 1980) において「社会恐怖」(social phobia) が取り上げられ，DSM-Ⅳ (American Psychiatric Association, 1994) で，「社会恐怖」に「対人不安障害」(Social Anxiety Disorder；SAD，以下SADとする) の名称が併記された。SADの定義は，「よく知らない人たちの前で他者の注目を浴びるかもしれない状況，またはそうした人たちの前で行為をするという状況の，1つまたはそれ以上に対する顕著で持続的な恐怖（不安の極端な場合）」(American Psychiatric Association, 1994) というものである。最新版であるDSM-Ⅴでは，診断基準から「恐怖が過剰であること，また不合理であることを認識している」ことが除かれ，「18歳未満の患者の場合，持続期間は少なくとも6か月である」という基準から年齢制限がなくなった点で変化があるが，診断基準の基本的枠組みは変わっていない (American Psychiatric Association, 2013)。

シャイネスを喚起する状況（「注目を浴びる」，「人前で行為をする」）や反応（「不安」）の類似性から，両者を連続的であると考える研究者も存在する（例えば，Henderson & Zimbardo, 1999；Marshall & Lipsett, 1994；鈴木ら，1997）が，そう考えない研究者も少なくない。例えば，坂本 (2009) による広義の対人不安の分類では，「対人緊張」，「シャイネス」，「人見知り」を含む「狭義の対人不安」は軽い症状のものとして分類され，「対人恐怖」（坂本はここにSADを含めている）とは区別されている。Heiser, Turner & Beidel (2003) は，

自身が行った調査から，シャイな人の82％がSADでないこと，低シャイ群の中にもSADがいること，極端なシャイネスはSADの変数の22％を説明するだけであること，シャイネスがDSM-ⅣのAxisⅠ，AxisⅡのいくつかの障害と関連していることから，単純にSADとはいえないとした。Rapee（2010）も，シャイな人の大部分は医療的基準に適合しないとしている。長江（2005）の早稲田大学生を対象とした調査でも「自覚的シャイネスは正常範囲の性格特性として分布している」（p.23）と報告されていること，尾鷲・上島（2005）が「内気な"性格"がすなわち社会恐怖でないことは，近年の研究でも確認されている」と述べていることからも，シャイな人に病態水準の深い人を含める必然性は弱いと考えられる。貝谷・宮前・山中・林（2002）は，我が国のSAD患者は「多くの人の前で話す」，「他人の視線を浴びる」，「人前で字を描き演奏する（パフォーマンスする）」ことを回避しやすいと述べている。SAD患者が恐怖し，回避しやすいとされる，人前で話すこと，パフォーマンスをすることが求められる教職を選択していることを考えると，教師の中にSADの該当者がいるとは考えにくい。また，学校に日常的に勤務している実態を考えると，シャイな教師の日常生活や職業生活が著しく障害されているとはいえないと考えられる。SADはシャイネスの極端な状態像と重なるが，診断基準により定義されるべきものであり，両者を同義として扱うことはできないという論（Turner, Beidel & Townsley, 1990）を踏まえ，本論文では教師のシャイネスをSADとは区別して考えることとする。

4.4 シャイネスの測定

シャイネスの定義と関連する，シャイネスの測定について概観する。シャイネスを理解するため，Zimbardo（1977）は，シャイネスの自己報告や，シャイネスが喚起される状況，シャイネス反応などに関する44の質問項目を作成した（「スタンフォード・シャイネス調査表」）。

その後，Cheek & Buss（1981）が，シャイネスと社交性の関連を検討するためシャイネス尺度を作成した。この尺度は，「私は引っ込み思案なところがある」，「よく知らない人と一緒にいると緊張する」，「ひとと話す時，とんでもないことを言ってしまわないか心配だ」など，行動，情動，認知の3要素を含む（Cheek & Briggs, 1990）9項目から構成されていた。この尺度をもとに，20項目からなる "20-Item Shyness Scale"（Cheek & Melchior, 1985）や，13項目からなる「改訂版Cheek & Buss シャイネス尺度（"The Revised Cheek and Buss Shyness Scale"（RCBS））」（Cheek & Briggs, 1990，以下，RCBSとする）が作成された。RCBSにも，「よく知らない人と一緒にいると緊張する」，「自分の対人的有能さに関しては疑っていない（逆転項目）」，「見知らぬ人に話しかけることは困難ではない（逆転項目）」といった情動（対人不安），認知，行動（抑制）の3要素が含まれている。

我が国の3要素モデルを踏まえたシャイネス尺度として，鈴木ら（1997）の「早稲田シャイネス尺度（Waseda Shyness Scale；WSS）」がある。この尺度は，「私は人と広くつき合う方だ」（逆転項目）のような「消極性」，「人前に出ても冷静でいられる」（逆転項目）のような「緊張」，「人と会話していて神経過敏になることがよくある」のような「過敏さ」，「私には人に好かれるような魅力がほとんどない」のような「自信のなさ」，「私は会う人すべてから好かれ，受け入れられなければならない」のような「不合理な思考」という「行動（「消極性」）」，「情動（「緊張」，「過敏さ」）」，「認知（「自信のなさ」，「不合理な思考」）」の各側面を測定する下位尺度（各5項目）から構成されている。その後，この尺度の構造を再検討した三輪ら（1999）は，「行動的側面」，「認知的側面」，「情動的側面」の3因子構造を確認した。また，Jones & Russell（1982）が作成した22項目からなる "Social Reticence Scale" をもとに，桜井・桜井（1991）は，21項目からなる「シャイネス尺度日本語版」を作成した。この尺度は，直訳すれば「社会的控えめ尺度」だが「通常シャイネス尺度と呼ばれて」いる（桜井・桜井，1991）。桜井・桜井（1991）は因子分析を行い，

1因子構造という解釈も可能だが,「他者評価懸念及び対人場面不適応感」,「情緒不安定」,「対人場面での自己表現の悩み」という,認知,情動,行動に対応すると考えられる3因子が抽出されたことを報告している。

　また,行動抑制や対人不安に焦点を当てた尺度もある。我が国でよく利用される尺度として,「特性シャイネス尺度」(相川, 1991)や「シャイネス尺度」(菅原, 1998)がある。相川（1991）は, Zimbardo et al. (1975)の報告も参考にしつつ,「社会的不安という情動状態と対人的抑制という行動特徴を持つ症候群」というLeary（1986）によるシャイネスの定義を利用して16項目からなる「特性シャイネス尺度」を作成した。尺度構成項目には,「私は誰とでもよく話す」,「私は自分から話し始める」(いずれも逆転項目)といった行動抑制に関する項目や,「人前に出ると気が動転してしまう」,「人前で話すのは気が引ける」といった対人不安に関する項目から構成されている。17項目からなる菅原（1998）のシャイネス尺度も,「自分からすすんで友達を作る方ではない」,「どちらかというと無口なほうだ」といった対人消極傾向に関する8項目と,「地位の高い人と話すときには緊張する」,「見知らぬ人の中にいると,たいてい落ちつかない」といった対人不安傾向に関する9項目から構成されている。また,対人緊張時の身体接触や課題遂行量の変化といった,それまで測定されてこなかったシャイネスの潜在的側面を測定する"Implicit Association Test (「潜在連合テスト」, IAT)" (Asendorpf, Banse & Mucke, 2002)や,この尺度を踏まえた「潜在連合テスト日本語版（IAT尺度）」(相川・藤井, 2011)もある。このように,様々な手がかりから,シャイな人の全体像に迫ろうとする動きがあるといってよいであろう。

　これらの尺度は,シャイネスと他の特性（例えば,社交性や自意識など）との関係を検討するために利用されている（例えば, Bruch, Gorsky, Collins & Berger, 1989）。我が国でも,特性シャイネス尺度（相川, 1991）を利用して,シャイな人の認知的特徴を検討した研究（栗林・相川, 1995）や,シャイネスと友人関係の形成との関係を検討した研究（石田, 2003）,シャイネスと視線

の関係を検討した研究（飯塚，1995），シャイネスと作り笑いとの関係を検討した研究（栗林，2012）などがある。いずれの研究においても尺度得点高群をシャイな人と想定しているが，高群-低群のグルーピングについては定まった方式があるわけではない。例えば，得点の上位及び下位5％を高群-低群とする研究（栗林・相川，1995）の他，得点上位及び下位4分の1の者を高群-低群とする研究（飯塚，1995），回答者の平均点を境に高群-低群に分ける研究（石田，2003；栗林，2012）などがある。高群-低群の境となる平均点についても研究ごとに値は異なっている（例えば，石田，2003；栗林，2012）。Cheek & Bussの"Shyness Scale"（1981, 1990）を利用した研究でも，中央値で高群，低群に分割する研究（Phillips & Bruch, 1988）もあれば，得点上位及び下位4分の1の者を高群，低群とする研究（Alfano, Joiner & Perry, 1994）もある。

　このように，これまで，シャイな人であるかどうかは高群-低群という相対的な位置付けから決められることも多く，当該尺度で何点以上の者がシャイな人であるという利用のされ方は行われていない。質問紙法による性格検査で測定されているのは，実際は，自己によって「認知された性格」（泊，2001）であるという見方もある。こうした実態や見方を踏まえると，自己報告を利用してシャイな人をスクリーニングすることにも一定の妥当性が認められよう。

4.5　シャイネスと他のパーソナリティ要因との関係

　シャイな人とは，どのような人なのかという関心から，シャイネスと他のパーソナリティ特性との関係が検討されている。例えば，対人行動と関係の深い社交性（sociability），外向性（extraversion），主張性（assertiveness）との関係が報告されている。社交性に関しては，因子分析の結果を踏まえ，シャイネスとは別因子であり，両者の間に有意な負の相関関係があるという報告が多い（例えば，Bruch, Gorsky, Collins & Berger, 1989；Dzwonkowska, 2002；

Eisenberg, Fabes & Merphy, 1995；Neto, 1995；Pilkonis, 1977b；Sheeks & Birchmeier, 2007)。また，社交性は，他者と一緒にいたいという動機と関連し，シャイネスは，他者が存在する際の緊張，抑制と関連しているという論 (Schmidt & Buss, 2010) や，シャイネスと社交性の組み合わせにより，シャイな人の中に，スキルはあるが認知的懸念を抱くタイプ ("shy-sociable") と，スキルを欠くタイプ ("shy-low sociable") が存在する[3]という論考もある (Cheek & Buss, 1981)。外向性とは有意な負の相関関係があること (例えば，Jones et al., 1986；Pilkonis, 1977b)，主張性とは有意な負の相関関係がある (例えば，Jones et al., 1986) という報告もある。このように，これまで，シャイな人は，社交的でない，外向的でない，主張的でないというように，個々のパーソナリティ特性との関係は検討されてきているが，そもそもシャイな人とはどのような人なのかという包括的な検討は，十分にはなされていないといえよう。

今日，パーソナリティをビッグ・ファイブで理解する試みが行われている。ビッグ・ファイブとは，性格傾向は「5つの広範な性格特性概念で充分に記述できる」(林, 2002) という説であり，「5つの特性因子によってパーソナリティを記述していこうとするモデル」(大野木, 2004) のことである。この立場は，今日，「多くの支持を受けている」(林, 2002) とされる (同様の主張は，例えば，藤島ら，2005；岸・藤田，2004)。5つの性格特性概念は，研究者によって，多少，名称は異なるものの，「名称の不統一に比べると内容は混乱していない」(林, 2002) とされ，外向性，愛着性 (協調性)，統制性 (勤勉性)，情動性 (情緒安定性，情緒不安定性，神経症傾向)，遊戯性 (開放性，知性) の5つが提唱されている。これまで，ビッグ・ファイブを利用した，包括的なシャイな人の検討は，あまりなされていない。すなわち，PsycINFO で，"timidity (to human)" All Fields AND "Big Five" をキーワードとして

---

[3] "shy-sociable" は，内面に悩むシャイな人であり，Pilkonis (1977b) の指摘する「私的なシャイ」("privately shy") に，"shy- low sociable" は，スキルを欠くシャイな人であることから「公的なシャイ」("publicly shy") と概ね同義であると考えられる。

マルチフィールド検索したところ，31件の文献が検索された（2013年11月27日）が，シャイネスとBig Five尺度の関連を直接検討した文献は2件（Bratko, Vukosav, Zarevski & Vrani, 2002；Gerbino, Cannistraro & Steca, 2000）のみであった。16-18歳の高校生を対象としたBratko et al.（2002）の研究では，両者の関係は複雑なパターンを示すとされ，14-21歳の青年を対象としたGerbino, et al.（2000）の研究では，シャイネスは，女性の場合，外向性，協調性，情動性，開放性と関連し，男性では，外向性，協調性，開放性と関連していることが報告されている。また，CiNiiで"シャイネス ANDビッグ・ファイブ"，及び，"シャイネス AND特性5因子"をキーワードとして検索したが，林（2002）が「日本ではビッグ・ファイブはあまり導入されていない」と指摘する通り，該当する文献は見出されなかった（2013年11月27日）。こうした状況から，シャイな人やシャイな人に特徴的な対人行動の背景にあるパーソナリティをビッグ・ファイブの観点から理解することにも意義が認められよう。

5　シャイネスを喚起される場面

　本研究では，シャイな教師の困った経験を明らかにすることを目的の一つとするが，その際，シャイな教師がどのような学校場面でシャイネスを喚起されるのかということも検討したい。シャイな人が，どのような場面や状況でシャイネスを喚起されるのか明らかになることは「シャイネスの定義において重要な意味を持つ」とともに，「特性シャイネスを治療の標的にした場合でも，（中略）状態シャイネスを取り上げ，それを改善することが治療のとりかかりとして重要である」（関口ら，1999）と考えられているからである。

　これまで，シャイネス反応（状態シャイネス）を喚起させる状況や場面については多くの報告がなされてきた。Zimbardo（1977）は，「他人」（70%），

「異性」(64%),「知識の権威者」(55%),「仕事の権威者」(40%) といった相手の属性や,「大きなグループで注目されて(話をする時のように)」(73%),「大きなグループ」(68%),「比較的低い地位で」(56%),「一般的な社会状況」(55%),「一般的な新しい状況」(55%),「断定を要求されて」(54%),「評価されているところで」(53%),「小さなグループで注目されて」(52%),「小さな社会的グループ」(48%),「一対一の異性間作用」(48%),「弱みがあって(助力が必要)」(48%),「仕事上の小さなグループ」(28%) といった状況でシャイネスが喚起されやすいことを報告している。その後も,「社会的状況」(Asendorpf, 1987; Cheek & Buss, 1981; Pilkonis, 1977a),「見知らぬ人たち,権威者,異性と一緒の状況」(Russel et al., 1986),「1人ないし数人の他者と一緒にいる時」(Buss, 1986),「集団の前で多くの視線を浴び,社会的評価を受ける場面」(Tyszkowa, 1985),「他者のいる慣れない場面」(Jones et al., 1986; Kagan, Reznick & Snidman, 1988),「5～10名もしくは1人の顔見知り程度の相手に対して,こちらから主導的に話を進める公的な場面」(van der Molen, 1990),「過度の社会的評価の関心と自分の行動の監視が高まる状況」(Fatis, 1983),「新奇性,改まった(フォーマルな)場面,自分が注目される場面,自己開示を必要とする場面」(Buss, 1984),「主張的な行動を必要としたり,評価を受ける場面」(例えば,Buss, 1984; Russell et al., 1986; Watson & Cheek, 1986),「他者からの評価を予測したり,それが存在すること」(Leary, 1986),「他者(特に異性や権威者)とのやり取りのある新奇な社会的状況,やや親しい人の前,イニシアチブをとらなければならない状況,インフォーマルな場面」(van der Molen, 1990),「主張的な行動を必要としたり,評価を受ける場面」(関口ら,1999) など,さまざまな場面や状況が報告されている。他者から評価されたり,主張(自己開示)が求められる場面,新奇な場面という報告や,見知らぬ人,権威者,異性と一緒の場面に言及する報告が多いが,社会的状況(対人場面)でシャイネスが喚起されるという点で共通性があるといえよう。

教師は,授業や学級経営,職員会議,保護者会等,改まった(フォーマル

な)，社会的な状況において，生徒や同僚，保護者から注目を浴びたり，佐藤（1997）が「回帰性」という言葉で示した，自分の教育活動に対し，絶えず相手からの評価が返ってくる状況のもと，主導的な立場で教育活動を遂行することが多い。すなわち，教師は，シャイネスを喚起されやすいと考えられる状況下で職務を遂行しているといえよう。これまで，スピーチ場面（例えば，城月ら，2009）や演奏場面（例えば，吉江・繁桝，2007）といった具体的な対人状況における不安喚起に関する検討はなされているが，授業や学級経営といった，学校における具体的な場面と教師のシャイネス喚起との関係については解明されていない。シャイな教師の実態を理解し，その支援策を検討する際には，具体的にどのような教職遂行場面で，どのような反応が生じているのかということを明らかにすることに意義が認められると考えられる。本論文では，シャイな教師にとって，対人行動を伴う様々な教職遂行場面が，実際に，シャイネス反応を喚起されやすい場面であるということを確認したい。

6　シャイな人の認知と対人行動

6.1　シャイな人の認知

Cheek & Melchior（1990）やvan der Molen（1990）は，シャイな人の認知の特徴として，「非合理的思考」や「否定的思考」を挙げている。例えば，シャイな人は，「自分の行動は不適切で，否定的に評価される」，「他者が考える以上に自分を否定的に考える」，「自分は社会的望ましさが低いと会話の相手から思われている」といった自己否定的な認知や，「失敗したら自分を責め，成功は外的に帰属する」という悲観的な原因帰属，「会話の相手が自分を理解してくれたと思わない」という相手との関係性に関する否定的認知をしやすく，「自分にとって否定的な情報や経験だけを思い出す」，「否定的

フィードバックを受け入れ，肯定的フィードバックを受け入れない」といった自己否定につながる情報選択傾向を有することが報告されている（Cheek & Melchior, 1990；Jones & Briggs, 1984, 栗林・相川, 1995；鈴木ら, 1997；van der Molen, 1990）。また，自己効力感の低さ（例えば，Hill, 1989；葛生, 1994, 鈴木・箭本, 2012）や自尊感情の低さ（例えば，Cheek & Buss, 1981；Crozier, 1981；Jones et al., 1986）も報告されている。

van der Molen（1990）は，シャイな人の特徴の一つである自己否定的認知が，対人状況に入る前に生じれば，自分や自分が機能することに対する期待と関係し，そのことで物事がうまくいかなくなりやすいと述べた。Bandura（1977）の効力予期の理論にも通じるこの考え方は，一定の説得力があるといえよう。また，この考えは，生和（1990）が，ラザラス（Lazuras, A. A.）の論を引いて，出来事に対して対処が可能かどうかという制御感（sence of control）を持てるかどうかが対人不安の発生に重要な役割を果たすと述べていることとも軌を一にしている。これまで，認知的介入プログラムの実施が，シャイな人のシャイネスを低減させたり，セルフ・エフィカシーの上昇に効果があるという報告もある（例えば，Ghasemian et al., 2012；伊藤ら, 2001；金築ら, 2002；葛生, 1994；長江ら, 1999；関口・根建, 1999）。このように，認知が行動や情動といった反応に影響すると考えられ，シャイな教師に困った経験をもたらす要因として，認知的要因を取り上げることに意義が認められよう。

6.2　シャイな人の対人行動

これまで，シャイな人には，対人不安や行動抑制が伴うという指摘がなされてきた（例えば，相川, 1991；Leary, 1986；菅原, 1998）。対人不安は不安という情動反応であるとともに，緊張や赤面等の身体的徴候や生理的覚醒としても表現される（例えば，Henderson & Zimbardo, 1998；菅原, 1998；van der Molen, 1990）。岸本（2008）は，シャイな人の中に「パフォーマンスの欠如

（応答の失敗とぎこちない行動）」を示す者がいることを報告しているが，その背景に，緊張，更には対人不安が存在していると考えられる。祐宗（1978, p.38）は，行動を「生活体（人，動物）の一連の反応のうち，直接観察可能なものをいう。したがって，たんに身体的行動だけではなくて，言語，思考，記憶，情動などもふくめた精神活動も，それらが外部から観察される性質のものであれば，その範囲に入りうる」と定義している。この立場に立てば，対人不安を，「パフォーマンスの欠如」という観察可能な反応として，行動的側面から理解することが可能であると考えられる。相川（2000a）は，シャイな人の対人行動の特徴を，「見知らぬ人と滅多に会話を開始しない，開始してもぎこちない印象を与え，困惑や緊張を隠しきれず，アイコンタクトを避ける傾向が強い，声が小さく話し方も不明瞭である」（p.49）と記述している。ここで示された「ぎこちない印象を与え」たり，「困惑や緊張を隠しきれない」ことは，対人不安を反映した行動を描写したものと考えられる。

　シャイな人に行動抑制と対人不安が伴うという知見は，従来からなされてきたシャイネスサブタイプの説明とも適合的である。代表的なサブタイプとして，不安や否定的評価への恐れなど内面的な出来事に焦点を合わせる「私的なシャイ」（"privately shy"）と行動的な欠陥に悩む「公的なシャイ」（"publicly shy"）があるという指摘（Cheek & Buss, 1981；岸本，1999；Pilkonis, 1977b；Zimbardo, 1977）がある。また，発達早期からみられ，見知らぬ人や新奇な状況に恐怖を感じ，特定の言動の回避や抑制を伴う「恐怖シャイネス」（"fearful shyness"）と公的自己意識（"public self-consciousness"）の発達とともに現れ，注目を浴びたり，評価を受けることよる自尊心の傷つきや羞恥心を伴う「自意識シャイネス」（"self-conscious shyness"）があるという指摘がある（Buss, 1980, 1986；Crozier, 2010）。「私的なシャイ」は対人不安と，「公的なシャイ」は行動抑制との関連が想定されよう。Crozier（1999）は，大学生を対象とした調査を行い，見知らぬ人に会うような「恐怖シャイ」状況で

は，ものが言えないなど「恐怖シャイ」反応が多く見出され，権威者と関わるような「自意識シャイ」状況では，赤面，困惑など「自意識シャイ」反応が多く見出されたことを報告した。また，これら2つが同時に引き起こされることもあることや，互いに関連していることを報告している。Bruch et al.（1986）の調査では，「恐怖シャイネス」群の方が行動面での課題を抱えているとされている。これらのことから，「恐怖シャイネス」と行動抑制，「自意識シャイネス」と対人不安との関連が想定されよう。

　行動抑制と対人不安は，3要素モデルでは，行動的要素および情動的要素に対応するが，サブタイプの存在は，3要素のいずれか1つ以上の特徴を有する者をシャイな人と考える3要素モデルによる定義とも矛盾しない。サブタイプごとの，教職遂行場面での困った経験の違いを検討することも有意義と思われる。

6.3　シャイな人の認知と対人行動

　風間（2009）は，早稲田シャイネス尺度の下位項目である「自信のなさ」尺度の低得点者（シャイネスのサブタイプの1つ）は，友人，目上の人との対話を避けること，相手が目上の場合には携帯電話などでの通話も避けることを見出し，積極性，緊張，過敏などの側面より，自分に対する否定的認知がコミュニケーション行動に影響を及ぼす可能性を指摘している。このように，近年，認知的要因（例えば，自己効力感）が行動（例えば，コミュニケーション行動の消極性）に及ぼす影響に関する検討も行われるようになってきた。しかし，これまで，Cheek & Melchior（1990）が，シャイな人の認知的，情動的，生理的，行動的徴候間の相互作用により多くの注意が払われるべきであると述べたり，岸本（1999）が，シャイな人に特徴的な3つの要素間の関係は十分検討されていないことを指摘しているように，認知と行動の関係，例えば，その人に困った経験をもたらす認知に関する検討は，まだ十分にはなされておらず，今後の更なる取組みが期待される現状にある。従っ

て，本論文で，シャイな教師の認知と対人的教職遂行場面での困った経験の関係を検討することに意義が認められよう。

7　シャイな教師の教職遂行

7.1　シャイな人のキャリア形成や職業行動

　シャイな教師の教職遂行に関する研究を概観するに当たり，シャイな人のキャリア形成や職業行動に関する先行研究を概観した。職業も含んだその人の生き方や経歴を意味する語である「キャリア」("career")をキーワードとし，PsycINFOのマルチフィールド検索を利用し，"timidity" ALL Fields AND "career" ALL Fieldsで検索し，"human"及び"All journals"で絞り込んだところ，26件の文献が検索された（2014年9月12日）。全文献を精査したところ，シャイネスとキャリア形成や職業行動の関係を取り上げている文献は6件であった。そのうちの5件は，シャイな人は，キャリア形成や職業行動が順調でないとするものであった。すなわち，Caspi et al. (1988) は，アメリカにおけるシャイな男児の追跡調査を行い，彼らが，結婚すること，父親になること，安定した職を得ることが遅いことや，職業的な達成や安定を得にくいことを報告している。また，Phillips & Bruch (1988) は，シャイな大学生は対人志向的な職業に対する興味を示すことや情報探索行動をとることが少なく，決定しにくいこと，採用面接でアサーティブな面接行動をとることが難しいと考えていることを報告している。同様に，Hamer & Bruch (1997) は，17歳から25歳の大学生を対象とした調査から，シャイネスが大学生のキャリア発達（職業的自己概念の確立やキャリア・プランニングに対する態度といった職業的成熟）に阻害的に働くことを報告している。Perger (2001) は，ハンガリーの教育実習生に，自分がどのような教師役割をとれそうか見積もらせた。情熱的に決断できる教師，自己不確定的な教師，よい

指導者型教師，母性型教師の4タイプのうち，自己不確定的な教師像を考えた実習生は，自信がなく，抑うつ的，シャイで，絶望的であることを報告している。更に，Kokko, Bergman & Pulkkinen（2003）は，36歳のフィンランド人，及び，26-27歳のフィンランド人とスウェーデン人を対象とする調査を行い，長期の無業状態と低学歴が関連しており，それが，少年期の性格傾向，例えば，情動コントロールや問題対処能力の低さ，行動抑制やシャイネスで説明できると述べている。その一方で，Kerr, Lambert & Bem（1996）は，スウェーデンで，8-10歳の時に母親からシャイだと思われていた子どもの結婚の時期，親になったか，35歳時の職業的成功に関する調査データをアメリカ人と比較した結果，シャイな男の子は，アメリカのシャイな子どもと同様に，ノンシャイな子どもより結婚や父親になるのは遅かったが，職業的な成功はシャイネスによって阻害されることはなかったことを報告している。

このように，シャイな人は，キャリア形成や職業遂行の進展が順調に進みにくいという研究もあるが，総件数は多くなく，その一方で，異なる国での調査ではあるが，必ずしもそうとはいえないとする研究もあることが示された。我が国では，シャイであることの職業遂行への影響はどうなのかという課題が見つかるとともに，教師に限らず，シャイな職業人の職業遂行については，これまで，あまり検討されていないことが明らかになった。職業というテーマの重要性を考えると，今後，更なる研究の進展が期待される分野であると考えられる。

7.2 シャイな教師の教職遂行

シャイな教師の対人行動や教職遂行に関する先行研究を概観する。

まず，教師に関する研究の状況を確認した。PsycINFOの上級検索で"teachers"をキーワードにして検索すると54228件の文献が，CiNiiで"教師"をキーワードとして検索すると44185件の文献が検索された（2014年5月

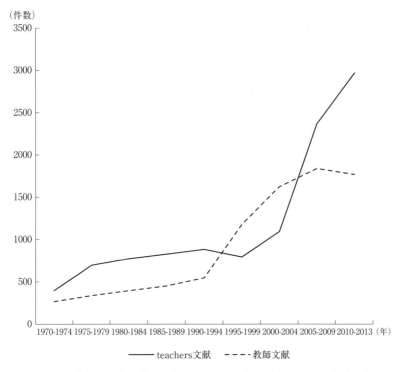

Fig. 2-4　5年毎の区分による1年当りteachers及び教師文献発行件数の推移

9日)。両者について，1970年から2013年までの5年毎に区切った区分における1年当りの文献発行件数をFig. 2-4に示す。

　海外でも我が国においても教師に関する研究は多くなされ，現在も増加傾向にあることがわかる。分類コード（Category Code）を利用した，教師文献が見出される分野の検索結果を，Table 2-2に示す。総件数が多いので，200件以上の文献が検索される分野を掲載した。最も文献の多いのは教育心理学関連の分野で，ここに掲載した文献の合計だけでも全文献の87.7%（47539件）を占めている。また，教師効力感尺度やストレス尺度の作成などを主題とする「教育測定」("Educational Measurement")分野や，教員養成や研修に

Table 2-2 teachers文献が見出される主な研究分野

Category Code（分類コード）	件数（%）
21　一般心理学関連	
2100　General Psychology（一般心理学）	319（0.6）
22　心理測定・統計・方法論関連	
2227　Educational Measurement（教育測定）	1671（2.9）
28　発達心理学関連	
2800　Developmental Psychology（発達心理学）	416（0.7）
2840　Psychosocial & Personality Development（心理社会的・人格的発達）	427（0.8）
29　社会的過程・社会問題関連	
2900　Social Processes & Social Issues（社会的過程・社会問題関連）	353（0.6）
30　社会心理学関連	
3000　Social Psychology（社会心理学）	267（0.5）
32　心理的・身体的障害関連	
3230　Behavior Disorders & Antisocial Behavior（行為障害及び反社会的行動）	337（1.1）
3250　Developental Disorders & Autism（発達障害及び自閉）	303（4.4）
33　健康・精神的健康の治療・予防関連	
3300　Health & Mental Health Treatment & Prevention（健康の治療・予防）	413（0.7）
34　専門職の心理的・健康増進に関する人事問題関連	
3400　Professional Psychological & Health Treatment Personnel Issues（専門職の心理的・健康増進に関する人事問題関連）	769（1.4）
3410　Professional Education & Training（専門職の養成と訓練）	1377（2.4）
3430　Professsional Personnel Attitude & Characteristics（専門職の態度・特性）	291（0.5）
35　教育心理学関連	
3500　Educational Psychology（教育心理学）	14467（25.7）
3510　Educational Administration & Personnel（教育経営と人事）	19370（34.4）
3530　Curriculum & Programs & Teaching Methods（カリキュラム・プログラム・教授法）	5750（10.2）
3550　Academic Learning & Achievement（学習と学力）	1231（2.2）
3560　Classroom Dynamics & Student Adjustment & Attitude（教室のダイナミクス，生徒の適応や態度）	3428（6.1）
3570　Special & Remedial Education（特殊教育）	2611（4.6）
3580　Educational/Vocational Counseling & Student Services（教育／職業相談）	682（1.2）
36　産業・組織心理学関連	
3600　Idustrial & Organizational Psychology（産業・組織心理学）	653（1.2）
3650　Personnel Attitude & Job Satisfaction（職務態度と職業満足感）	230（0.4）

PsycINFOによる2014年11月11日現在のteachers文献の総件数は56254件.

関する「専門職の養成と訓練」（"Professional Education & Training"）分野の文献も，総件数が1000件を超えており，関心が寄せられている分野であると考えられる。

PsycINFOのマルチフィールド検索を利用して，"timidity" All Fields AND "teachers" All Fieldsをキーワードに，シャイな教師に関する文献検索を行ったところ，158件の文献が検索された（2014年5月9日）。全文献を精査したところ，その多くは，教師がシャイな児童生徒をどう指導するかというテーマを扱っており，教師に言及した文献は，「創造的教師（creative teacher）とシャイネスの関係」（Gowan & Bruch, 1967）を論じた文献，「教師のシャイネスに対する評価と対人行動の関連」（高柳・田上・藤生，1998），及び，「シャイな教師がシャイネスを喚起される学校場面」（高柳・田上・藤生，2005）を論じた文献のみであった。

CiNiiで，"教師 ANDシャイネス"，"教師 AND シャイな"というキーワードで検索した結果，上記の高柳ら（1998；2005）の2文献のほか，「シャイな教師に対する同僚教師の認知と評価」（高柳，2006a），及び，「シャイな教師の対人行動円滑化」（高柳，2006b），「シャイな教師の対人行動と教職遂行の関連について」（高柳・藤生，2014）に関する5件の文献が検索されたのみであり（2014年6月25日），シャイな教師を対象とした研究は，ほとんどなされていないことが明らかになった。

但し，教師の対人行動や対人関係に関する研究に関しては，PsycINFOで"teachers" All Fields AND "social behavior" All Fields で検索すると11058件の文献が，"teachers" All Fields AND "human relations" All Fields AND "school" All Fieldsで検索すると2962件の文献が検索された（2014年11月19日）ように，関心を持たれている分野であることが示唆された。我が国でも，CiNiiで「教師 AND 対人関係」をキーワードにして検索すると97件の文献が検索され（2014年11月19日），関心を持たれている分野であることが示唆された。

佐久間（2007）や中野ら（2008）が指摘するように，我が国の教師の職務や職務遂行上のストレッサーは，他国の教師と異なる可能性があるので，我が国の文献を精査したところ，対人関係が教師のストレッサーとなっていることを報告する文献が検索された（例えば，赤岡・谷口，2009；苅間澤・大河原，1999；栃沢・中野，2010）。そこで，同じ日に，CiNiiで「教師 AND ストレッサー」をキーワードにして検索したところ53件の文献が検索された。その中には，学校での対人関係がストレッサーとなり，教師にストレス反応やバーン・アウトをもたらすといったストレッサーと反応の関係を検討した研究が含まれている（例えば，斉藤，2004；高木，2003；高木・田中，2003；田中・高木，2008；田中ら，2003）が，これらの研究では教師要因については取り上げていない。また，ソーシャル・スキル（栃沢・中野，2010）や対処方略（都丸・庄司，2005），教師効力感（貝川・鈴木，2006），ローカス・オブ・コントロール（栃沢・中野，2010），キャリア適応力（高木・渕上・田中，2008），職場環境への認知（森・西本・嶋田，2009）といった行動的側面や認知的側面に関わる教師内要因を媒介変数としたストレッサーや葛藤状態が，ストレス反応，バーン・アウトに及ぼす影響の検討も行われていることが明らかになった。しかし，シャイネスというパーソナリティ要因やシャイな教師に特有の認知という教師内要因を取り上げた研究は行われていないことも明らかになった。本論文では，学校での人間関係が教師のストレス反応やバーン・アウトをもたらすという，ストレッサーと反応の関係に，シャイな教師というパーソナリティ要因とその認知という，これまで未検討の要因を媒介変数として取り入れ，教師が困るメカニズムの検討を更に進めたいと考えている。ここに本論文の独自性があり，検討結果を生かして，対人関係で困っている教師に関するより精緻化したモデルを提供できるところに意義が認められると考えられる。

8 シャイな教師の教職遂行に関する研究の動向と本研究への示唆

　シャイネスに関する研究や教師に関する研究は，我が国でも海外でも数多くなされ，重要な研究テーマとなっている。しかし，シャイネスに関する成人を対象とした研究の多くは，大学生を対象としており，シャイな教師や，シャイな教師の教職遂行を扱った研究は，ほとんど行われていない。教職は，児童生徒を教育の対象とし，その際には，同僚との協働や保護者との連携が欠かせない対人的な職務であり，その円滑な遂行は，教育の質的な保障につながるものである。それと同時に，教職遂行過程における対人関係は，教師にとっては，時にはストレッサーとなり，バーン・アウトなど，教師生活に困難な状況を生み出すもとにもなり得るが，そこを乗り越えることで，教師の一層の成長につながる経験にもなり得る。従って，教師に円滑な教職遂行をもたらす要因，あるいは，その逆に，教職遂行を円滑に行えないことについて，その実態やメカニズムを検討することには，教育実践上の意義が認められよう。

　我が国には，シャイな人が多いという報告があり，シャイな教師が一定数存在すると考えられる。これまで，シャイな人に関しては，自己否定的認知や効力感の低さなど，特有の認知が報告されている。その対人行動に関しても，対人不安を背景としたぎこちないふるまいや早口といったパフォーマンスの問題や，行動抑制と関わるコミュニケーションの問題が報告されている。更に，状態シャイネスと関連して，シャイネスが喚起されやすい状況についての検討も行われている。これらの知見から，シャイな教師は，対人行動が抑制的であったり，パフォーマンスが円滑でない可能性があり，その結果，教職を円滑に遂行できず，困ることが多いのではないかと考えられる。今日，認知行動療法や論理療法などの考え方が受容されていることから考え

ると，行動抑制や対人不安などの，対人行動に影響を及ぼす反応の背景に認知的な要因が存在することが考えられる。しかし，シャイな人の認知と対人行動の関係については，まだ十分な検討はなされておらず，本論文で，シャイな教師を対象として取り上げ，認知と対人行動を伴う教職遂行との関係を実証したいと考えている。また，教師研究の概観から，対人行動が重要な役割を果たす教職遂行過程で，対人関係がストレッサーになり，教師にストレス反応やバーン・アウトをもたらすという研究（例えば，斉藤，2004；田中ら，2003；田中・高木，2008）や，認知的要因や行動的特徴といった教師内要因を媒介変数として，ストレッサーや葛藤状態がストレス反応，バーン・アウトに及ぼす影響の検討がなされている（例えば，貝川・鈴木，2006；高木ら，2008；栃沢・中野，2010；都丸・庄司，2005；森ら，2009）ことが明らかになった。しかし，対人関係で困りやすいのではないかと考えられるシャイな教師を取り上げ，その認知に焦点を当てた研究はなされていないことも明らかになった。

　本論文では，教師内要因として，先ず，シャイな教師というパーソナリティ要因に焦点を合わせるとともに，シャイな教師に特徴的な認知に焦点を合わせ，シャイな教師が，対人喚起を伴う教職遂行場面で困っていることを実証するとともに，シャイな教師の認知と教職遂行過程での困った経験の関係モデルを作成し，その妥当性を検証することを目的とする。すなわち，教師の中でもシャイな教師が対人関係で困りやすいのではないかということ，また，学校における対人関係や対人関係を伴う状況，場面に対する認知をはじめとするシャイな教師に特有の認知がシャイな教師に困った経験をもたらすということを実証することを目指して進められる。これらのことが実証されれば，教職遂行過程で困っている教師像をより明確にできるとともに，対人的な教職遂行場面で困っているシャイな教師の支援策を検討する上で役に立つ知見が得られるものと考えられる。

　従属変数としては，教職遂行過程における困った経験を取り上げる。これ

まで，従属変数として，ストレス反応やバーン・アウトが取り上げられている（例えば，伊藤，2000；川瀬，2013；高木ら，2008；田中・高木，2008；栃沢・中野，2010）が，筆者は，教師の成長や，それと関連した教職遂行の困難さとその克服に関心があり，そこに焦点を合わせることを考えているため，困った経験をしているということを取り上げたい。

これらの検討を通して，教師遂行過程における対人関係で困っている教師を理解するための，より精緻な関係モデルを作ることができると考えられる。シャイな教師の支援策を検討するための基礎的な知見を得るためにも，シャイな教師が，教職を遂行する過程で，どのような反応を示し，その背景にどのような認知的要因があるのかを明らかにすることに，教育実践上の意義を見出すことができると考えられる。

9 概念の定義

9.1 シャイな教師

シャイな人に共通する特徴として，自分をシャイだと思うことが報告されている（例えば，Cheek & Melchior, 1990；岸本，1999）。自分をシャイだと思う者は，そうでない者に比べ，シャイネスをより多く経験しており（例えば，Alm & Frodi, 2008；Fatis, 1983；岸本，1999），そのことが，自己報告につながっていると考えられる。このメカニズムは，自分のとった行動や状況を自分自身が観察することにより，自分の態度を推測したり，知ると考える，Bem（1972）の「自己知覚理論」からも説明でき，妥当な推論であると考えられる。本論文では，シャイな人が自分はシャイであると考えていることに注目し，「シャイな教師とは，自分をシャイだと考えている教師」であると定義する。シャイな教師は，対人行動の側面では，対人不安や行動抑制といったシャイネス反応を経験しやすい人であり，対人不安が関係すると考え

られる緊張を背景として，円滑なパフォーマンスの遂行が阻害されたり，対人消極性につながるコミュニケーション行動が抑制される可能性が高い人であると考えられる。

9.2　教職遂行

　本論文では，シャイな教師の教職遂行に焦点を当てる。教職遂行とは，文字通り，「教師がその職務を執り行うこと」である。具体的には，授業や個別指導，学級・HR経営，部活指導，会議への参加，保護者対応等，対人行動を伴う教職遂行と，教材研究，配布資料や学級通信等の原稿作成，配布物の印刷，成績処理などの非対人的な教職遂行がある。

　対人行動が伴う対人的教職遂行過程では，パフォーマンスとコミュニケーションが重要な役割を果たすと考えられる。パフォーマンスは自己表現や発信と関係し，コミュニケーションは双方向的なやりとりと関係が深い。パフォーマンスの拙さは，対人不安や緊張を背景としていると考えられ，早口，赤面，ぎこちないふるまいなどとして表現され，コミュニケーションの抑制は，対人場面を回避したり，自分から話しかけないといった行動上の特徴として表現されると考えられる。

第3章 本論文の目的と構成

1 本論文の目的

　本論文では，学校に一定数存在し，対人行動で困りやすいと考えられるシャイな教師に焦点を当て，その教職遂行の実態や，教職遂行過程で困っていることを実証することを第1の目的とする。次いで，教職遂行過程で，シャイな教師に困った経験をもたらす認知的要因を解明し，認知的要因と困った経験の関係モデルを作成し，その妥当性を検討することを第2の目的とする。すなわち，対人関係が重要な役割を果たす教職遂行過程で困っている教師としてシャイな教師が存在すること，シャイな教師に特有の認知が困った経験をもたらしていることを実証することを目的としている。学校における対人関係を伴う教職遂行場面で困っている教師をシャイな教師として絞り込むことができれば，支援すべきターゲットが明確化されると考えられる。また，シャイな教師に困った経験をもたらす認知的要因との関係を明らかにできれば，対人的な教職遂行過程で困っているシャイな教師が，それを乗り越え教師として成長していくことにつながる知見を見出すことにつながるという点で，教育実践上の意義があると考えられる。

　これまで，シャイな人と関連した認知的要因として，「低い自尊心（自己評価）」（例えば，Cheek & Buss, 1981；Ishiyama, 1984；鈴木ら，1997），「低い自己効力感」（例えば，Hill, 1989），「不合理な思考」（例えば，鈴木ら，1997）といった自己に関する認知があることが報告されている。また，「評価懸念」（例えば，Crozier, 1979；Leary, 1986），「拒絶されることへの恐れ」（例えば，Cheek & Watson, 1989）という相手や相手との関係に対する認知，「同じ状況やできご

とをより否定的に捉える」(例えば, Faits, 1983 ; Ishiyama, 1984) といった状況やできごとに対する認知についての特徴を有することも報告されている。しかし, 教師をはじめ, それ以外の職種であっても, 特定の職業に従事する職業人が有する認知の特徴や, 認知と行動の関連については, これまで, ほとんど検討されてきていない現実がある。

本研究では, こうした現状を踏まえ, シャイな教師の教職遂行に影響すると考えられる, 教職遂行場面や対人関係に対する評価, シャイネスに対する評価, 教職対人行動効力感といった認知的側面に焦点を当て, それらを測定する尺度を作成して教職遂行での困った経験との関係を明らかにするとともに, 認知的要因間の関係を検討し, その成果に基づく, 認知的要因と対人的教職遂行場面における困った経験の生起モデルを作成し, その妥当性を検証する。

2 本論文の構成

本論文は, 第Ⅰ部から第Ⅳ部までの4つの部で構成されている。論文の構成をFig. 3に示す。第Ⅰ部は, 第1章から第3章で構成され, 文献研究により, 本論文の理論的背景を議論する。第Ⅱ部及び第Ⅲ部は, 実証的研究により, シャイな教師の教職遂行の実際や, 教職遂行を規定する認知的要因について検討する。第4章から第12章で構成されている。

第Ⅰ部第1章では, 問題提起として, 教師が職務を遂行する上で, 対人行動が重要な役割を果たしていること, 対人関係が教師のストレッサーとして大きな位置を占めていること, 教師の中でも, 対人不安や行動抑制と関係の深いシャイな教師が対人的な教職場面で困っていることを仮定し, そのことを実証することが目的の一つとなることを述べた。このことが確認できると, 従来の, 対人関係がストレッサーとなり, 教師が困るという先行研究で得られた知見に対し, その関係がどの教師にも適合的というよりも, シャイ

文献研究 第Ⅰ部	第Ⅰ部	理論的背景
	第1章	問題提起
	第2章	先行研究の概観と概念の定義
	第3章	本論文の目的と構成
第Ⅱ部・第Ⅲ部 実証的検討	第Ⅱ部	シャイな教師の教職遂行
	第4章	学校におけるシャイな教師の実態【研究1】
	第5章	シャイな教師の対人行動【研究2】
	第6章	シャイな教師に対する評価【研究3】
	第7章	教職遂行過程におけるシャイな教師の困った経験【研究4】
	第Ⅲ部	シャイな教師の教職遂行を規定する認知的要因
	第8章	シャイな教師の困った経験と関連した認知的要因【研究5】
	第9章	教職遂行場面評価及び対人評価が教職遂行に及ぼす影響【研究6】
	第10章	シャイネスに対する評価が教職遂行に及ぼす影響【研究7】
	第11章	教職対人行動効力感が教職遂行に及ぼす影響【研究8】
	第12章	シャイな教師の認知と教職遂行の関係モデルの構成【研究9】
第Ⅳ部 総括	第Ⅳ部	総括
	第13章	総合的考察
	第14章	本研究の限界と今後の課題

Fig. 3 本論文の構成

な教師により適合的であるという知見を提供でき，より精緻化したモデルを提供できると考えられる。また，シャイな教師に困った経験をもたらす認知を検討し，認知と困った経験に関する妥当な関係モデルを作成するということが2つ目の目的である。この研究を通じて，対人関係を出発点として，シャイな教師に特有の認知が教職遂行過程における困った経験をもたらすという，一層精緻化したモデルを提供することができると思われる。また，シャイな教師が困らなくなるための支援策を検討するための知見が提供できると考えられる。

　第2章では，シャイネスやシャイな教師の教職遂行に関する先行研究を概観する。特性シャイネスの議論から，シャイな教師が存在することを前提とし，シャイな教師は状態シャイネスを経験しやすい，自分をシャイだと思う

人であることを述べる。また，シャイネス研究や教師研究は多くなされており，教師の対人行動や対人関係に関する研究も多くなされているが，シャイな教師の教職遂行に関する研究は，ほとんどなされていない現状についても述べる。また，対人関係が教師のストレッサーとなり，学校で困難さを抱える教師も少なくないが，シャイな教師の実態や，その認知を取り上げて困った経験をもたらすメカニズムを検討した研究はなされていないことを述べる。本研究で用いられる概念の定義として，自分をシャイだと思う教師をシャイな教師として扱うことや，教職遂行を，教師がその職務を執り行うこととして扱うことを示す。

第3章では，第1章，第2章を踏まえ，本論文における目的と構成について述べる。すなわち，シャイな教師の実態や困った経験を解明するため，第Ⅱ部で4つの研究を行うこと，及び，シャイな教師の認知と教職遂行過程における困った経験の関係を説明する妥当なモデルを提案するため，第Ⅲ部で5つの研究を行うことを述べる。

第Ⅱ部は，シャイな教師の実態を実証的に解明する部である。これまで，シャイな教師の実態は解明されておらず，第4章（研究1）で，学校におけるシャイな教師の実態を解明する。学校にシャイな教師がどれ位存在し，どのような場面でシャイネスが喚起されるのか，シャイな教師の教員志望動機はシャイでない教師と同じなのか，異なっているのかといったことを解明する。その際，シャイな教師をスクリーニングする上で，自分を「シャイだと思う」という自己報告を利用してよいか，大学生を対象とする調査を行い，確認する。第5章（研究2）では，シャイな教師の対人行動の特徴を，教師及び大学生を対象とした調査から明らかにする。これまで，社交性や外向性，主張性など対人行動と関連するパーソナリティ特性との関係が検討されてきたことを踏まえ，大学生を対象にビッグ・ファイブを測定する5因子性格検査を実施し，その結果をもとにシャイな人を理解しながら，シャイな教師の対人行動の特徴を考察する。第6章（研究3）では，第5章で明らかに

なった行動特徴を持つシャイな教師が，児童生徒からどのように評価されているのかということを，教職遂行に対する評価の観点から検討するとともに，教職遂行評価と教師の対人行動との関連についても検討する。先行研究で，シャイな人が必ずしも否定的に受け取られているとは限らないことが示唆されている。本研究で得られた知見に基づき，シャイな教師本人と児童生徒によるシャイな教師の教職遂行に対する評価を比較することができれば，それを踏まえた，シャイな教師の支援策を検討する基礎的な知見が得られると考えられる。例えば，シャイな人は，同じ状況をより否定的に捉える傾向がある（例えば，Fatis, 1983；Ishiyama, 1984）とされるが，シャイな教師が，児童生徒から否定的に評価されていないということであれば，そこに認知的介入の余地があることになる。第7章（研究4）では，シャイな教師が困っていることの実態を明らかにする。シャイな教師は，どのような場面で，どの程度，どのようなことに困っているのか，困った時にどのような対処をしているのか，といったことを，シャイでない教師との違いも視野に入れながら検討する。

　第Ⅲ部は，シャイな教師の教職遂行を規定する認知的要因との関係を実証的に解明する部である。より具体的には，シャイな教師の教職遂行過程における困った経験に焦点を合わせ，各要因と困った経験の関係，また，要因相互の関係を明らかにし，シャイな教師の認知と教職遂行過程における困った経験との関係モデルを作成する。第8章（研究5）では，教師を対象としたシャイであるため困っている教師，困っていない教師の特徴を明らかにする調査を行い，その結果を踏まえ，シャイなため困った経験をもたらす認知的要因を探索的に検討する。そこで得られた知見をもとに，第9章から第12章までの研究が進められる。第9章（研究6）では，教職遂行場面を脅威的と認知しているかどうか，力量が必要な場面と認知しているかどうか，教職遂行過程で出会う児童生徒や，同僚，保護者等との対人関係をどのように認知しているのか，より具体的には，相手をサポーティブと認知しているかどう

かということを測定する尺度を作成し，教師を対象とした調査を行い，教職遂行場面に対する評価と教職遂行過程での困った経験の関係を検討する。第10章（研究7）では，教師がシャイネスをどのように評価しているのかを明らかにするため，シャイネス評価尺度を作成し，教師を対象とした調査を行い，シャイネスに対する評価と教職遂行過程での困った経験の関係を検討する。第11章（研究8）では，本論文で，教職遂行過程における対人行動をうまく遂行できるという信念として定義された教職対人行動効力感を測定する尺度を作成し，教師を対象とした調査を行い，教職遂行過程での困った経験の関係を明らかにする。第12章（研究9）では，第9章から第11章で取り上げた認知的要因相互の関係を検討し，その結果を踏まえて，シャイな教師の認知と教職遂行過程における困った経験の関係を説明するモデルを作成し，その妥当性を検証する。

第IV部で，本論文の各研究を総括する。第13章では，第II部，第III部で得られた知見を踏まえ，本研究の総合的な考察を行う。第14章において，本研究の限界と今後の課題について述べる。

3 本論文を作成するために実施した調査

本論文を作成するに当たり，教師及び大学生を対象とした調査を実施した。各研究を進めるに当たり，利用した調査をTable 3に示す。

教師調査1は，予備調査を踏まえ，シャイな教師の実態解明とともに，シャイネスに対する評価とシャイな教師の困った経験との関係を検討するために行われた。教師調査2は，教師調査1を踏まえ，主としてシャイな教師の認知と教職遂行の関係を検討するために実施されたが，同時に，従属変数として利用するシャイな教師の実態や困った経験についても調査を行っている。これらの調査をもとに，シャイな教師の実態を解明し，認知と教職遂行過程における困った経験の関係モデルを作成する。

Table 3 本論文における各研究を進めるに当たって利用した調査

研　究	利用した調査
第Ⅱ部　シャイな教師の教職遂行	
1 学校におけるシャイな教師の実態	予備調査・教師調査1・2・学生調査1
2 シャイな教師の対人行動	予備調査・教師調査1・学生調査2
3 シャイな教師に対する評価	学生調査2
4 教職遂行過程におけるシャイな教師の困った経験	教師調査1・2
第Ⅲ部　シャイな教師の教職遂行を規定する認知的要因	
5 シャイな教師の困った経験と関連した認知的要因	予備調査・教師調査1
6 教職遂行場面評価及び対人評価が教職遂行に及ぼす影響	教師調査2
7 シャイネスに対する評価が教職遂行に及ぼす影響	教師調査1・2
8 教職対人行動効力感が教職遂行に及ぼす影響	教師調査2
9 シャイな教師の認知と教職遂行の関係モデルの構成	教師調査2

　学生調査1は，シャイな人を自己報告によりスクリーニングできるかということを確認することや，シャイな人をビッグ・ファイブの立場から，どのように説明できるかということを確認するために行われたものである。学生調査2は，大学生の回想法による調査を通じて，シャイな教師の実態や，シャイな教師の教職遂行に対する評価を児童・生徒の立場から解明するために行われたものである。

3.1　教師を対象とした調査

(1)　シャイネスに関するアンケート（予備調査）

　1996年に関東地方の国，私立高校教師35名を対象に実施（回答35名）。シャイな教師の特徴，シャイネス評価などを探索的に調査した。

(2)　教師のシャイネスに関するアンケート（教師調査1）

　1996年に小中高教師385名を対象に実施（回答250名）。予備調査を踏まえ，シャイな教師の実態（困った経験，シャイネスを喚起される場面，等），シャイな教師の特徴，シャイネス評価を調査した。

(3) 教師のシャイネスに関するアンケート（教師調査2）

2013年〜2014年に小中高教師500名を対象に実施（回答215名）。シャイな教師の実態（存在割合，困った経験，教員志望動機，困った時の対処法，シャイネスを経験する場面，等），教職遂行場面や人間関係に対する評価，シャイネス評価，教職対人行動効力感を調査した。

3.2 大学生を対象とした調査

(1) シャイネスに関する調査（学生調査1）

2011年〜2012年に教職科目を履修する関西の2つの大学3・4年生195名を対象に実施した（回答189名）。シャイネス自己報告の調査，及び，特性シャイネス尺度，5因子性格検査（FFPQ-50）を実施した。

(2) シャイな教師に関する調査（学生調査2）

2011年〜2012年に教職科目を履修する関西の2つの大学2・3・4年生403名を対象に実施した（利用した回答121名）。小中高校時代に出会ったことのあるシャイな教師にみられた行動特徴，シャイな教師やシャイな教師の教職遂行に対する評価を調査した。

第Ⅱ部　シャイな教師の教職遂行

第4章　学校におけるシャイな教師の実態【研究1】
第5章　シャイな教師の対人行動【研究2】
第6章　シャイな教師に対する評価【研究3】
第7章　教職遂行過程におけるシャイな教師の困った経験【研究4】

第Ⅱ部　シャイな教師の教職遂行

　第Ⅱ部では，シャイな教師の教職遂行の実際を解明する。

第4章　学校におけるシャイな教師の実態【研究1】
　シャイな教師の教職遂行を検討するに当たり，学校におけるシャイな教師の実態を明らかにする。具体的には，シャイネスが喚起されやすい学校場面を解明するとともに，シャイな教師の存在割合や，彼らのシャイの程度を明らかにする。まず，学校におけるシャイネス喚起の背景を検討するため，シャイネスを喚起される一般的な場面や状況，対人関係について明らかにし，次いで，シャイな教師の存在割合を明らかにする。また，教員志望動機を検討し，シャイな教師の教員志望動機に，対人志向性が含まれているのかということを解明する。
　シャイな教師の実態解明を行うに当たり，最初に，自分はシャイだと思うという自己報告をシャイな教師のスクリーニングに利用できるかということを，大学生を対象とする調査から検討する。

第5章　シャイな教師の対人行動【研究2】
　シャイな教師の教職遂行の成否と関係が深いと考えられる，シャイな教師に特徴的な対人行動の実際を，同僚である教師を対象とした調査，及び，かつて小中高校時代にシャイな教師と出会ったことのある大学生を対象とした振り返り調査から明らかにする。また，シャイな教師に見出される特徴的な対人行動の背景を，パーソナリティと関連付けて理解するため，ビッグ・ファイブ（性格5因子説）を測定する尺度を用いて，シャイな人に特徴的な行動の背景となる性格特性の解明を試みる。

第6章　シャイな教師に対する評価【研究3】

　第5章で明らかになった行動特徴を持つシャイな教師の教職遂行が，児童生徒からどのように評価されているのかを明らかにする。シャイであることは，日常生活や仕事の上で問題であるという指摘がある（例えば，関口ら，1999；Zimbardo, 1977）一方で，我が国では，そうではないという指摘もなされている（例えば，相川・藤井，2011；長江，2005；佐藤，1996）。シャイな教師の教職遂行や対人行動とも関連させながら，シャイな教師が周囲から，また，関わる相手から，どのように受け取られているのかということを明らかにしておきたい。シャイな教師に対する評価の実態が明らかになることで，それを踏まえたシャイな教師の支援策を検討することも可能になろう。

第7章　教職遂行過程におけるシャイな教師の困った経験【研究4】

　シャイな教師は教職遂行過程で，どのような経験（シャイネス反応）をしているのか，それがシャイな教師の困った経験とどのように関係しているのか，また，いずれの教職遂行場面で困っているのか，といったシャイな教師の困った経験の実態を明らかにする。また，シャイな教師が困っている際に行う対処法を明らかにする。研究4で得られるシャイな教師の困った経験に関する知見は，シャイな教師が，対人関係で困っている教師であるという本論文の仮説を検証するために用いられる。それとともに，第Ⅲ部で検討する，シャイな教師の認知と教職遂行過程における困った経験との関係を検討する際の従属変数としても利用される。また，ここで得られた知見は，シャイな教師の具体的な支援策を検討する際に利用できる可能性があると考えられる。

第4章　学校におけるシャイな教師の実態【研究1】

1　問題と目的

　本章では，シャイな教師の実態を明らかにする。シャイネス反応は場面に依存的で，喚起されやすい場面とそうでない場面があるといわれる（例えば，関口ら，1999）が，どのような場面でシャイネスが喚起されやすいのか，シャイな教師は学校にどれ位いるのか，シャイな教師の教員志望動機は，そうでない教師と違うのか，等，シャイな教師の実態を様々な角度から明らかにしたい。学校におけるシャイの実態を解明することが，シャイな教師の支援を考える際の第一歩となると考えられる。

　また，これに先立ち，その教師がシャイな教師であることを，自分は「シャイだと思う」という自己報告を用いてスクリーニングできることを確認しておきたい。

2　自己報告によるシャイな教師のスクリーニング可能性の検討

2.1　問題と目的

　シャイな教師の実態を明らかにするに当たり，「自分はシャイだと思う」という自己報告を利用して，シャイな教師のスクリーニングができることを実証することを目的とする。その人がシャイであるかどうかを判断する際，「特性シャイネス尺度」（相川，1991）や「早稲田シャイネス尺度」（鈴木ら，1997）などのシャイネス尺度を利用し，その高得点者をシャイな人と判断す

ることが行われている（例えば，石田，2003；松島・塩見，2000；関口・根建，1999；徳永ら，2013）。

本研究では，シャイな人は自分をシャイであると考えているという先行研究の指摘（例えば，Alm & Frodi, 2008；Cheek & Melchior, 1990；岸本，1999）を踏まえ，自己報告（「自分はシャイだと思う」）を利用して，その人がシャイであると判断してよいかどうかということを，自分をシャイだと「思う」，「思わない」という自己報告と，特性シャイネス尺度（相川，1991）得点との関連を検討することを通して確認する。

2.2 方法

(1) 調査対象者と調査時期及び実施手続き

2011年11月から2012年1月に，教職科目を受講する関西の私立大学3，4年生195名（男性101名，女性94名）を対象に，「シャイネスに関する調査」を実施した。本論文の研究対象は教師だが，この調査は研究の枠組みを確認する性質のものであり，教師を対象とする調査が容易には行えないことから，教職志望の大学生を調査対象として選定した。授業時間を利用し，研究の目的や回答の扱いを口頭で説明した後，調査用紙を配布，回収した。調査は無記名で実施され，回答したくない質問には回答しなくてもよいこと，プライバシーは保護されること，質問紙に付記された「あなたの回答を高柳の論文作成に利用してよいですか」という問いに「よい」と回答した者の回答のみ利用することが説明された。

結果を調査に利用して「よい」という回答のあった189名（195名の96.9％；男性97名，女性92名）の回答を分析対象とした。但し，各分析は，該当項目に完全に回答している回答のみを対象に行った。

(2) 質問紙

質問紙は，対象者の性別を問う質問（Q1），「自分をシャイだと思うか」と

いう問いに,「思う」,「思わない」から選択して回答する形式の質問 (Q2),及び,「特性シャイネス尺度」(相川, 1991) で構成した。岸本 (1988) は,シャイネスに関する調査を行った際,「シャイ」,「シャイネス」という語の意味のわからない学生が1割弱いたという報告をしている。そのことを踏まえ,「シャイ」という語に対する共通理解を図るため,相川 (1991) に基づき,「シャイな人とは,内気,恥ずかしがりや,引っ込み思案,てれや,はにかみやのこととします」という注をQ2に添えた。

(3) 特性シャイネス尺度

相川 (1991) が,特性シャイネスを測定するために作成した「特性シャイネス尺度」(16項目) を使用した。回答形式は,原尺度と同様の,「全くあてはまらない(1)」から「よくあてはまる(5)」までの5件法を採用した。高得点者がシャイな人であると判断される。

2.3 結果

自分をシャイだと思う者は,全体の53.4％存在した (Table 4-1)。教職科目を選択する学生の半数以上が自分をシャイだと考えていることが示された。χ^2検定による検討を行った結果,出現頻度に性差は認められなかった ($\chi^2(1) = .852, n.s.; df = 1$ の効果量 $\phi = .067$)。

次に,シャイネスの自己報告と特性シャイネス尺度得点の関連を検討した。まず,シャイネス尺度全16項目について,因子分析を行った (主因子法,バリマックス回転)。固有値スクリープロットの減衰状況及び解釈可能性から2因子構造と解釈することが妥当であると考えられた。両因子に.5以上の高い因子負荷量をともに示す2項目 (「3 私は引っ込み思案である」,「4 私は人の集まる場所ではいつも,後ろの方に引っ込んでいる」) を削除し,再度,因子分析を繰り返した結果をTable 4-2に示す。第1因子は,「私は初めての場面でも,すぐにうちとけられる」,「私は新しい友人がすぐできる」(すべて逆転項

Table 4-1 自分をシャイだと思う者の人数と割合　N=189

性別	シャイだと思う	シャイだと思わない	合計
男性	55 (56.7%)	42 (43.3%)	97 (100.0%)
女性	46 (50.0%)	46 (50.0%)	92 (100.0%)
合計	101 (53.4%)	88 (46.6%)	189 (100.0%)

Table 4-2 特性シャイネス尺度の因子分析の結果（主因子法，バリマックス回転）
N=189

項目	第1因子	第2因子	共通性
11 私は初めての場面でも，すぐにうちとけられる*	.830	-.272	.762
8 私は誰とでもよく話す*	.814	-.195	.701
1 私は新しい友人がすぐできる*	.771	-.175	.625
15 私は知らない人とでも平気で話ができる*	.720	-.308	.614
13 私は自分から話し始める方である*	.668	-.236	.502
9 私は自分から進んで友達を作ることが少ない	-.638	.242	.466
5 私は人と広くつきあうのが好きである*	.627	-.074	.398
12 私は人前（ひとまえ）に出ると気が動転してしまう	-.135	.775	.619
16 私は人前（ひとまえ）で話すのは気がひける	-.370	.715	.648
14 私は人目（ひとめ）に立つようなことは好まない	-.304	.640	.502
2 私は人がいるところでは気おくれしてしまう	-.373	.603	.503
7 私は内気（うちき）である	-.431	.591	.535
6 私は他人の前では，気が散って考えがまとまらない	-.077	.581	.344
10 私は，はにかみやである	-.066	.580	.340
固有値	6.49	1.97	
寄与率（累積寄与率）(%)	46.36	14.08 (60.44)	
各項目群の信頼性係数 (α)	.901	.859	

*逆転項目．

目）など，対人行動が抑制的であることに関連した7項目からなり「行動抑制」因子と命名された。第2因子は「私は人前に出ると気が動転してしまう」，「私は人目に立つようなことは好まない」など人前で気後れ，動揺することに関連した7項目からなり，「対人不安」因子と命名された。これら2因子は，相川がこの尺度を作成する際に参考にした「社会的不安という情動

Table 4-3 シャイネス尺度間の相関

尺　度	行動抑制	対人不安
行動抑制	－	.474**

**p<.01.

状態と対人的抑制という行動特徴をもつ症候群」というLeary (1986) のシャイネスの定義を反映していると考えられる。相川 (1991) も因子分析を行った結果，2因子が抽出されたことを報告している。逆転処理後の第1因子のα係数は.901, 第2因子はα=.859であり，内的整合性は充分に保たれている。14項目全体のα係数は.923で，第1因子の寄与率が46.4%であることから，単一次元の尺度としても利用できると考えられる。菅原 (1998) は，シャイネスの主要な2つの要素と考える「対人不安傾向」と「対人消極傾向」[4]が，異なる特性として解釈できることを報告している。シャイな人にサブタイプが存在するという先行研究も踏まえ，以下の分析では，因子分析で得られた「行動抑制」因子7項目，「対人不安」因子7項目を下位尺度とし，シャイネス尺度（全体）も含めた3尺度と他の要因との関連を検討することとする。行動抑制尺度と対人不安尺度との間にr=.474 (p<.01) と中程度の正の相関関係があることが示された (Table 4-3)。

自分をシャイだと「思う」群と「思わない」群のシャイネス尺度，行動抑制尺度，対人不安尺度の平均点と標準偏差をTable 4-4に示す。いずれも，自分がシャイだと「思う」群の平均得点が高く，すべて0.1%水準で有意であった (Table 4-4)。この結果から，その人がシャイであるかどうかを判断する際，「自分をシャイだと思う」という自己報告を利用できると考えられる。尚，t検定により，性差を検討したが，有意差は認められなかった

4　菅原 (1998) は，「対人消極傾向」を「対人コミュニケーションに対する抑制的，消極的な傾向」と説明する。この定義や，シャイネス尺度（菅原，1998）の「対人消極傾向」測定項目に「自分から進んで友人を作る方ではない」，「どちらかというと無口なほうだ」といった特性シャイネス尺度（相川，1991）の「行動抑制」項目と内容的にも重なる項目が多く含まれることから，「行動抑制」と同一概念とみなせると考えられる。

Table 4-4 シャイネス自己報告とシャイネス尺度得点の差の検定結果

尺度	集団	n	平均	SD	自己報告による得点平均の差の検定			
					df	t値	有意確率	差の95%信頼性区間（下限 — 上限）
特性シャイネス	全体	185	42.7	11.78	183	12.17	$p<.001$	13.19 — 18.29
	思う	94	50.1	9.17				
	思わない	91	34.3	8.33				
行動抑制	全体	187	17.8	6.13	185	9.39	$p<.001$	5.50 — 8.43
	思う	95	21.1	5.25				
	思わない	92	14.1	4.84				
対人不安	全体	187	19.5	5.48	185	10.36	$p<.001$	5.37 — 7.91
	思う	96	22.6	4.65				
	思わない	91	15.9	4.03				

Table 4-5 特性シャイネス尺度・行動抑制尺度・対人不安尺度の平均得点と性差

尺度	集団	n	平均	SD	性差による得点平均の差の検定			
					df	t値	有意確率	差の95%信頼性区間（下限 — 上限）
特性シャイネス	全体	185	42.7	11.78	183	.314	n.s.	-1.675 — 5.179
	男性	94	43.5	10.87				
	女性	91	41.8	12.65				
行動抑制	全体	187	17.8	6.13	185	.874	n.s.	-.990 — 2.504
	男性	95	18.2	5.61				
	女性	92	17.4	6.65				
対人不安	全体	187	19.5	5.48	185	.822	n.s.	-.924 — 2.245
	男性	96	19.8	5.41				
	女性	91	19.1	5.57				

(Table 4-5)。

2．4　考察

　本研究では，「自分はシャイだと思う」という自己報告を利用して，その人をシャイな人と判断できるかということを，自己報告と特性シャイネス尺

度（相川，1991）得点の関係を分析することにより検討した。その結果，自分はシャイだと思う者の尺度得点は，思わない者より有意に高く，このことから，自己報告をシャイな教師のスクリーニングに利用できることが確認できた。先行研究でも自己報告は信頼できるという報告がある（例えば，Alm & Frodi, 2008）が，本研究でも同様の結論が得られたといえよう。そこで，本論文においては，他の研究も含め，シャイな教師であるかどうかを判断したり，調査を行う際に，「自分はシャイだと思う」という自己報告を利用する。これまで，シャイネス尺度得点の性差については，早稲田シャイネス尺度の情動的側面で女性が高得点という報告もあるが（三輪ら，1999），有意差は認められないという報告も多く（「特性シャイネス尺度」を用いた研究では，例えば，相川，1991；「早稲田シャイネス尺度」を用いた研究では，例えば，鈴木ら，1997；風間，2009；"Revised Cheek and Buss Shyness Scale"を用いた研究では，例えば，Crozier, 2005），本研究でも同様の結果が得られた。

3 学校におけるシャイな教師の実態（教師調査1）

3.1 問題と目的

　学校におけるシャイな教師の実態を明らかにするため，自分をシャイだと思うシャイな教師を対象とした調査を行い，シャイな教師がシャイネスを喚起される場面や人間関係を明らかにする。学校における代表的な教職遂行場面やそこでの人間関係を中心に取り上げるが，その背景を明らかにするため，その他の場面や人間関係についても取り上げることとする。

3.2 方法

(1) 調査対象者と調査時期及び実施手続き

　調査対象者は，筆者も参加した大学公開講座，高校教師を対象とした文部

省（当時。現文部科学省）主催の研修会の参加者，及び，筆者の知人や知人を介して紹介された全国の小中高校教師385名。調査時期は1996年8－9月である。研究の趣旨や，調査結果は統計的に処理され，研究のためのみに利用されること，調査協力や回答は任意であることなどを依頼文に記載し，調査用紙に同封し，大学公開講座参加者と文部省研修会参加者には直接手渡し，当日，回収した。知人やその紹介者には，郵送法で調査用紙を送付し，返信用封筒を同封し，個別に回収した。

　11月下旬までに250名の回答を得た（回収率64.9％）。内訳は，男性67名，女性166名，性別無記入17名，20歳代23名（男性12名，女性11名），30歳代97名（男性22名，女性67名，性不明8名;以下同順），40歳代105名（28名，73名，4名），50歳代19名（3名，13名，3名），60歳代3名（0名，2名，1名）である。

　以下の問いに対し，あてはまるものに丸をつけて自由に選択する形式（複数回答可）で回答を求めた。シャイな教師のシャイネス喚起の実態を明らかにするため，自分はシャイだと思うかという質問に，「思う」と回答した156名（64.2％）の回答を利用した[5]。

(2) 質問紙

　調査項目は，(1)シャイネスを喚起される場面や状況，である。具体的には以下の質問を行った。

1) シャイネスを喚起される場面や状況

　「シャイネスが出やすい状況として当てはまるものに，幾つでも丸をつけ

---

[5] 教師を対象として行った予備調査で，自由記述による「シャイ」，「シャイネス」に相当する日本語の記述を求めたところ，一人当たり平均1.8個の回答があった。記述内容として，「はずかしがり」（45.7％），「照れや」（31.4％），「内気」（20.0％），「引っ込み思案」（17.1％），「はにかみや」（17.1％）など，岸本（1988）や相川（1991）が報告するシャイネスの概念の範疇に収まる回答が収集された。このことから，シャイ，シャイネスという語の意味のわからない教師はいないと考え，シャイ，シャイネスという語を定義したり，説明したりせずに，質問紙に使用した。このことで，結果に大きな影響はないと考えられた。

て下さい」という問いに対し，以下の選択肢から自由に選んで回答する形式の調査を行った。選択肢の項目として，カウンセリングを専攻する大学院生3名の意見も参考に，授業など教師が教職を遂行する「場面」，教師が日常接する機会の多いと考えられる「人間関係」，及び，その場の「状況」を中心に，「話題」の対象や内容など，比較する項目も取り入れ，シャイな教師の全体像を掴むべく，幅広く項目を設定した。

具体的には，以下の「人間関係」，「場面」，「状況」について尋ねた。

①場面
  1. 授業 2. 部活動 3. 職員会議 4. 休み時間や放課後 5. プライベート

②その場にいる人
  1. 上司 2. 同僚 3. 生徒 4. 保護者 5. 家族 6. 友人

③話題の対象や内容
  1. 自分 2. 自分以外 3. 仕事の話 4. 仕事以外の話
  5. よく知った内容 6. 知らない内容

④状況
  1. 自己主張が必要な場面 2. 自分が評価される場面
  3. 大勢の前 4. 小グループ 5. 一対一 6. 自分一人

⑤人間関係
  1. よく知っている人 2. 少し知っている人 3. 初対面の人
  4. 年上 5. 同年代 6. 年下 7. 同性 8. 異性
  9. 好きな人 10. 苦手な人 11. 嫌いな人 12. 権威を感じる人

3.3 結果

(1) シャイネスを喚起される教職遂行場面

教職遂行場面では，「授業」でシャイネスを喚起される者が15.4%，「職員会議」で33.3%，「休み時間や放課後」で10.9%の者がシャイネスを喚起さ

第 4 章　学校におけるシャイな教師の実態【研究 1】

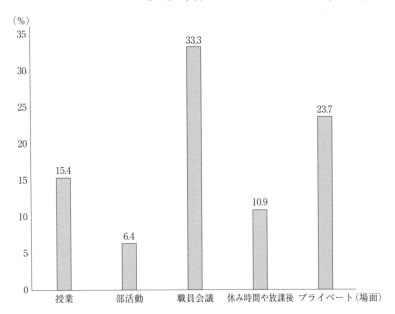

Fig. 4-1　教職遂行場面ごとのシャイネス喚起度（％）　*N*＝156

れることが示された（Fig. 4-1）。なかでも，「職員会議」での喚起度が最も高く，シャイネス喚起度の差をχ^2検定で検定した結果，「授業」，「休み時間や放課後」，「部活動」よりも「職員会議」でシャイネス喚起度が高く（χ^2値は，順に24.9, 17.3, 8.0, いずれもp＜.01），「部活動」よりも「授業」の時に喚起されやすい（χ^2＝5.8, p＜.05）ことが示された。教職遂行場面の中では，「部活動」が最も喚起度が低いことが示された。

「プライベート」場面でも23.7％と一定程度の者がシャイネスを喚起されると回答している。但し，「プライベート」な状況については，一緒にいる人や人数，遭遇する場面など，様々な状況が想定されるため，ここでは，その割合を示すにとどめておきたい。

学校における人間関係では，「上司」と一緒の時に49.4％，「保護者」と一緒の時に35.3％，「同僚」と一緒の時に28.2％，「生徒」と一緒の時に21.8％

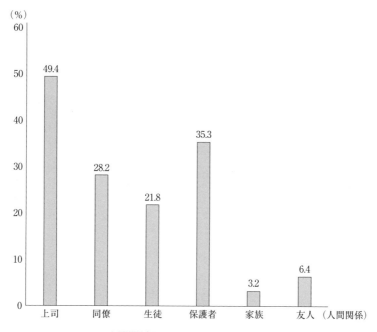

Fig. 4-2 人間関係とシャイネス喚起度（%） N＝156

の者が，シャイネスを喚起されると回答している（Fig. 4-2）。

χ^2検定の結果，「家族」（3.2%）や「友人」（6.4%）と一緒の時よりも，教職遂行過程で出会う人と一緒の時にシャイネスが喚起されやすいことが示された（「上司」，「保護者」，「同僚」，「生徒」と一緒の時のシャイネス喚起度と，「家族」よりもシャイネス喚起度の高い「友人」と一緒の時のシャイネス喚起度の差を検定した時のχ^2値は，順に，54.7，33.1，26.7，14.5，いずれもp＜.001）。

属性（性及び年齢）ごとに分析した，教職遂行場面や各人間関係におけるシャイな教師のシャイネス喚起度をFig. 4-3に示す。このうち，性については，生徒と一緒の時に，女性教師よりも男性教師の方がシャイネスを喚起されやすいことが示された（$\chi^2(1)=5.22$，p＜.05，$\phi=-.191$，調整済み残差2.3）。それ以外は，喚起度に差は認められなかった。また，年齢による差について

第4章 学校におけるシャイな教師の実態【研究1】

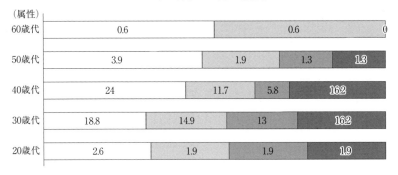

Fig. 4-3 年代別，性別の教職遂行場面での人間関係とシャイネス喚起度（%）
n：男性35，女性107；20歳代8，30歳代68，40歳代56，50歳代9，60歳代1．数字は全体に対する割合．

は，残差分析の結果，上司と一緒の時に，30歳代ではシャイネスが喚起されにくく（調整済み残差-2.7），40歳代で喚起されやすい（調整済み残差2.5）ことが示唆された。それ以外は，喚起度に差は認められなかった。このように，性別や年齢別に，シャイネスを喚起されやすい対象があることが示唆される結果が得られたといえよう。

次いで，シャイな人の特徴を理解するとともに，教職遂行場面におけるシャイネス喚起の背景を検討する上でも役に立つと考えられる，一般的なシャイネス喚起の状況や人間関係について概観する。

まず，話題とシャイネス喚起の関係をFig. 4-4に示す。自分の知っていることが話題になる時にはシャイネス喚起度は低い（9.0%）が，それ以外は，いずれもシャイネス喚起度が3割を超えており，特に，自分のことが話題に

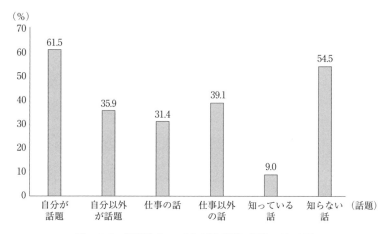

Fig. 4-4 話題とシャイネス喚起度（%） N=156

なる時や，知らないことが話題になる時に，シャイネスが喚起されやすい（喚起度は，それぞれ61.5％，54.5％）。対応のある t 検定を行ったところ，自分が話題になる状況と自分以外が話題になる状況，及び，よく知ったことが話題になる時と知らないことが話題になる時では，それぞれ喚起度に有意差が認められた（順に，$t(155) = 3.77$, $p < .001$; $t(155) = -8.94$, $p < .01$）。但し，仕事の話と仕事以外の話では，有意差が認められなかった（$t(155) = -1.44$, n.s.）。

　一般的状況については，自分一人の時にはシャネスはほとんど喚起されず（2.6％），特に大勢の前（75.0％），自己主張が必要な場面（55.1％）や自分が評価される場面（44.2％）でシャイネス喚起度が高い（Fig. 4-5）。これらは，第2章でも述べた先行研究の知見と合致するものだが，教師にとって授業や学級・HR経営，職員会議，保護者会等，大勢の前に立って，主導的に話を進めたり，説得したり，といった活動は日常的なものであり，この結果から，シャイネスを喚起されるシャイな教師が相当数存在するのではないかと考えられる。また，大勢の前だけでなく，一対一場面や小グループ場面で

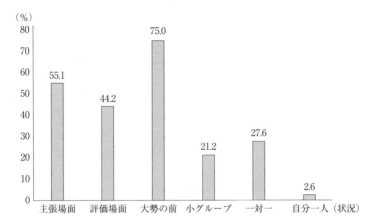

Fig. 4-5　シャイネスが喚起される状況（%）　N＝156

も，シャイネスの喚起度は2割以上あり，面談や個別指導場面，小集団の指導を行う場面でも，シャイネスが喚起されるシャイな教師が一定数存在することが考えられる（Fig. 4-5）。

　一般的人間関係については，知っている人と一緒の時にはシャイネスが喚起されにくく（5.8%），初対面の人の前でシャイネスを喚起される人が64.1%と多い（Fig. 4-6）。同年代や年下と一緒の時にもシャイネスの喚起度は3割程度あるが，年上と一緒の時の喚起度は68.6%とより高い（Fig. 4-6）。また，同性と一緒の時にもシャイネスを喚起されるが（38.5%），異性と一緒の時には75.6%と更に高い喚起度となっている（Fig. 4-6）。好きな人（32.1%）や苦手な人（49.4%），権威者（39.7%）の前でシャイネスが喚起されやすいことも示された（Fig. 4-6）。

　教職遂行場面や，そこで関わる人に対するシャイネス喚起度の相関関係（$r > .2$の関係のみ）をTable 4-6に示す。相関関係が認められたのは，まず，「部活動」と「授業」及び「休み時間や放課後」である。「授業」及び「部活動」と「生徒」の間でも中程度の相関関係が認められた。このことから，「部活動」でシャイネスを喚起される者は「授業」や「休み時間や放課後」

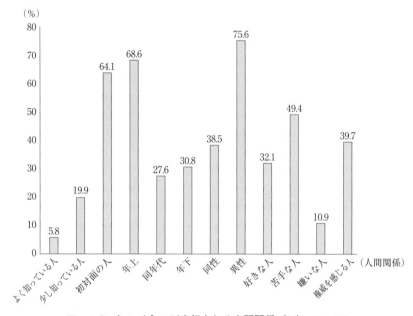

Fig. 4-6 シャイネスが喚起される人間関係（%） N＝156

にもシャイネスを喚起されやすい者であること，「授業」や「部活動」でシャイネスを喚起される者は「生徒」と一緒の時にシャイネスを喚起されやすい者であることが示唆された。「職員会議」と「上司」の間，「生徒」と「同僚」及び「保護者」の間にも相関関係が認められた。このことから，「職員会議」でシャイネスを喚起される者は「上司」と一緒の時にシャイネスを喚起されやすい者であること，「生徒」と一緒の時シャイネスを喚起される者は「同僚」や「保護者」に対してもシャイネスを喚起されやすい者であることが示唆された。

次に，教職遂行場面や学校で関わる人に対するシャイネス喚起の背景を検討するため，一般的な状況や人間関係におけるシャイネス喚起度との相関関係をTable 4-7，Table 4-8に示す。「授業」や「部活動」，「休み時間や放課後」と「年下」，「職員会議」と「主張場面」，「権威者」，「年上」，「大勢」，

Table 4-6 シャイネスを喚起される教職遂行場面と学校における人間関係の相関

場面・人間関係	部活動	職員会議	休み時間・放課後	上司	同僚	生徒	保護者
授業	.312				.217	.456	.233
部活動	−		.252			.405	
職員会議		−		.241			.238
休み時間や放課後			−				
上司				−			
同僚					−	.254	
生徒						−	.200

数字は相関係数の値．相関係数$r>.2$の項目のみ記載した．いずれも$p<.01$．

Table 4-7 シャイネスを喚起される教職遂行場面と一般的人間関係，状況の相関

場面	相関関係のある人間関係や状況
授業	同年代.203, 年下.373, よく知っている人.247, 少し知っている人.218, 同性.219, 好きな人.233, 嫌いな人.252, 小グループ.239
部活動	年下.270, 嫌いな人.233, 自分以外の話題.216, よく知っている内容.289
職員会議	主張場面.210, 年上.210, 権威者.320, 大勢.304, 仕事の話.281
休み時間や放課後	年下.241, 小グループ.276, 自分以外の話題.201, よく知っている内容.291

数字は相関係数の値．相関係数$r>.2$の項目のみ記載した．いずれも$p<.01$．

Table 4-8 シャイネスを喚起される教職遂行場面での人間関係と一般的人間関係，状況の相関

人間関係	相関関係のある人間関係や状況
上司	年上.576, 年下−.221, 権威者.384, 主張場面.234, 評価場面.205, 大勢.280, 知らない話題.278
同僚	同年代.396, 少し知っている人.243, 同性.413, 苦手な人.211, 嫌いな人.250, 自分以外の話題.242, 仕事の話.242, 仕事以外の話.266, 小グループ.266
生徒	同年代.234, 年下.444, よく知っている人.257, 少し知っている人.246, 同性.248, 好きな人.294, 小グループ.289
保護者	評価場面.235, 自分の話題.252, 仕事の話.253, 少し知っている人.257, 異性.276, 大勢.281

数字は相関係数の値．相関係数$r>.2$の項目のみ記載した．いずれも$p<.01$．

「仕事の話」，「上司」と「年上」，「権威者」，「主張場面」，「評価場面」，「保護者」と「評価場面」，「自分の話題」，「仕事の話」，「少し知る人」，「異性」，「大勢」であった。

3.4 考察

本研究では，シャイな教師の実態を明らかにすることを目的とし，シャイネスを喚起される場面や人間関係を検討した。その結果，授業や職員会議などの学校場面で，また，上司，同僚，生徒，保護者に対して，シャイネスを喚起される教師が一定数存在することが明らかになった。

上司，保護者，同僚，生徒と一緒の時，家族や友人よりシャイネスを喚起されやすいことから，シャイな教師にとって，それらの人は，家族や友人とはまた別の意味合いを持った人間関係にある人であると考えられる。また，性や年齢によってシャイネスを喚起される対象が異なることが示唆された。40歳代の教員が上司の前でシャイネスを喚起されやすい原因の一つに，その年代では，校内で主任等の役割を任され，その仕事ぶりを上司からどう評価されるかという意識が働いたり，管理職登用の時期に差しかかり，上司からの評価が気になることが考えられよう。

自分のことが話題になる時や，知らないことが話題になる時に，シャイネスが喚起されやすいことが示された。シャイな人の認知的特徴として，評価懸念のあることが指摘されている（例えば，Ishiyama, 1984；Leary, 1986；Zimbardo, 1977）。自分が話題に上ったり，自分の知らないことが話される状況では，自分がどう評価されるのか，話題の内容を知らない自分がどう思われるのかという評価懸念が生じやすい場面であると考えられ，特にこの2つの項目でシャイネス喚起度が高くなっていると思われる。これらのことから，自分がよく知っている専門分野の話をする時には，シャイネスが喚起されにくいのではないかと思われる。

自分一人の時にはシャイネスはほとんど喚起されず，大勢の前，自己主張

が必要な場面や自分が評価される場面でシャイネス喚起度が高い。これらは，先行研究（例えば，Buss, 1984；Leary, 1986；van der Molen, 1990）の知見と合致するものだが，教師にとって，授業や学級・HR経営，職員会議，保護者会等，大勢の前に立って，主導的に話を進めたり，説得する活動は日常的なものである。また，大勢の前だけでなく，一対一場面や小グループ場面でも，シャイネスの喚起度は2割以上あり，面談や個別指導場面，小集団の指導を行う場面でも，シャイネスが喚起される可能性がある。知っている人と一緒の時にはシャイネスが喚起されにくく，初対面の人の前でシャイネスを喚起される人が多いことから，新年度の頃はシャイネスが喚起されやすいが，生徒や保護者に馴染んでくると，そうでもなくなる可能性があると考えられよう。また，年上と一緒の時のみならず，同年代や年下と一緒の時にもシャイネスを喚起されるシャイな教師が一定数存在していることから，児童生徒や同僚，また，管理職や上司，保護者など，いずれの年齢層の人と一緒の時にもシャイネスが喚起される可能性があるといえよう。同性よりも異性と一緒の時のシャイネス喚起度が高く，その背景に評価懸念があると考えられるとともに，同性の児童生徒よりも，異性の児童生徒との関わりを苦手としたり，恥ずかしがる教師もいることが考えられる。

　好きな人や苦手な人の前でもシャイネスが喚起されやすい。好きな人の場合も評価懸念が関係していると思われる。苦手な人の前では自由にふるまえず，行動抑制が見出される可能性が考えられる。嫌いな人によるシャイネス喚起度は10％程度で，相対的にはシャイネス喚起度は低かった。嫌いな人とは，関わろうとしないことが考えられよう。先行研究（例えば，Asendorpf, 1987；Zimbardo, 1977）と同様に，権威者の前でシャイネスが喚起されやすいことが示された。権威者の前というのも，相手と自分の力量の差を感じて，望ましい自己を提示できないとか，どう評価されるのかという評価懸念が，その背景にあると思われる。

4 学校におけるシャイな教師の実態（教師調査2）

4.1 問題と目的

　教師調査1で，シャイな教師のシャイネス喚起場面を解明した。シャイな教師の存在割合を確かめることや，教師の対人行動と関連すると考えられる教員志望動機を明らかにすることを目的として教師調査2を実施し，シャイな教師の実態把握を更に試みる。

4.2 方法

(1) 調査対象者と調査時期及び実施手続き

　2013年11月から2014年1月にかけ，著者の知人である全国の小，中，高等学校の教員66名，及び，著者の所属する複数の学術団体の会員434名，合計500名に郵送法で調査用紙を配布し，無記名で回収した。その際，調査に協力するかどうかは自由であること，答えたくない質問には答えなくてよいこと，回答は研究のみに利用され，秘密は守られることなどが記載された「調査協力のお願い」も同封された。得られた215名の回答（男性135名，女性80名；20歳代6名，30歳代28名，40歳代59名，50歳代118名，60歳代4名；小学校勤務65名，中学校勤務29名，高等学校勤務110名，その他（特別支援学校，中高一貫校）11名；回収率43.0％）を分析対象とした。

　尚，この調査は，びわこ成蹊スポーツ大学学術研究倫理専門委員会の承認（2013年度，第4号）を得て実施された。

(2) 質問紙

　調査項目は，回答者が，1)シャイであるかどうか，2)シャイだと思われていると思うか，3)自身のシャイネスの程度，4)教員志望の動機，の4つであ

る。具体的には以下の質問を行った。

1) シャイであるかどうか

「ご自身をシャイだと思いますか」という問いに対し「1. 思う（ずっとそう思っている） 2. 思う（近頃そう思っている） 3. どちらともいえない 4. 今は思わない（思ったことはある） 5. 思わない（ずっとそう思っている）」という選択肢から1つ選択する形式の調査。シャイだと「思う」ことについては，羽下・篠田（2001）が行った自覚的シャイネスに関する調査で，「近頃シャイだと思う」という区分を設けているのを参考にし，「思う（ずっとそう思っている）」，「思う（近頃そう思っている）という2項目に分けて尋ねることとした。また，例えば，Zimbardo（1977）がシャイを克服するという言い方をしているように，緊張，早口，話し方の流暢さを欠くなど，シャイネス反応を経験するがゆえ自分はシャイであると考えていた教師が，教師としての経験を積むとともに，そうした経験をしなくなり，自分をシャイだと思わなくなる可能性もあると考え，「思わない」についても，「今は思わない（思ったことはある）」と「思わない（ずっとそう思う）」に2分し，合計5項目とした。

2) シャイだと思われているかどうか

「シャイな教師だと思われていると思いますか」という問いに「1. 思う 2. どちらともいえない 3. 思わない」という選択肢から1つ選択する形式の調査。シャイな人は自己否定的認知をしやすいとされるが（例えば，栗林・相川，1995 ; van der Molen, 1990），自己に対する他者の評価をどう捉えているのかを確かめるための質問である。

3) 自身のシャイの程度

「ご自身のシャイネスの程度はどの程度だと思いますか」という問いに

「1. 全然シャイでない」から「7. 非常にシャイである」までの7件の選択肢から1つ選択して回答する形式の調査。

4) 教員志望動機

「次の教員志望の動機がどの程度当てはまるか教えて下さい」という問いに「1. 全くあてはまらない」から「7. よくあてはまる」までの7件の選択肢から1つ選択する形式の調査。

これまで教員志望動機に関しては，千葉大学教育学部入学生対象の調査で，「就職志向」及び「教養志向」の傾向が強いこと（植木，1992）や，東京学芸大学教員養成課程入学者の最も重要な志望理由として，「教員志望」の割合が圧倒的に多いことなどが報告されている（木村・中澤・佐久間，2006）が，教職志望者の入学理由に関する実証的データがほとんどないという指摘もある（木村ら，2006）。筆者が行った大学生対象の調査では，教師要因（教師との出会いや，家族等が教員であることの影響），教職要因（児童生徒が好き，自分にあっている，人に教えることが好きだった，等），受動的要因（教師や友人など周囲から勧められて）が見出されており（高柳，2007），この結果を踏まえた質問項目を選定することを考えた。これまで，教員養成や教師の在り方に関して，中等教育との親和性が高いと考えられるアカデミズム（教科専門性志向）と，初等教育との親和性が高いと考えられるプロフェッショナリズム（教育志向，子ども志向）の2つの志向性があることが指摘されており（例えば，山田，2004），この視点も取り入れることとした。更に，シャイな人は新奇な場面を苦手とするという報告（例えば，Buss, 1984；van der Molen, 1990）がある。進路を決定する際，よく馴染んだ学校に比べ，例えば，企業という新奇な場面に参入することを躊躇する可能性も考えられ，この要素も取り入れることを考慮した。教科教育を専門とする大学助手の意見も参考にTable 4-9に示された教員志望動機に関する10項目の質問を作成した。

Table 4-9 教員志望動機を尋ねる質問項目

1．子どもが好き
2．大学で学んだ専門を生かしたい
3．教えることに魅力を感じる
4．学校に親近感がある
5．子どもとふれあう仕事がしたい
6．教員以外の仕事になじみが薄い
7．自分の専門分野の勉強を続けたい
8．子どもの成長を支援したい
9．自分に向いていると思った
10．恩師や周囲の影響から

4．3　結果

(1) シャイな教師の存在割合

　自分をシャイだと回答した教師は「思う（ずっとそう思っている）」（72名，全体の33.5%），「思う（近頃そう思う）」（13名，同6.0%）を合わせた85名（同39.5%），シャイだと思わない教師は，「思わない（ずっとそう思っている）」（31名，同14.4%），「今は思わない（思ったことはある）」（50名，同23.3%）を合わせた81名（同37.7%），「どちらともいえない」者は49名（同22.8%）であった（Fig. 4-7，Fig. 4-8）。回答者の約4割が自分はシャイだと回答しており，シャイな教師が一定数存在することが確認できたと考えられる。

　性別では，女性のシャイだと「思う」者（「ずっと」と「近頃」の合計）が27名（全体の12.6%），「思わない」者（「今は思わない」と「ずっと」）が30名（同13.9%），男性はシャイだと「思う」者（「ずっと」と「近頃」の合計）が58名（同27.0%），「思わない」者（「今は思わない」と「ずっと」の合計）が51名（同23.7%）であった（Fig. 4-9）。選択肢をシャイネスの自覚を推定する数値と仮定し，選択肢番号に数値を割り振り（「1. 思う（ずっと）」に1，「5. 思わない（ずっと）」に5のように），t 検定を行った結果，性による有意差は認められなかった（t (213) = .740, $n.s.$）。年齢別ではシャイだと「思う」-「思わない」

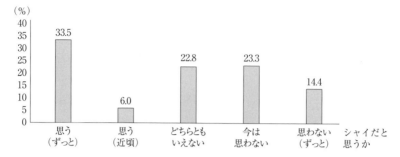

Fig. 4-7　自分をシャイだと思うかという問いに対する回答　N＝215

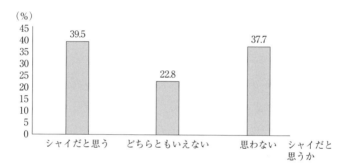

Fig. 4-8　自分をシャイだと思うかという問いに対する回答（要約）　N＝215

と回答した者が20歳代で全体の1.4-1.0％，30歳代で同4.6-6.7％，40歳代で同12.1-8.9％，50歳代で同21.4-20.9％，60歳代で同 0 -1.5％であった（Fig. 4-10）。年齢別に一元配置分散分析によるシャイネスの自覚度の比較を行ったが，有意差は認められなかった（平方和＝3.61，平均平方＝.903，$F(4, 210)$＝.410, $n.s.$）。勤務年数別では，シャイだと「思う」-「思わない」と回答した者（N＝215）が，「5年未満」で全体の2.8-3.7％，「5年以上10年未満」で同2.8-3.7％，「10年以上15年未満」で同1.9-3.2％，「15年以上20年未満」

第4章　学校におけるシャイな教師の実態【研究1】

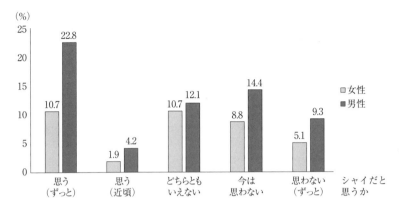

Fig. 4-9　性別の「自分はシャイだと思うか」の回答（％）　N＝215
n：女性＝80，男性＝135．数字は全体に対する割合．

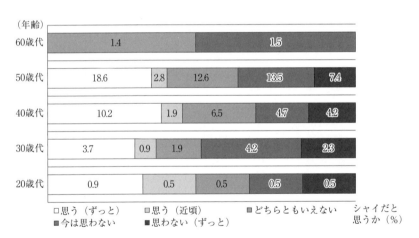

Fig. 4-10　年齢別の「自分はシャイだと思うか」の回答（％）　N＝215
n：20歳代6，30歳代28，40歳代59，50歳代118，60歳代4．
数字は全体に対する割合．

94　第Ⅱ部　シャイな教師の教職遂行

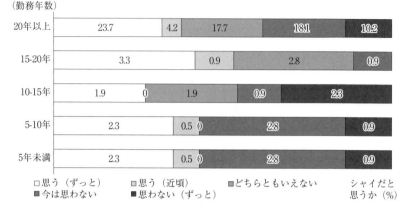

Fig. 4-11　勤務年数別の「自分はシャイだと思うか」の回答（％）　N=215

　　n：5年未満10，5-10年14，10-15年15，15-20年17，20年以上152．
　　数字は全体に対する割合．

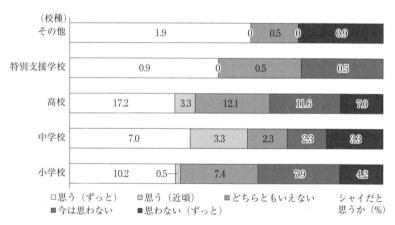

Fig. 4-12　校種別の「自分はシャイだと思うか」の回答（％）　N=215

　　n：小学校65，中学校29，高校110，特別支援学校4，その他7．
　　数字は全体に対する割合．

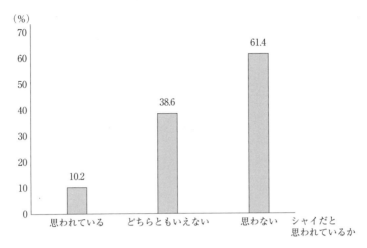

Fig. 4-13 「シャイだと思われているか」の回答　N=215

で同4.2-0.9％，「20年以上」で27.9-28.3％であった（Fig. 4-11）。勤務年数別に一元配置分散分析でシャイネスの自覚度を比較したが，有意差は認められなかった（平方和＝11.78，平均平方＝2.95，$F(4,210)=1.36$, $n.s.$）。校種別では，シャイだと「思う」-「思わない」と回答した者が小学校で全体の10.7％-12.1％，中学校で同10.3％-5.6％，高校で同20.5％-18.6％，特別支援学校で同0.9％-0.5％，その他で1.9％-0.9％であった（Fig. 4-12）。校種別に一元配置分散分析でシャイネスの自覚度を比較したが，有意差は認められなかった（平方和＝2.94，平均平方＝.735，$F(4,210)=.334$, $n.s.$）。

(2) シャイな教師と思われているか

全回答者のうち，自分はシャイな教師だと「思われている」，「どちらともいえない」，「思われていない」と回答した教師が，それぞれ22名（10.2％），61名（38.6％），132名（61.4％）いた（Fig. 4-13）。自分をシャイだと思うこと（「1. 思う」-「5. 思わない」）との相関は$r=.497$（$p<.01$）と中程度の相関が

Table 4-10 「シャイな教師と思われているか」の回答と自己報告との関係　N=215

シャイだと	思われている	どちらともいえない	思われていない
思う	18 (8.3%) (4.3)	39 (17.9%) (4.6)	28 (18.4%) (-6.9)
どちらともいえない	2 (0.9%) (-1.6)	16 (7.4%) (0.8)	31 (14.4%) (0.3)
思わない	2 (0.9%) (-2.9)	6 (2.8%) (-5.3)	73 (33.9%) (6.7)

数字は回答者数（%），下段の（　）内の数字は調整済み残差．

認められ，自分をシャイだと思う教師は周囲からもシャイだと思われていると思う傾向があるといえよう。クロス集計で0の区分ができないように，「シャイだと思う」ことを「思う」，「どちらともいえない」，「思わない」に3分類し，両者の関係をクロス集計し，χ^2検定を行うと出現率に有意差が認められ（$\chi^2(4) = 60.7$, $p < .001$, CramerのV = .376），残差分析の結果，自分はシャイだと思う人はシャイだと「思われている」と思い（調整済み残差4.3），「思われていない」と思わず（同-6.9），自分をシャイだと思わない人は，「思われている」と思わず（同-2.9），「思われていない」と思う（同6.7）ことが示された（Table 4-10）。

(3) シャイネスの程度

シャイネスの程度として，「全然シャイでない」(20名，全体の9.3%)，「ほとんどシャイでない」(23名，同10.7%)，「あまりシャイでない」(35名，同16.3%) と回答した教師が合計78名（同36.3%），「ややシャイ」(58名，同27.0%)，「かなりシャイ」(38名，同17.7%)，「非常にシャイ」(9名，4.2%) と回答した教師が合計105名（48.9%），「どちらともいえない」者が32名（同14.9%）いた（Fig. 4-14, Fig. 4-15）。

最も多かった回答は「ややシャイ」の27.0%であった。「非常にシャイな

第4章 学校におけるシャイな教師の実態【研究1】

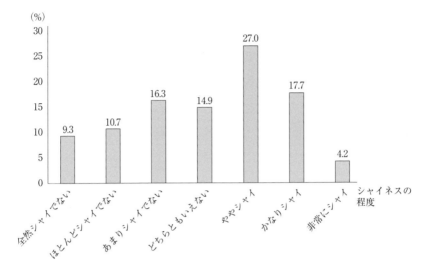

Fig. 4-14　シャイネスの程度　N＝215

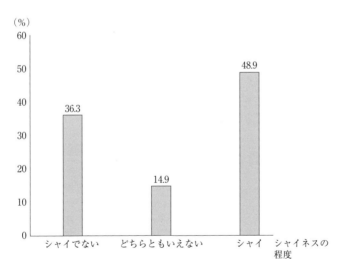

Fig. 4-15　シャイネスの程度（要約）　N＝215

教師」と「かなりシャイな教師」を加えたシャイネスの程度の高い教師は合計21.9%であった。「ややシャイ」,「かなりシャイ」,「非常にシャイ」と回答した者が合計48.9%おり, 全回答者 ($N=215$) の約半数は, 自分のシャイの程度を「ややシャイ」以上に見積っていることが示された。本章で確かめた自分はシャイだと思うという自己報告と本節に示すシャイの程度の相関を調べると, $r=-.803$と強い負の相関関係が示された。自己シャイネスの程度の自己見積もりは, 自分をシャイだと思うかどうかの自己報告と, 概ね一致していると考えられる。

(4) 教員志望動機

教員志望動機を確認する10項目について, 天井効果, フロア効果を確認したが該当項目はなく, 全10項目について主因子法プロマックス回転による因子分析を行った。スクリープロットの減衰状況, 解釈可能性から2因子構造が想定された。因子負荷量.35未満の項目を削除した結果, 6項目からなる第1因子と2項目からなる第2因子が抽出された（初期の固有値は第1因子3.80, 第2因子1.34, 累積寄与率64.25%）。プロマックス回転後の抽出因子と各項目の平均値, 標準偏差をTable 4-11に示す。

第1因子は「児童生徒とふれあう仕事がしたい」,「教えることに魅力を感じる」などの6項目からなり「教育志向動機」と命名された。第2因子は,「大学で学んだ専門を生かしたい」,「自分の専門分野の勉強を続けたい」という2項目からなり,「専門志向動機」と命名された。因子間相関は.418だった。それぞれを尺度と考え, 信頼性を確認すると,「教育志向動機」尺度の$\alpha=.850$,「専門志向動機」尺度の$\alpha=.733$であり, 内的整合性は保たれていると考えられた。尺度平均と標準偏差は「教育志向動機」が平均32.46, 標準偏差6.22,「専門志向動機」が平均10.5, 標準偏差2.56であった。性, 年齢, 経験年数, 校種, シャイかどうかという属性ごとの「教育志向動機」,「専門志向動機」の平均点（合計平均を項目数で除した値）をもとに, t検定

Table 4-11　教員志望動機の因子分析結果（主因子法プロマックス回転）N＝215

項目	平均	SD	第1因子	第2因子
Ⅰ 教育志向動機（α＝.850）	32.46	6.22		
5 児童生徒とふれあう仕事がしたい	5.40	1.47	.939	－.143
1 児童生徒が好き	5.38	1.47	.830	－.080
8 児童生徒の成長を支援したい	5.84	1.13	.709	－.007
9 自分に向いていると思った	5.11	1.51	.602	.076
3 教えることに魅力を感じる	5.76	1.41	.569	.254
4 学校に親近感がある	4.98	1.46	.441	.220
Ⅱ 専門志向動機（α＝.733）	10.53	2.56		
2 大学で学んだ専門を生かしたい	5.30	1.41	－.041	.770
7 自分の専門分野の勉強を続けたい	5.22	1.47	.026	.723

因子間相関 .418

（性），及び，一元配置分散分析（性以外の属性）を行った結果をTable 4-12に示す。

Table 4-12に示されたように，男性の方が女性よりも教育志向動機が高いことが示された（t (140.7)＝－2.12, p＜.05）が，他の属性では，差は見出されなかった。性，年齢，経験年数，校種，シャイだと思うかという属性の組み合わせによる二元配置分散分析を行ったところ，専門志向動機において，性とシャイネス自己報告の交互作用が有意であり（平方和16.96，平均平方4.24, F (4,210)＝2.69, p＜.05），自分をシャイだと思わない男性教師の専門志向動機が，女性教師よりも高かった（男性の平均＝5.85, SE＝.379，女性の平均＝4.36, SE＝.281, p＜.01）。他の組み合わせでは交互作用は有意でなかった。

Table 4-12 属性ごとの教員志望動機尺度得点と平均の比較　N=215

属性	n	教育志向動機 平均	SD	専門志向動機 平均	SD	平均値の比較（有意確率） 教育志向動機	専門志向動機
Ⅰ　性							
女性	80	5.21	1.16	5.11	1.35	$t(140.7)=-2.12$	$t(213)=-1.33$
男性	135	5.53	.944	5.35	1.23	$p<.05$	n.s.
Ⅱ　年齢							
20歳代	6	5.53	.356	4.58	1.20	平方和　4.24	12.40
30歳代	28	5.61	1.01	5.59	1.31	平均平方1.06	3.10
40歳代	59	5.27	1.26	5.09	1.39	$F(4,210)=.986$	$F(4,210)=1.93$
50歳代	118	5.40	.946	5.27	1.21	n.s.	n.s.
60歳代	4	6.08	.752	6.38	.629		
Ⅲ　勤務年							
5年未満	10	5.62	1.09	4.65	.483	平方和　1.86	6.19
5-10年	14	5.58	1.10	5.54	.394	平均平方.466	1.55
10-15年	15	5.17	.936	5.00	.393	$F(4,210)=.429$	$F(4,210)=.945$
15-20年	17	5.32	1.10	5.38	.273	n.s.	n.s.
20年以上	159	5.41	1.04	5.29	.098		
Ⅳ　校種							
小学校	65	5.61	.919	5.22	1.20	平方和　4.96	10.34
中学校	29	5.24	1.21	4.84	1.22	平均平方1.24	2.59
高校	110	5.32	1.06	5.35	1.21	$F(4,210)=1.16$	$F(4,210)=1.60$
特別支援学校	4	5.71	.786	6.25	.289	n.s.	n.s.
その他	7	5.52	1.00	5.50	1.15		
Ⅴ　シャイか							
思う(ずっと)	72	5.36	1.07	5.05	1.34	平方和　2.93	5.40
思う(近頃)	13	5.36	.703	5.34	1.33	平均平方.733	1.35
どちらとも	49	5.35	1.02	5.41	.983	$F(4,210)=.667$	$F(4,210)=.824$
今は思わない	50	5.69	1.03	5.40	1.28	n.s.	n.s.
思わない	31	5.41	1.13	5.32	1.51		

4.4　考察

　教師調査2において，シャイな教師が約4割存在していることが確認された。この割合は，少ない割合ということはできないと考えられる。これまで，あまり検討されてこなかったが，教師の教職遂行について理解しようと

する際，シャイな教師が存在するということを想定して検討することにも意義があると思われる。また，シャイな教師の属性との関係を検討した結果，年齢や勤務年数が上がっても，自分をシャイだと思うシャイな教師の存在割合に有意な差は認められなかったが，その背景に，教師の職務が年齢や経験に応じて変化していくことがあると考えられる。すなわち，授業や担任をするというすべての教員に共通した職務だけでなく，年齢が上がるにつれ，学年主任や校務分掌主任等の新たな役割を任されることの影響があることが考えられる。具体的には，例えば，学年全体や全校生徒，保護者の前で話をする，校務分掌や学年を代表して全教職員に提案したり，説得する，初任教員の指導役となる，教科や教育課題別の研究会の世話役になり他校の教員とも交流する，等，教師はそのライフコースを歩んでいく過程で，慣れない新奇な場面に遭遇したり，自分の仕事ぶりに対する評価が気になる状況と向き合う可能性がある。本章の教師調査1で，30歳代の教師に比べ，40歳代の教師が上司と一緒の時にシャイネスを喚起されやすいことが示唆されたことも，そうしたことと関係していよう。

　また，自分はシャイだと思う者は，自分がシャイだと思われていると思っていることが示唆された。これらのことから，自分をシャイだと思う教師，思わない教師は，周囲から自分がどう見られているか，ある程度，自己シャイネスの自覚と対応的な認知，客観的な自己理解をしているといえそうである。

　また，教員志望動機を調査した結果，シャイな教師も，シャイでない教師と同様に，教育志向動機を有していることが示された。行動抑制を示す可能性の高いシャイな教師は，「子ども好き」と考えられる教育志向性が弱く，専門志向動機が強い可能性があるとも考えられたが，本研究の結果からは，シャイな教師も，児童生徒と関わりたいという志向性は有しており，「子ども好き」な教師ではない，ということはいえないと考えられた。社交性は，他者と一緒にいたいという動機と関連し（Schmidt & Buss, 2010），シャイネス

を，例えば，他者と一緒にいる時の居心地の悪さ（Amico et al., 2003）と考えると，シャイな教師には，シャイだが社交的な，"shy-sociable"な者が多いと言えるのかもしれない。シャイであっても，子どもと関わりたいという思いは，シャイでない教師と変わらないことが示唆されたといえよう。また，シャイな教師が教育志向性を有するということが，教職を遂行する上で，自助資源として役立っている可能性も考えられる。例えば，シャイだと思ったことはあるが，今は思っていない教師が23.3％いることが示されたが，その背景に，パフォーマンスやコミュニケーションが円滑でないなどの教職遂行過程で苦戦する状況を経験しながらも，教育志向動機が支えとなって，教職を継続したり，困った状況と折り合いをつけてきた者がいる可能性が考えられる。

第5章　シャイな教師の対人行動【研究2】

1　問題と目的

　研究1で，シャイな教師が，学校でシャイネスを喚起されやすいことが確認できた。本研究では，シャイな教師の教職遂行に影響すると考えられるシャイな教師の行動的側面に注目し，その対人行動上の特徴を明らかにすることを目的とする。具体的には，シャイな教師に同僚として日々接している教師を対象とした調査，及び，大学生が小中高校時代を振り返って想起したシャイな教師に関する調査を実施し，シャイな教師が教職遂行過程で示している特徴的な対人行動を明らかにする。また，シャイな教師に特徴的な対人行動をもたらすと考えられるパーソナリティ要因について，これまであまり検討されてこなかった，性格5因子説（ビッグ・ファイブ）の立場から検討する。

2　シャイな教師の対人行動（教師調査）

2.1　問題と目的

　日頃から，同僚としてシャイな教師と付き合っている教師を対象とした調査を行い，その結果をもとに，シャイな教師にみられる対人行動上の特徴を明らかにする。

2.2 方法

(1) 調査対象者と調査時期及び実施手続き

調査対象者は，筆者も参加した大学公開講座や高校教師を対象とした文部省（当時。現文部科学省）主催の研修会の参加者及び筆者の知人や知人を介して紹介された全国の小中高校教師385名。調査時期は1996年8-9月である。研究の趣旨，調査結果は統計的に処理され，研究のためのみに利用されること，調査協力や回答は任意であることなどを依頼文に記載し，調査用紙に同封し，公開講座と文部省研修会参加者には，封入した調査用紙を直接手渡しし，当日回収した。知人とその紹介者には郵送法で調査用紙を送付し回収した。11月下旬までに250名の回答を得た（回収率64.9％）。各問いに対し，「シャイな人の行動上の特徴として見られる傾向にいくつでも丸をつけてください」という教示に従って，自由選択で項目を選択する形式（複数回答可）で回答を求めた。

(2) 質問紙

質問項目を選定するため，1996年5-6月に，関東地方の国，私立高校の教師35名を対象に予備調査を実施した。「シャイな人によくみられる行動を挙げて下さい（例：視線を合わせない）」という質問に自由記述で回答する形式を採用した。自由記述としたのは，シャイな教師にみられる特徴的な行動を広く収集することを考えたからである。また，回答を促すことを目的として，岸本（1994）が報告するシャイな人の特徴の一つと考えられる，「視線を合わせない」という回答例を質問に添えた。

得られた「シャイな教師の行動上の特徴」の自由記述を，カウンセリングを専攻する大学院生3名の意見も参考にしながら，KJ法に準じて分類し，全員の賛同を得た項目を最終的な候補とした。その結果，「赤面」，「動作が落ち着かない」，「視線を合わせない」，「早口」，「後ろの方に引っ込んでい

Table 5-1 シャイな人によくみられる行動

特徴的行動	具体的回答例
1．赤面	赤面，赤面する
2．動作が落ち着かない	落ち着かない動作，頭をかく，手を動かす
3．視線を合わせない	視線を合わさない，視線を外す
4．早口	早口，早口になる
5．後ろの方に引っ込んでいる	後ろの方や隅にいる，後ずさりする
6．沈黙，言葉少な	黙る，無口になる，言葉が少ない
7．人の輪に入れない	孤立してしまう，世間話の輪に入れない
8．自分から話しかけない	聞く側に回る
9．行動や発言のタイミングが悪い	行動や発言のタイミングを逃す
10．まとまりのない話をする	言葉がぶつ切り，話題が続かない
11．話せる人が限られる	話せる人と話せない人がいる
12．打ち解けにくい	遠慮，よそよそしい態度をとったりする

る」，「沈黙，言葉少な」，「人の輪に入れない」，「自分から話しかけない」，「行動や発言のタイミングが悪い」，「まとまりのない話をする」，「話をする人が限られる」，「打ち解けにくい」という12項目が抽出された。これらの項目を利用して，質問紙を作成した（Table 5-1）。

2.3 結果

12項目に対する選択率をFig. 5-1に示す。全てが20.0％以上選択され，12項目のいずれもが，シャイな教師の行動上の特徴として認知されていると考えられた。これら12項目の構造を検討するため，因子分析（主因子法，バリマックス回転）を行った。スクリープロットの減衰状況，解釈可能性から2因子構造であることが想定された（Table 5-2）。第1因子は「人の輪に入れない」，「打ち解けにくい」，「後ろの方に引っ込んでいる」等，他者との関わり方が抑制的であったり，消極的であることと関連した6項目からなり，「行動抑制」因子と命名された。第2因子は「動作が落ち着かない」，「早口」，「赤面」，「視線を合わせない」等，自己表出やパフォーマンスが円滑でないことと関連した6項目からなり，「情動混乱」因子と命名された。シャ

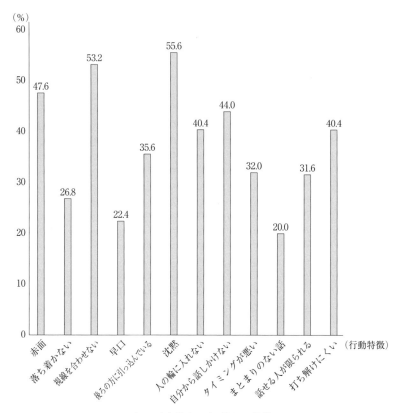

Fig. 5-1 シャイな教師の行動上の特徴　N=250

イな教師の行動上の特徴として，自分から他者に関わろうとしない「抑制的行動」と，パフォーマンスが円滑でない「情動混乱」を反映した行動（反応）があることが明らかになった。

Table 5-2 シャイな教師に特徴的な行動（主因子法バリマックス回転）

項目	第1因子	第2因子	共通性
Ⅰ 行動抑制			
7. 人の輪に入れない	.595	.214	.328
12. 打ち解けにくい	.497	.053	.156
5. 後ろの方に引っ込んでいる	.470	.115	.234
8. 自分から話しかけない	.467	.029	.213
6. 沈黙，言葉少な	.424	-.181	.400
11. 話せる人が限られる	.406	.119	.219
Ⅱ 情動混乱			
2. 動作が落ち着かない	.066	.569	.193
10. まとまりのない話をする	-.024	.439	.179
4. 早口	-.082	.386	.250
1. 赤面	.227	.336	.164
3. 視線を合わせない	.203	.312	.138
9. 行動や発言のタイミングが悪い	.122	.304	.109
固有値	2.46	1.65	
寄与率（累積寄与率）（％）	20.53	13.75(34.28)	

2.4 考察

　本研究は，シャイな教師の対人行動の特徴を明らかにするために行われた。高校教師を対象とする予備調査をもとに，シャイな教師に特徴的な行動を尋ねる12項目からなる質問紙を作成した。全国の小中高校教師250名の回答を分析した結果，「行動抑制」及び対人不安を反映していると考えられる「情動混乱」の2つの行動が見出された。これらは，これまで報告されている（例えば，相川，1991；Leary，1986；菅原，1998）シャイな人の行動上の特徴と合致する。対人的職業と考えられる教職に従事する教師においても，行動抑制や，対人不安を背景にすると考えられる情動混乱を反映した行動特徴を有する者がいることが示唆された。

3 シャイな教師の対人行動（学生調査）

3.1 問題と目的

　大学生を対象とした回想法による調査を行い，児童生徒の立場から見たシャイな教師の対人行動の特徴を明らかにする。教師は，職員室や会議場面での同僚教師の行動は観察できるが，授業場面での児童生徒とのやりとりや部活指導場面での姿を観察する機会は少ないと考えられ，教師調査とともに学生調査を実施することで，より広い視野から，シャイな教師の行動上の特徴を解明できると考えられる。

3.2 方法

(1) 調査対象者と調査時期及び実施手続き

　2011年12月から2012年4月にかけて，教職科目を受講する関西の私立大学2校の2～4年生403名を対象として「シャイな教師に関する調査」を実施した。授業時間を利用し，研究の目的や回答の取扱いについて口頭で説明を行った後，調査用紙を配布し，実施後，回収した。持ち帰って自宅で実施した者については，設置した回収箱に回答を提出させた。調査は無記名で実施され，小中高校時代の経験を回答すること，答えたくない質問には答えなくてもよいこと，プライバシーは保護されること，回答を研究に利用することに同意した者の回答のみを利用することが説明された。「あなたの回答を高柳の論文作成に利用してよいですか」という設問に同意した者の回答のうち，「あなたはこれまでシャイな教師（内気，恥ずかしがりや，引っ込み思案，照れや，はにかみやな教師）に会ったことがありますか」という問いに，「ある」と回答した139名（男性84名，女性55名）の回答を選抜し，質問にもれなく回答した121名（全体の30.0％，シャイな教師に出会ったことのある者の87.1％，

男性70名，女性51名，シャイな者68名，シャイでない者53名）の回答を分析対象とした。岸本（1988）は，シャイネスに関する調査を行った際，「シャイ」，「シャイネス」という語の意味のわからない学生が1割弱いたという報告をしている。そのことを踏まえ，「シャイな教師」に対する共通理解を図るため，相川（1991）に基づき，「内気，恥ずかしがりや，引っ込み思案，てれや，はにかみやな教師」という説明を括弧書きで加えた。

(2) 質問紙

質問項目は，出会ったことのあるシャイな教師が，「どのような行動上の特徴を持った人でしたか」というものである。多くの事例を収集することを目的として，自由記述で回答を求めた。

3.3 結果

回答を集計した結果，延べ198反応が得られた。集計の際，1人の回答者が「声が小さい，遠慮している」といったように，複数の反応を回答している場合，「声が小さい」と「遠慮している」をそれぞれ1反応（この場合，合計2反応）として集計した。反応数が1つの者が最も多く65名（53.7％），次いで，2つの者が43名（35.5％）で，合計89.2％を占めた。1人当りの平均反応数は1.6，最大反応数は4（3名，2.5％）であった。

得られた反応を，KJ法に準じて分類した（Table 5-3）。最も多く収集されたのが，緊張やあがりに関連すると考えられる反応（反応数110，全反応数の55.6％；以下同様）であった。具体的には，「声が小さい」，言葉が「不明瞭」，「言い間違い」をする，「早口」であるといった「話し方の混乱」を示す行動（52, 26.3％）や，「おどおどしている」，「落ち着かない」，「視線を合わせない」，「赤面する」，「緊張する」といった「態度の混乱」を示す行動（58, 29.3％）である。こうした行動の背景には，緊張やあがりをもたらす対人不安の存在が考えられる。相川（1991）が，シャイネスの概念に含まれるとし

Table 5-3 シャイな教師に特徴的な行動　N=121

項　目	反応数	具体的記述例
Ⅰ 情動混乱	110	
1. 話し方の混乱	52	
声が小さい	30	声が小さい
不明瞭	16	はっきり喋らない，うまく話せない，もごもご
言い間違い	3	言い間違える，すぐかむ
早口	3	早口
2. 態度の混乱	58	
おどおどしている	17	おどおどしている
落ち着かない	16	落ち着かない，キョロキョロ
視線を合わせない	12	目を見て話さない，目を見てくれない
赤面する	8	赤面する
緊張する	5	緊張しているのがわかる，声が震えている
Ⅱ 行動抑制	60	
1. 関わり行動の抑制	40	
関係回避	27	あまり生徒と関わらない，生徒とコミュニケーションをとろうとしない，特定の人とだけ話す
双方向性回避	13	黒板と自分のノートを向いて授業を進め生徒の方を向かない，ひたすら黒板に字を書く
2. 役割行動の抑制	20	
叱責行動の抑制	11	注意できない，生徒を叱らない
指導行動の抑制	9	生徒に遠慮している，生徒の意見に流されやすい，指示力なし

数字は得られた反応数を示す．

た日本語のうち，「はずかしがりや」，「照れや」，「はにかみや」という語と対応した反応であると考えられる。

　次いで多かった特徴が，対人回避的，或いは，抑制的な行動に関連した反応（反応数60，全反応の30.3%；以下同様）であった。その中には，「生徒とコミュニケーションをとろうとしない」，「積極的に接してこない」といった「関係回避」的な行動（27，13.6%）や，「黒板と自分のノートを向いて授業を進め生徒の方を向かない」，「ひたすら黒板に字を書く」といった「双方向性回避」的な行動（13，6.6%）が見出された。これらは，児童生徒との双方

向的なコミュニケーションを回避するような行動であり,「関わり行動の抑制」としてまとめられると考えられる。また,生徒を「注意できない」,「叱れない」といった「叱責行動の抑制」(11, 5.6％) や,「生徒のペースで授業が進んでいた」,「生徒の意見に流されやすい」といった「指導行動の抑制」に関する反応 (9, 4.5％) も見出された。これら2つの行動は,教師の「役割行動の抑制」としてまとめることができると考えられる。これらの行動は,相川 (1991) が,シャイネスの概念に含まれるとした日本語のうち,「内気」,「引っ込み思案」と対応した反応であると考えられる。

　これらの合計170の反応 (全反応の85.9％) が,児童生徒からみたシャイな教師に特徴的な対人行動の代表的なものと考えられる。大きく2つの要素に分類される行動特徴は,本章2 (教師調査1) で得られたシャイな教師の行動上の特徴である「情動混乱」因子,及び「行動抑制」因子との適合性が高いと考えられる。そこでこの2因子を分類の枠組みとして採用し,「話し方の混乱」,「態度の混乱」は,緊張やあがりといった「情動混乱」を反映した行動として,また,「関わり行動の抑制」,「役割行動の抑制」は「行動抑制」を示す行動として解釈することとする。菅原 (1998) は,シャイネスにおける対人不安傾向と対人消極傾向は区別できるとしており,シャイな教師を理解する際には,対人不安がその背景にあると考えられる「情動混乱」,及び,「対人消極性」と同義と考えられる「行動抑制」の2つの視点から検討することに意義が認められよう。

　尚,全回答者121名のうち,「情動混乱」を示す行動のみを回答した者が57名 (47.1％),「行動抑制」を示す行動のみを回答した者が24名 (19.8％),両方の行動を回答した者が26名 (21.5％) であった。このように,児童生徒からみたシャイな教師には,「情動混乱」が見出されるタイプが最も多いが,他のタイプも2割程度の回答がある。このことから,シャイな教師に,「情動混乱」が見出されるタイプ,「行動抑制」が見出されるタイプ,両方の特徴が見出されるサブタイプが存在していることが示唆されると考えられる。

これら以外に28の反応（全反応数の14.1％）が見出された。その中には，「恥ずかしがりや」，「内気」などシャイネスの訳語と考えられる回答（反応数5）や，「自信がなさそう」，「人の目を気にする」といった認知的特徴に言及した回答（反応数3），「情動混乱」，「行動抑制」に分類し難い独立した1, 2例の反応であるため，「その他」として扱った。

次に，シャイな教師にみられる行動特徴相互の関係を検討するため，「情動混乱」と関係した「話し方の混乱」及び「態度の混乱」を示す9項目の反応（Table 5-3の「声が小さい」から「緊張する」まで），及び，「行動抑制」と関係した「関わり行動の抑制」，及び，「役割行動の抑制」を示す4項目の反応（Table 5-3の「関係回避」から「指導行動の抑制」まで）の合計13反応について，回答者がその反応を記述している場合を1，していない場合を0とするダミー変数を用いて2値データのコレスポンデンス分析を行った（$\chi^2(1320) = 1248.323$, n.s.）。

「行動抑制」を示す行動のうち，「関係回避」と「双方向性回避」（ともに「関わり行動の抑制」），及び，「叱責行動の抑制」と「指導行動の抑制」（ともに「役割行動の抑制」）がそれぞれ近くに布置され，同時に，これら4つが近くに布置されていることから，これらの行動特徴は，互いに関係が深いものと考えられる（Fig. 5-2）。この結果から，一人のシャイな教師に，「関わり行動の抑制」と「役割行動の抑制」（ともに「行動抑制」）が同時に見出される可能性が高いと考えられる。

「情動混乱」を示す行動のうち，「声が小さい」ことと「おどおどしている」こと，「早口」と「落ち着かない」こと，話し方に「不明瞭さ」が認められることと「緊張」していること，「言い間違い」と「赤面」することが，それぞれ近くに布置されている。これら対となる「話し方の混乱」と「態度の混乱」の関係は，「おどおどしている」時に「声が小さい」，「緊張」していると話し方が「不明瞭」になりやすいなど，シャイであることを示す特定の態度と話し方が同時に見出される可能性がある。また，それぞれ対となる

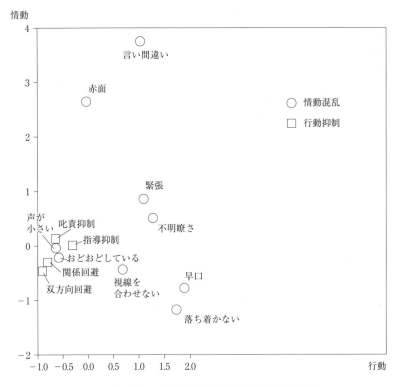

Fig. 5-2 シャイな教師に特徴的な行動間の関係

行動は，比較的独立した（遠い）位置に布置することから，「情動混乱」を示す行動対は，ある程度独立しており，例えば，「おどおどしている」ことと「赤面」すること，「赤面」と「早口」は，必ずしも同時に観察できるとは限らないと考えられる。

　「情動混乱」を反映した行動として分類した「視線を合わせない」ことは，「情動混乱」を示す行動（例えば，「声が小さい」，「おどおどしている」）と「行動抑制」を示す行動（例えば，「指導抑制」，「叱責抑制」）と概ね等距離に布置している。このことから，「視線を合わせない」ことは，会話中に相手の目をみない，すなわち，話しかけている相手に注目しながら会話しているよう

に見えないというパフォーマンスの問題として捉えられているとともに、そもそも関わらないように目を合わせようとしないというコミュニケーションの問題としても捉えられてしまう可能性があると考えられる。同様に、「行動抑制」を示す行動（例えば、「叱責抑制」、「指導抑制」）の近くに「声が小さいこと」や「おどおどしている」ことが布置されていることは、これらの特徴が、パフォーマンスの問題であると同時に、コミュニケーションを取ろうとしているかどうかを判断する手がかりとなる反応となっていることを示している可能性が考えられる。また、この結果から、「行動抑制」を示す教師は、それと同時に、声が小さく、おどおどしていることが推察される。

3.4 考察

本研究では、大学生の振り返り調査から、シャイな教師の対人行動の特徴について検討した。小中高校時代にシャイだと思う教師が存在し、教師対象調査と同様、パフォーマンスの巧拙と関連した「情動混乱」と、双方向的なコミュニケーション行動と関連した「行動抑制」がみられることが報告された。これらの知見は、先行研究（例えば、相川、2000a；岸本、2008）で見出されているシャイな人に特徴的な行動と同様の傾向を示している。特に、大学生の調査から明らかになったことは、情動混乱を反映した行動に、話し方の混乱と態度の混乱が認められること、また、行動抑制のより具体的なタイプとして、教師の側から児童生徒に関わろうとしない関わり行動の抑制が見出されたほか、児童生徒を叱れないとか、遠慮してしまって、その場で主導権をうまく握れないといった、教師としての役割行動が抑制される例が見出されたことである。

「緊張する」反応が含まれることから、「情動混乱」の背景には、緊張をもたらす対人不安の存在が考えられる。また、「行動抑制」には、双方向的なコミュニケーションを回避するような行動が含まれる。シャイネスは、双方向のやりとりがある随伴性の高い場面で喚起されやすいという指摘があり

(例えば，関口ら，1999)，「行動抑制」は，随伴性の高い場面を苦手とする者に特徴的な行動と考えることもできよう。

　岸本 (2008) は，自身の調査結果のクラスター分析から，シャイな人の中に，「否定的評価に対する恐怖」や「内的な不快」に焦点を当てる「私的シャイサブタイプ」と「パフォーマンスの欠如（応答の失敗とぎこちない行動）」を問題とする「公的シャイサブタイプ」，及び，「事態の回避」をする者がいることを報告している。第2章でも議論したように，このうちの「パフォーマンスの欠如」が「情動混乱」を反映した行動と，「事態の回避」が「行動抑制」と対応していると考えられる。

　岸本 (2008) が「パフォーマンスの欠如」という表現で示しているように，「情動混乱」を反映した行動は，教師が他者と関わる際の，パフォーマンスの巧拙に関係している。「声が小さい」，言葉が「不明瞭」，「言い間違え」たり，「早口」であるといった特徴は，話し方が円滑でないことを示している。また，「おどおどしている」，「視線を合わせない」，「落ち着かない」，「赤面する」，「緊張する」といった特徴は，落ち着いていて，相手に安心感を与える様子とはいい難い。いずれも，対人場面における発信（パフォーマンス）が円滑に行われていないことを示しているといえよう。一方，「行動抑制」は，「コミュニケーションをとろうとしない」(「関係回避」)，「生徒の方を向かない」(「双方向性回避」)，生徒に「注意できない」(「叱責行動の抑制」)，「生徒に遠慮している」(「役割行動の抑制」) などの記述からわかるように，関わり行動がとられていない，あるいは，一方通行的な状況となっていること，すなわち，双方向的なコミュニケーションそのものの抑制や回避と関係している。シャイ教師の行動上の特徴として抽出された「情動混乱」と「行動抑制」は，それぞれ，教師が相手と向き合う際の，「パフォーマンス」（発信），及び，「コミュニケーション」（関わり）と関連しており，これらが円滑でないところに，シャイな教師の特徴があるということができよう。

4 シャイな教師の対人行動の背景にあるパーソナリティ特性の検討

4.1 問題と目的

　シャイな教師には，行動抑制と情動混乱を反映した行動が見出されることが明らかになった。こうした行動特徴の背景にある，シャイな教師のパーソナリティ特性を検討する。

　パーソナリティ（ビッグ・ファイブ）については，藤島ら（2005）のFFPQ-50（Five Factor Personality Questionaire-50）を，シャイネスについては，行動抑制と情動混乱（対人不安）を測定する相川（1991）の特性シャイネス尺度を利用して，それぞれ測定し，両者の関連を検討する。ビッグ・ファイブ測定尺度として，「日本人固有の性格特性を考慮して独自に作成された」（藤島ら，2005）FFPQを原尺度としており，短縮版として項目数が絞られ，回答者の負担軽減が考慮されていることから，FFPQ-50が選定された。

4.2 方法

(1) 調査対象者と調査時期及び実施手続き

　2011年11月から2012年1月にかけて，教職科目を受講する関西の私立大学の3・4年生195名（男性101名，女性94名）を対象に，「シャイネスに関する調査」を実施した。本論文は，教師を研究対象としているが，シャイな教師の行動特徴はシャイな人一般の行動特徴と同様であることから，調査協力者の得やすさも考慮し，教職を志望する大学生を調査対象として選定した。授業時間を利用し，研究の目的や回答の扱いを口頭で説明した後，調査用紙を配布し，実施後，回収した。調査は無記名で実施され，回答したくない質問には回答しなくてもよいこと，プライバシーは保護されること，質問紙に付

記された「あなたの回答を高柳の論文作成に利用してよいですか」という問いに「よい」と回答した者の回答のみ利用することが説明され，利用して「よい」という回答のあった189名（195名の96.9%；男性97名，女性92名）の回答を分析対象とした。但し，各分析は，該当項目に完全に回答している回答のみを対象に行った。

(2) 質問紙

質問紙は，(Q1)対象者の性別を問う質問，(Q2)「自分をシャイだと思うか」という問いに，「思う」，「思わない」から選択して回答する形式の質問，及び，「5因子性格検査短縮版（FFPQ-50）」（藤島ら，2005）と「特性シャイネス尺度」（相川，1991）で構成した。岸本（1988）は，シャイネスに関する調査を行った際，「シャイ」，「シャイネス」という語の意味のわからない学生が1割弱いたという報告をしている。そのことを踏まえ，「シャイ」という語に対する共通理解を図るため，相川（1991）に基づき，「シャイな人とは，内気，恥ずかしがりや，引っ込み思案，てれや，はにかみやのこととします」という注を添えた。

(3) 5因子性格検査

藤島ら（2005）が開発した5因子性格検査短縮版（FFPQ-50）（50項目）を使用した。回答形式は，原尺度と同様の，「全くちがう(1)」から「全くそうだ(5)」までの5件法を採用した。

(4) 特性シャイネス尺度

相川（1991）が作成した，特性シャイネスを測定するために作成された「特性シャイネス尺度」（16項目）をもとに研究1で分析した，「特性シャイネス」尺度（全体），及び，その下位尺度である「行動抑制」尺度，「対人不安」尺度を利用した。回答形式は，原尺度と同様の，「全くあてはまらない

(1)」から「よくあてはまる(5)」までの5件法を採用した。

4.3 結果

(1) 5因子性格特性尺度

FFPQ-50の構造を検討するため、藤島ら（2005）の分析と同じく、主因子法バリマックス回転による因子分析を行った。スクリープロットの減衰状況及び解釈可能性から、この尺度が仮定する5因子構造であることが確認された。当初、因子負荷量.4未満の項目を削除することを考えたが、その場合、第5因子の項目数が半数未満となるため、第5因子の過半数が残る.37を基準に削除し、1回の削除を行った結果をTable 5-4に示す。第5因子の第6項目の因子負荷量が.348であるが、項目数確保のため、これで分析を確定した。初期の固有値は、第1因子が6.02、第2因子が4.03、第3因子が2.87、第4因子が2.62、第5因子が2.25であり、累積寄与率は49.41％であった。

第1因子は、「ゆううつになりやすい」、「自分がみじめな人間に思える」、「陽気になったり陰気になったり気分が変わりやすい」など、すべてFFPQ-50の第1因子（情動性）を構成する8項目からなっており、「情動性」因子と命名できると考えられた。第2因子は、「考えることは面白い」、「自分の感じたことを大切にする」など、すべてFFPQ-50の第5因子（遊戯性）を構成する8項目からなっており、「遊戯性」因子と命名できると考えられた。第3因子は、「大勢でわいわい騒ぐのが好きである」、「人の上に立つことが多い」など、すべてFFPQ-50の第2因子（外向性）を構成する8項目からなっており、「外向性」因子と命名できると考えられた。第4因子は、「責任感が乏しいといわれることがある」、「仕事を投げやりにしてしまうことがある」（いずれも逆転項目）など、すべてFFPQ-50の第3因子（統制性）を構成する6項目からなっており、「統制性」因子と命名できると考えられた。第5因子は、「人には温かく友好的に接している」、「誰に対しても優しく親切にふるまうようにしている」など、すべてFFPQ-50の第4因子（愛着

第5章　シャイな教師の対人行動【研究2】

Table 5-4　FFPQ-50の因子分析の結果（主因子法バリマックス回転）

項　目	第1因子	第2因子	第3因子	第4因子	第5因子	共通性
Ⅰ「情動性」（α=.872）						
11 ゆううつになりやすい	.819	.058	-.081	-.060	-.046	.687
12 自分がみじめな人間に思える	.794	-.103	-.165	.150	.026	.691
17 陽気になったり陰気になったり気分が変わりやすい	.760	.072	.011	.132	-.068	.605
16 自分には全然価値がないように思えることがある	.673	-.069	-.211	.199	.000	.542
13 物事がうまくいかないのではないかとよく心配する	.666	-.086	-.048	-.055	.123	.471
15 見捨てられた感じがする	.619	-.071	-.108	.258	-.130	.483
19 明るいときと暗いときの気分の差が大きい	.583	-.000	.117	.000	-.147	.375
14 小さなことにはくよくよしない*	-.420	.118	.087	.066	.086	.209
Ⅱ「遊戯性」（α=.797）						
53 考えることは面白い	-.037	.722	.050	-.171	.089	.562
55 自分の感じたことを大切にする	-.088	.696	.163	-.000	.095	.528
54 イメージがあふれ出てくる	-.134	.689	.195	.093	.063	.543
58 好奇心が強い	-.051	.604	.358	-.079	.146	.524
59 感情豊かな人間である	.015	.547	.321	-.065	.246	.468
52 美や芸術にはあまり関心がない*	.063	-.488	.139	.023	-.075	.268
51 芸術作品に接すると鳥肌が立ち興奮を覚えることがある	-.099	.463	.000	.049	.182	.260
50 別世界に行ってみたい	.171	.402	.064	.167	-.021	.223
Ⅲ「外向性」（α=.754）						
21 大勢でわいわい騒ぐのが好きである	-.143	-.001	.647	.151	.179	.493
23 にぎやかな所が好きである	-.206	.011	.591	.224	.259	.327
25 もの静かである*	.075	-.001	-.567	.001	.016	.509
27 人に指示を与えるような立場に立つことが多い	-.029	.219	.564	-.254	-.059	.436
26 人の上に立つことが多い	-.053	.206	.540	-.204	-.117	.392
22 地味で目立つことはない*	.121	-.123	-.514	.197	.088	.343
24 大勢の人の中にいるのが好きである	.050	-.012	.474	.139	.136	.263
28 じっとしているのが嫌いである	.168	.141	.407	-.063	.060	.193
Ⅳ「統制性」（α=.763）						
31 あまりきっちり人間ではない*	.120	.150	.075	.707	-.016	.542
35 責任感が乏しいといわれることがある*	.050	-.020	-.209	.637	.075	.458
32 仕事を投げやりにしてしまうことがある*	.168	.093	-.221	.572	-.000	.413
33 よく考えてから行動する	-.019	.026	-.130	-.560	.130	.349
34 仕事は計画的にするようにしている	-.047	.049	.011	-.544	-.028	.302
38 几帳面である	-.030	.061	-.012	-.509	.080	.270
Ⅴ「愛着性」（α=.717）						
41 誰に対してもやさしく親切にふるまうようにしている	.035	.206	.182	-.072	.761	.661
42 人には温かく友好的に接している	-.020	.179	.211	-.015	.742	.628
47 どうしても好きになれない人がたくさんいる*	.165	-.100	.050	-.089	-.607	.416
48 出会った人はたいがい好きになる	.041	.156	.139	.088	.429	.237
43 人の気持ちを積極的に理解しようとは思わない*	.109	.054	-.019	.205	-.423	.236
40 人を馬鹿にしているといわれることがある*	.035	-.084	.098	.062	-.348	.143
*逆転項目　　　　　　　初期の固有値	6.02	4.03	2.87	2.62	2.25	
寄与率（累積寄与率）(%)	16.7	11.2(27.9)	8.0(35.9)	7.3(43.2)	6.3(49.4)	

Table 5-5　性格特性5因子間の相関

性格特性	情動性	外向性	統制性	愛着性	遊戯性
情動性	−	-.191**	-.207**	-.129	-.080
外向性		−	.090	.223**	.285**
統制性			−	.049	-.034
愛着性				−	.279**
遊戯性					−

**$p<.01$.

性)を構成する6項目からなっており，「愛着性」因子と命名できると考えられた。逆転処理後の各因子のα係数は，第1因子が.872, 第2因子が.797, 第3因子が.754, 第4因子が.763, 第5因子が.717であり，内的整合性は充分に保たれていると考えられる。また，5因子の構成項目が，すべてFFPQ-50の5因子構成項目と重複していることから，妥当性も担保されていると考えられた。以下の分析では，原尺度であるFFPQ-50の因子構成に準じて，情動性，外向性，統制性，愛着性，遊戯性の順に扱うこととする。

　各因子間の相関を調べると，情動性と外向性および統制性との間に弱い負の相関関係(各$r=-.191, r=-.207$)が，外向性と愛着性に弱い相関($r=.233$)が，遊戯性と外向性及び愛着性に弱い相関(各$r=.285, r=.279$)が認められた(Table 5-5)。いずれも弱い相関関係であり，5因子間にある程度の独立性が認められると考えられた。そこで，これら5因子を本研究における5因子性格特性(ビッグ・ファイブ)を測定する尺度とし，それぞれ「情動性尺度」(項目数8)，「外向性尺度」(同8)，「統制性尺度」(同6)，「愛着性尺度」(同6)，「遊戯性尺度」(同8)として利用することとした。各尺度の得点平均(全項目得点平均を項目数で除した値)をTable 5-6に示す。性による得点の差を検討したところ，情動性(心配性，抑うつ，自己批判，気分変動)と愛着性(温厚，信頼，共感，他者尊重)の得点に有意差が認められ，女性の得点が有意に高かった(Table 5-6)。

第5章 シャイな教師の対人行動【研究2】

Table 5-6 性格特性（ビッグ・ファイブ）に関する5尺度の得点平均

尺度	集団	n	平均	SD	性による得点平均の差の検定			
					df	t値	有意確率	差の95％信頼性区間（下限 — 上限）
情動性	全体	187	2.87	.794				
	男性	96	2.70	.742	185	-3.11	p＜.001	-.577 — -.129
	女性	91	3.05	.810				
遊戯性	全体	189	3.58	.653				
	男性	97	3.56	.692	187	-.636	n.s.	-.248 — .127
	女性	92	3.62	.611				
外向性	全体	188	3.59	.661				
	男性	97	3.59	.585	171.6	-.143	n.s.	-.205 — .177
	女性	91	3.60	.737				
統制性	全体	189	3.51	.617				
	男性	97	3.36	.592	187	-1.42	n.s.	-.348 — .056
	女性	92	3.68	.603				
愛着性	全体	189	3.56	.640				
	男性	97	3.42	.641	187	-3.66	p＜.001	.490 — .056
	女性	92	3.70	.609				

得点は，合計点を項目数で除した値．

(2) **性格特性と特性シャイネスの関係**

特性シャイネス尺度得点の基礎統計量は，研究1で示した通りである。特性シャイネス尺度得点を従属変数，ビッグ・ファイブを測定する5尺度を独立変数として，強制投入法による重回帰分析を行った。従属変数の特性シャイネス得点には性差が認められなかったことから，ビッグ・ファイブを測定する尺度得点も，男女込みの得点を利用した。その結果，特性シャイネスは情動性，外向性，愛着性で（順に$\beta=.229, p<.001; \beta=-.432, p<.001; \beta=-.127, p<.05$），行動抑制は外向性と愛着性で（順に$\beta=-.361, \beta=-.240$，いずれも$p<.001$），対人不安は情動性と外向性で（順に$\beta=.267, \beta=-.386$，いずれも$p<.001$）説明できると考えられる結果が得られた（Table 5-7，Fig. 5-3～Fig. 5-5）。標

Table 5-7 ビッグ・ファイブを説明変数とする重回帰分析の結果

特性	特性シャイネス	行動抑制	対人不安
情動性	.229***	.075	.267***
外向性	-.432***	-.361***	-.386***
統制性	-.057	-.107	-.066
愛着性	-.127*	-.240***	-.036
遊戯性	-.108	-.100	-.093
決定係数 (R^2)	.383	.285	.320
F	21.97	14.26	16.75
df	(5,177)	(5,179)	(5,178)
有意確率	$p<.001$	$p<.001$	$p<.001$

*$p<.05$, ***$p<.001$.

　準回帰係数（β）の符合を考慮すれば，行動抑制のみられる人は，外向性，愛着性があまり表現されないタイプ，対人不安は，外向性が表現されず，情動性が表現されやすいタイプ，シャイな人は，それらの特性を兼ね備えた，外向性，愛着性が表現されにくく，情動性を表現しやすいタイプの人として説明できると考えられる。特性シャイネス，及び，行動抑制，対人不安には外向性が共通して強く影響し，特性シャイネスと行動抑制には愛着性が，特性シャイネスと対人不安には情動性が共通して影響していた。

　藤島ら（2005）は，外向性の要素特性として，活動，支配，群居，興奮追及，注意獲得の5つを挙げている。本研究で利用した外向性尺度も，それらの要素と関連した「じっとしているのが嫌いである」，「人に指示を与えるような立場に立つことが多い」，「大勢でわいわい騒ぐのが好きである」といった項目からなっている。外向性の符合はマイナスなので，シャイな人，行動抑制のみられる人，対人不安のみられる人は，いずれも活動的でなく，支配的でない，群れたがらず，騒ぎたがらず，目立ちたくない人として説明できる。また，標準偏回帰係数（β）の値は，外向性が最も大きいことから，シャイな人，行動抑制や対人不安のみられる人は，いずれも，活動的でな

第5章　シャイな教師の対人行動【研究2】　123

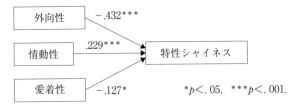

Fig. 5-3　性格特性と特性シャイネスの関係　$R^2=.383$

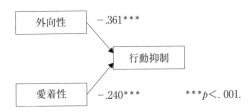

Fig. 5-4　性格特性と行動抑制の関係　$R^2=.438$

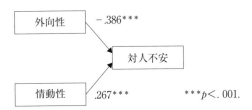

Fig. 5-5　性格特性と対人不安の関係　$R^2=.320$

く，支配的でない，群れたがらず，騒ぎたがらず，目立ちたくない，といった外向性の要素特性で，ある程度説明できる人といえよう。それに加えて，行動抑制のみられる人は，愛着性をあまり表現しない人と考えられる。

　愛着性尺度には，温厚，信頼，共感，他者尊重の4つの要素特性が含まれている。FFPQ-50には，愛着性尺度の要素特性として，もう1つ，「協調」が含まれるが，本研究における愛着性尺度作成の過程で，「協調」に関する2項目が削除され，温厚以下4つの要素特性を含む尺度となった。愛着性尺

度を構成する項目は,「人には暖かく友好的に接している」,「誰に対しても優しく親切にふるまうようにしている」,「どうしても好きになれない人がたくさんいる」,「人の気持ちを積極的に理解しようとは思わない」,「出会った人はたいがい好きになる」,「人を馬鹿にしているといわれることがある」というもので, 相手を尊重しながら, 誰とでも仲良くしていこうとする, 協調的な対人関係の持ち方や対人行動の実際を反映したものと考えられる。行動抑制に対して, 愛着性が弱い負の影響力を持つことを考え合わせると, 外向的でないことと合わせ, 協調的な対人関係に消極的であったり, うまく対応できていない行動面の特徴を持つこととして, 行動抑制を説明できると考えられる。

　一方, 対人不安は, 外向性をあまり表現しないことに加えて, 情動性を表現しやすい人として説明できると考えられる。今回, 利用した情動性尺度には, 心配性, 抑うつ, 自己批判, 気分変動の4つの要素特性が含まれている。FFPQ-50には, 情動性尺度の要素特性として, もう1つ,「緊張」が含まれるが, 本研究における情動性尺度作成の過程で,「緊張」に関する2項目が削除され, 心配性以下4つの要素特性を含む尺度となった。情動性尺度の項目は,「ゆううつになりやすい」,「自分がみじめな人間に思える」,「陽気になったり陰気になったり気分が変わりやすい」,「物事がうまくいかないのではないかとよく心配する」,「自分には全然価値がないように思えることがある」,「見捨てられた感じがする」,「明るいときと暗いときの気分の差が大きい」,「小さなことにはくよくよしない」というものであり, くよくよしたり, 心配したり, ゆううつになったりといった否定的な感情を経験しやすく, 情緒が不安定であるとともに, 自分はみじめである, 価値がないといった自己否定的な認知をしやすいこととして, 対人不安を説明できると考えられる。

　特性シャイネスは, 行動抑制と対人不安の両方の特徴から説明でき, シャイな人とは, 外向性や愛着性が表現されにくく, 情動性が表現されやすい人

であると考えられる。

4.4 考察

本研究では，シャイな教師に見られる，「対人不安」と「行動抑制」という対人行動上の特徴を，シャイな人のパーソナリティ特性と関連付けて理解することを目的として行われた。シャイな教師とシャイな人一般では同様の行動特徴が見出されることや，調査協力者の得られやすさを考慮して，教職科目を受講する大学生を対象とした調査を実施し，特性シャイネス尺度で測定される対人不安，行動抑制，シャイネスをビッグ・ファイブの観点から包括的に検討した。

ビッグ・ファイブの観点から検討すると，行動抑制は，負の外向性と負の愛着性で，対人不安は，正の情動性と負の外向性で説明できること，特性シャイネスは，行動抑制及び対人不安を説明する特性をあわせた，負の外向性，負の愛着性，正の情動性から説明できると考えられた。行動抑制を説明する外向性と愛着性，対人不安を説明する外向性と情動性を合わせた外向性と愛着性，情動性で特性シャイネスを説明できるという結果は，行動抑制と対人不安が特性シャイネスの主要な要素であるという仮定を反映していると考えてよいであろう。負の外向性を示すことは，より具体的には，活動的でなく，支配的でなく，群れたがらず，騒ぎたがらず，目立ちたくない人であると考えられる。また，負の愛着性を示す人とは，協調的な対人関係に消極的であったり，うまく対応できていないという対人行動的な側面で課題を抱えやすいと人であると考えられる。情動性を示す人は，くよくよしたり，心配したり，ゆううつになったりといった否定的な感情を経験しやすく，情緒が不安定であるとともに，自己否定的な認知をしやすい人ということになろう。本研究から，負の外向性，負の愛着性を示す人は，行動抑制として表現され，負の外向性，情動性を示す人は対人不安として表現されること，シャイな人はこの両方の特性を備えた人であると考えられることが示唆された。

このことから，シャイな教師に特徴的な対人行動として見出される行動抑制や対人不安の背景に，負の外向性，負の愛着性，情動性というパーソナリティの特徴があることが示唆される。

第6章 シャイな教師に対する評価【研究3】

1 問題と目的

　研究2でシャイな教師の行動上の特徴が明らかになった。そうした行動をとるシャイな教師が児童生徒からどのように評価されていたのか，大学生の振り返り調査により，教職遂行に対する評価と，教師に対する評価の2つの観点から検討する。これまで，シャイな人，シャイであることに対して，日常生活や仕事の上で支障があるという指摘がある（例えば，関口ら，1999；Zimbardo, 1977）一方，我が国においては，そうではないという指摘もある（例えば，相川・藤井，2011；長江，2005；佐藤，1996）。そこで，シャイな教師は職務を遂行する上で支障があるのかどうかということを，児童生徒からどのように評価されていたか，大学生の振り返り調査を実施して，確かめておきたい。シャイな人は自己否定的な認知をしやすいとされるが（例えば，Ckeek & Melchior, 1990；van der Molen, 1990），それが事実に即したものなのかどうかということを確かめておくことは，シャイな教師の支援策を考える一助になると考えられる。また，シャイな教師の教職遂行に対して，遂行できている，或いは，できていないという評価があるならば，そうした違いをもたらす背景を明らかにするため，研究2で検討したシャイな教師の対人行動との関連を検討しておきたい。すなわち，シャイな教師に特徴的な対人行動のうち，否定的に捉えられやすい行動と，そうでない行動があるかどうかを確かめたい。このことも，シャイな教師の支援策を検討する際に，手がかりとなる知見を提供するものとなろう。更に，シャイな教師の教職遂行に対する評価と教師評価との関係も検討しておきたい。

2 方法

(1) 調査対象者と調査時期及び実施手続き

2011年12月から2012年4月にかけて,関西の私立大学2校の教職科目を受講する2～4年生403名を対象に「シャイな教師に関する調査」を実施した。授業時間を利用し,研究の目的や回答の扱いについて口頭で説明したのち,調査用紙を配布,回収した。一部,自宅に持ち帰って回答した者については,回答を設置した回収箱に提出させて回収した。調査は無記名で実施され,小中高校時代の経験を回答すること,答えたくない質問には答えなくてよいこと,プライバシーは保護されること,回答を研究に利用することに同意した者の回答のみを利用することが説明された。「回答を高柳の論文作成に利用してよいですか」という問いに同意を得られた回答のうち,「あなたはこれまでシャイな教師(内気,恥ずかしがりや,引っ込み思案,照れや,はにかみやな教師)に出会ったことがありますか」という問いに対し,「ある」と回答した139名(男性84名,女性55名)の回答を選抜し,そのうち,質問にもれなく回答した121名(全体の30.0%一次対象者の87.1%,男性70名,女性51名,シャイな者68名,シャイでない者53名)の回答を分析対象とした。

岸本(1988)は,シャイネスに関する調査を行った際,「シャイ」,「シャイネス」という語の意味のわからない学生が1割弱いたことを報告している。そのことを踏まえ,「シャイな教師」に対する共通理解を図るため,相川(1991)に基づきシャイな教師に「内気,恥ずかしがりや,引っ込み思案,てれや,はにかみやな教師」という注を添えた。

(2) 質問紙

質問項目は,出会ったことのあるシャイな教師について,(1)「そのシャイな先生は教職をうまく遂行していたでしょうか」,(2)「あなたは,シャイな

先生のことをどのように受け止めていましたか」というものである。自由記述で回答を求めた。質問(1)では，さまざまな学校場面でシャイネスを喚起される教師の姿を学生に想起させるため，教職という語を用いて，授業や担任業務，部活動指導，教育相談等，児童生徒が教師と出会うさまざまな場面における教師の活動を代表させようとした。調査対象学生は，教職課程で学ぶ2～4年生であり，「教職を遂行する」ということの意味は理解できると考えられた。

3　結果

(1)　教職遂行に対する評価

　得られた回答（自由記述）をKJ法に準じて分類したところ，「遂行していた」と評価していると判断される回答が51（42.1％），「どちらともいえない」と判断される回答が20（16.5％），「遂行していない」と判断される回答が50（41.3％）見出された（Table 6-1）。シャイだと認知される教師の中に，教職を「遂行していた」，「遂行していない」と評価される教師が，同程度存在していることが示唆された。χ^2検定を行った結果，両者の出現率に有意差は認められなかった（$\chi^2(1) = .010, n.s.$）。

　「遂行していた」と評価していると判断される回答として，「遂行していた」という回答が多く見出された他，「生徒とよい関係を保ち授業は割合にスムーズ」，「授業は成り立っていた」，「しっかり教えてくれていた」，「わかりやすい授業をしていた」といった授業の遂行に関する言及が多く見られた（Table 6-1）。このことと関連する反応として，「緊張すると瞬きが異常に早くなるが，知識の量で押し倒していた」，「教えるのが上手」といった教師の教職遂行能力の高さにふれた回答もみられた。また，「シャイだが熱心だった」，「自分をうまくコントロールしていた」，「自分のことを理解しながらうまくしていた」など，シャイな自分とうまく付き合いながら生徒と上手

Table 6-1 シャイな教師の教職遂行に対する評価と記述例　N＝121

「遂行していた」と評価していると判断される51名（42.1％）の記述例
遂行していた，生徒とよい関係を保ち授業は割合にスムーズ，授業はきっちりしていた，授業は成り立っていた，うまく進めていた，シャイだが熱心だった，しっかり教えてくれていた，わかりやすい授業をしていた，自分をうまくコントロールしていた，自分のことを理解しながらうまくしていた，その先生なりにできていた
「どちらともいえない」と評価していると判断される20名（16.5％）の記述例
それなりにできていた，大体遂行していた，ただ授業をしていただけとも言えるし教えることはしっかり教えていたとも言える気がする，やるべきことはやれていたけど生徒との信頼関係はなかったと思う，知識はあった，あまり問題はなかった
「遂行していない」と評価していると判断される50名（41.3％）の記述例
いいえ，できていない，全くできていない，そうとは言えない，そう思わない，あまりうまくいっていなかった，教育としては成り立っていなかった，生徒を見れていない，あまり信頼が得られていなかった，ほとんどの生徒が話を聞いていなかった

に関わっている様子に言及した回答もあった。「どちらともいえない」と評価していると判断された回答の例として，「それなりにできていた」，「大体遂行していた」など，円滑とまではいかなくても概ね遂行していたことを示す記述が多く見出されたほか，「ただ授業をしていただけとも言えるし，教えることはしっかり教えていたとも言える気がする」，「やるべきことはやれていたけど，生徒との信頼関係はなかったと思う」といった，相反する要素に言及したり，不満足な面を暗示しつつ満足できる側面に言及する記述もみられた。

「遂行していない」と評価していると判断される回答の例として，「いいえ」，「できていない」，「そうとは言えない」といった直截的な反応が多く見出されたほか，「教育としては成り立っていなかった」，「ほとんどの生徒が話を聞いていなかった」など授業の状況を反映していると思われる記述や，「あまり信頼が得られていなかった」，「生徒になめられていた」といった，授業や生徒との関係が望ましい状態になかったことを反映していると考えられる反応がみられた。

回答者の性別，シャイであるか，といった特性ごとに，教師の教職遂行に対する評価を比べた。男性（70名），女性（51名）の順に，「遂行していた」と評価する者が32名（45.7%），19名（37.3%），「どちらともいえない」と評価する者が13名（18.6%），7名（13.7）%，「遂行していない」と評価する者が25名（35.7%），25名（49.0%）であった。χ^2検定を行った結果，性による評価の違いは認められなかった（$\chi^2(2) = 2.18$, $n.s.$；$df \geq 2$の時の効果量 CramerのV = .134）。同様に，シャイである者（68名），シャイでない者（53名）では，「円滑に遂行していた」と評価する者が，順に28名（41.2%），23名（43.4%），「どちらともいえない」と評価する者が14名（20.6%），6名（11.3%），「遂行していない」と評価する者が26名（38.2%），24名（45.3%）であり，χ^2検定の結果，回答者がシャイかどうかによる評価の違いは認められなかった（$\chi^2(2) = 1.94$, $n.s.$；CramerのV = .127）。また，シャイな男性（41名），シャイでない男性（29名），シャイな女性（27名），シャイでない女性（24名）の間では，「遂行していた」と評価する者が，それぞれ18名（43.9%），14名（48.3%），10名（37.0%），9名（37.5%），「どちらともいえない」と評価する者が9名（22.0%），4名（13.8%），5名（18.5%），2名（8.3%），「遂行していない」と評価する者が14名（34.1%），11名（37.9%），12名（44.4%），13名（54.2%）であった。χ^2検定を行った結果，性とシャイかどうかの組み合わせによる教職遂行評価の違いは認められなかった（$\chi^2(6) = 4.093$, $n.s.$；CramerのV = .130，調整済み残差が±1.96を超える項目はなかった）。これらのことから，回答者の属性（性，シャイであるかどうか）は，シャイな教師の教職遂行評価と関連していないといえよう。

(2) **教職遂行に対する評価と対人行動の関連**

　質問に対する回答と研究2で明らかになったシャイな教師の行動特徴の関連を検討した。行動特徴に関して回答者が「情動混乱」（例えば「赤面」）と「行動抑制」（例えば「注意できない」）の両反応を記述している場合，「情動混

乱」1反応,「行動抑制」1反応として集計した。回答者が,「赤面」,「早口」のように「情動混乱」に関連した2反応を記述している場合,「情動混乱」1反応として集計した(「行動抑制」も同様)。

その結果,教職を円滑に「遂行している」と評価する者(51名)は,教師の「情動混乱」に関連する反応を34 (66.7%),「行動抑制」に関連する反応を12 (23.5%),「その他」の反応を14 (27.5%) 回答していた。

「どちらともいえない」と評価する者(20名)は,同様に,13 (65.0%), 8 (40.0%), 4 (20.0%),「遂行していない」と評価する者(50名)は36 (72.0%), 30 (60.0%), 9 (16.0%) の反応を回答していた(Table 6-2)。これらについてχ^2検定を行った結果,各反応の出現率に有意差が認められ ($\chi^2(2) = 7.28$, $p < .05$; $Cramer$の$V = .232$),残差分析の結果,「行動抑制」の出現率に有意差が認められた(「遂行している」×「行動抑制」の調整済み残差-2.5,「遂行していない」×「行動抑制」の同2.5)。このことから,教職を「遂行している」,「遂行していない」という評価に,「行動抑制」がより大きく関わっている可能性があると考えられた。

このことをより詳しく検討するため,教職遂行に対する評価と研究2で取り上げた「行動抑制」と「情動混乱」を構成する13の行動特徴(Table 5-3)との関係を検討した。出現頻度が「0」の区分があるのでクロス集計の結果のみをTable 6-3に示す。更に教職遂行と行動特徴との関連についてコレスポンデンス分析を行った結果,「遂行している」の周辺に「不明瞭(.500)」(括弧内は列プロファイル値,以下同様),「言い間違い(1.000)」,「早口(.667)」,「おどおどしている(.471)」,「赤面(.625)」(いずれも「情動混乱」)

Table 6-2 教職遂行に対する評価と行動特徴との関連　N=121

教職遂行評価	n	情動混乱	行動抑制	その他
遂行している	51	34 (66.7%)	12 (23.5%)	14 (27.5%)
どちらともいえない	20	13 (65.0%)	8 (40.0%)	4 (20.0%)
遂行していない	50	36 (72.0%)	30 (60.0%)	9 (16.0%)

Table 6-3 教職遂行に対する評価と各行動特徴との関連　N=121

遂行評価	声が小さい	不明瞭	言い間違い	早口	おどおど	視線
している	8(14.5)	8(14.5)	3(5.5)	2(3.6)	8(14.5)	3(5.5)
どちらとも	2(6.1)	4(12.1)	0	1(3.0)	1(3.0)	6(18.2)
していない	20(24.4)	4(4.9)	0	0	8(9.8)	3(3.7)

落ち着かない	赤面	緊張	関係回避	双方向回避	叱責抑制	指導抑制
5(9.1)	5(9.1)	1(1.8)	9(16.4)	0	3(5.5)	0
3(9.1)	1(3.0)	4(12.1)	5(15.2)	2(6.1)	2(6.1)	2(6.1)
8(9.8)	2(2.4)	0	13(15.9)	11(13.4)	6(7.3)	7(8.5)

□囲みは，コレスポンデンス分析で列プロファイルの値が.500以上の反応．数字は反応数（％）．

が，「どちらともいえない」の周辺に「視線を合わせない（.500）」，「緊張（.800）」が，「遂行していない」の周辺に「声が小さい（.667）」，「落ち着かない（.500）」，「双方向性回避（.846）」，「指導行動抑制（.482）」，「叱責抑制（.545）」，「関係回避（.481）」が布置し（Fig. 6-1），各列プロファイル値も高いので，それぞれが関連すると考えられた．このように，「行動抑制」は教職を円滑に「遂行していない」という評価との関連が強く，「情動混乱」を示す反応のうち「声が小さい」，「落ち着かない」など「遂行していない」という評価と関連する反応もあるが，言葉が「不明瞭」，「早口」，「言い間違い」，「赤面する」といった反応は，「遂行している」という評価との関連が強い．研究2で示したFig. 5-2でも，「声が小さい」，「おどおどしている」ことが，「行動抑制」の近くに布置していたが，これらの結果から，「声が小さい」ことは，「遂行していない」という評価と関連した反応であると考えられる．

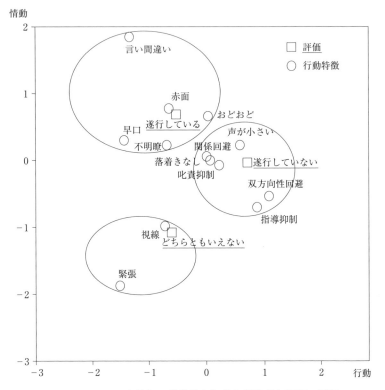

Fig. 6-1 シャイな教師に特徴的な行動と教職遂行評価の関係

(3) シャイな教師に対する評価と対人行動の関連

　シャイな教師に対して「ポジティブ」に評価していると判断できる回答（「そうした性格でも一生懸命してくれた先生はよかったと思う」,「頑張ってと応援していた」等）が27.3％（33名），「ニュートラル」な評価と判断できる回答（「そういう人もいる」,「特になんとも思わない」等）が50.4％（61名），「ネガティブ」な評価と判断できる回答（「信頼関係はなかった」,「教師に向いていない」等）が22.3％（27名）であった（Table 6-4）。ネガティブな回答の理由として，回答にも示されたように，授業をはじめとする教師に期待される役割を遂行

Table 6-4 シャイな教師に対する評価とその記述例　N=121

「ポジティブな評価」と判断される33名（27.3%）の記述例
恥ずかしいながらも一生懸命やってくれているなぁと感じていた，頑張っているなと思った，すごく努力家でとてもいい先生だと思っていた，かわいい，いい先生が多かった，一言一言に重みがあり信頼していた，皆が支えていた，頑張ってと応援していた，皆が皆声が大きくてうるさい先生ばかりでは成り立たないと思うのでシャイな先生がいてもよいと思う，シャイな人でも人前に立って何か教えたいという気持ちを尊敬する，知識をたくさんもらい尊敬していた，少し自分に似ていると感じこのような先生になろうと思った，親近感を持っていた
「ニュートラルな評価」と判断される61名（50.4%）の記述例
そういう人もいる，そういう性格の人だと思っていた，十人十色，特になんとも思わない，新任なので緊張しているのかなくらいに思っていた，別に特別な目で見ることはない普通の先生，人間であるなー，恥ずかしがり屋の先生
「ネガティブな評価」と判断される27名（22.3%）の記述例
正直授業がきちんと行えないのには憤りを感じた，性格なので仕方ないが教師としてはあまりよくないと思う，信頼関係はなかった，頼りない人，もっとしっかりしてほしいと思っていた，「大丈夫かこの先生」と思っていた，教える立場の人は堂々としていてほしかった，少しなめていた，教師に向いていない

Table 6-5　シャイな教師に対する評価と行動特徴との関連　N=121

評価	n	情動混乱	行動抑制	その他
ポジティブ	33	19(57.6%)	9(27.3%)	10(30.3%)
ニュートラル	61	41(67.2%)	29(47.5%)	12(19.7%)
ネガティブ	27	20(74.1%)	13(48.1%)	3(11.1%)

できていないことがその背景にあると考えられる。但し，ネガティブな回答は，相対的には最も割合が少ない。ニュートラルな評価が最も多く半数以上を占め，ポジティブな評価も合わせると，77.7%の者は，シャイな教師を否定的には評価していなかった。一生懸命さが伝わるなど誠実に職務を遂行しようとする教師はポジティブに評価されているなど，教師を評価する観点としては，対人行動以外の要因も関連していると思われる。

Table 6-6　教師に対する評価と各行動特徴との関連　N=121

評価	声が小さい	不明瞭	言い間違い	早口	おどおど	視線
ポジティブ	8(21.1)	3(7.9)	1(2.6)	2(5.3)	4(10.5)	3(7.9)
ニュートラル	12(26.1)	10(10.9)	2(2.2)	1(1.1)	7(7.6)	9(9.8)
ネガティブ	10(25.0)	3(7.5)	0	0	6(15.0)	0

落ち着かない	赤面	緊張	関係回避	双方向回避	叱責抑制	指導抑制
2(5.3)	4(10.5)	1(2.6)	5(13.2)	3(7.9)	1(2.6)	1(2.6)
10(10.9)	3(3.3)	4(4.3)	16(17.4)	6(6.5)	8(8.7)	4(4.3)
4(10.0)	1(2.5)	0	6(15.0)	4(10.0)	2(5.0)	4(10.0)

数字は人数（教師評価ごとの%）．n：ポジティブ=33，ニュートラル=61，ネガティブ=27．

　対人行動の特徴（「情動混乱」と「行動抑制」）と教師に対する評価との関連を，教職遂行に対する評価と対人行動との関連を検討した時と同様の方法で検討したところ，教師をポジティブに評価する者とネガティブに評価する者で，「情動混乱」の回答は順に，57.6%（19名），74.1%（20名），「行動抑制」の回答が順に27.3%（9名），48.1%（13名）見出されたが（Table 6-5），χ^2検定を用いて検討した結果，両者の出現率に有意差は認められなかった（$\chi^2(2) = 4.47$, $n.s.$, *Cramer*の$V = .246$）。反応ごとにχ^2検定及びコレスポンデント分析で検討したが，調整済み残差が±1.96を超える項目やコレスポンデンス分析の列プロファイル値が.500を超える項目は見出されず，教師評価に関しては「情動混乱」，「行動抑制」のいずれかの行動特徴がより関与しているとはいえないと思われた（Table 6-6）。

(4)　シャイな教師に対する評価と教職遂行評価の関係

　教職遂行に対する評価と教師に対する評価との関連を検討した結果，Table 6-7に示すように，教職を遂行していたと評価される教師でポジティ

Table 6-7 教職遂行に対する評価と教師に対する評価　人数（％）

評　価	n	ポジティブ	ニュートラル	ネガティブ
遂行している	51	23(45.1) (3.8)	23(44.2)	5(9.6)
どちらともいえない	20	3(15.0)	16(84.2)	1(5.2)
遂行していない	50	7(14.0) (-2.8)	22(44.0)	21(42.0) (4.4)

下線の区分は，調整済み残差が±1.96を超えていることを示す．
下線の区分の下の数字は±1.96を超えた調整済み残差の値．

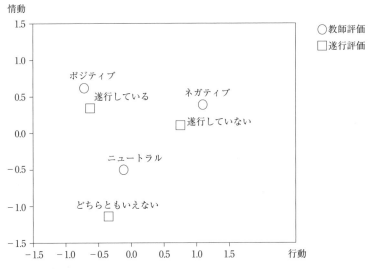

Fig. 6-2　教職遂行評価とシャイな教師に対する評価の関係

ブに評価される者が45.1％，ネガティブに評価される者が9.6％，教職を遂行していないと評価される教師でポジティブに評価される者が14.0％，ネガティブに評価される者が42.0％であった。χ^2検定を行った結果，両者の間に有意な差が認められ（$\chi^2(4) = 29.39$, $p < .01$, $Cramer のV = .348$），残差分析の結果，「遂行している」と評価される者は「ポジティブ」に評価されている

こと（調整済残差3.8），「遂行していない」と評価される者は「ポジティブ」に評価されず「ネガティブ」に評価されていること（調整済残差がそれぞれ-2.8, 4.4）が示唆された。コレスポンデンス分析の結果でも，「遂行している」という評価と教師に対するポジティブな評価，「遂行していない」という評価と教師に対するネガティブな評価，「どちらともいえない」という遂行評価とニュートラルな教師評価が近くに布置することが示された（Fig. 6-2）。これらのことから教師の評価に，教職遂行に対する評価が関係していることが示されたといえよう。

4 考察

本研究では，大学生の振り返りによる，シャイな教師の教職遂行，及び，シャイな教師に対する評価を検討した。その際，研究2で検討したシャイな教師の対人行動の特徴と教職遂行，教師評価との関係も検討した。シャイな教師に対して，40％以上の回答者が教職を円滑に遂行していなかったと評価している。これは低い割合とはいえないと思われ，教職を円滑に遂行していない教師の支援策を検討することの必要性が示されたといえよう。

その一方，シャイであっても教職を円滑に「遂行している」と評価される教師も同程度存在した。両者の違いを検討するため，コレスポンデンス分析を行って，シャイな教師の行動特徴との関連を検討したところ，「行動抑制」が児童生徒に認知される時，教職を「遂行していない」と評価される可能性が高いことが示唆された。生徒に関わろうとしない，双方向的でない場合，また，生徒を注意したり，叱れない場合など教師に期待される役割を遂行していないと考えられる状況を招く場合に，教職を遂行していないとみなされる可能性が高いと考えられた。また，「情動混乱」の中で，「声が小さい」ことも，教師に期待される役割を果たしていないと判断されやすい行動であると考えられ，そのことが教職を「遂行していない」という評価につながると

考えられる。しかし，その一方で，「声が小さい」以外の「情動混乱」を示す「赤面」，話し方が「不明瞭」，「言い間違い」をするなどといった，よいパフォーマンスをしているとは言い難いのではないかと考えられる対人行動については，そのことで直ちに教職を「遂行していない」と評価されるわけではないことも明らかになった。行動抑制は，押しつけがましくないとか，相手のペースを尊重するといったあり方にもつながり得る特徴でもあると考えられ，一義的に好ましくない行動特徴であると決めつけることはできないように思われるが，それが，児童生徒と関わろうとしない，或いは，その場を主導したり，叱るといった教師としての職務を遂行していない現れ方となった場合には，児童生徒から，厳しいまなざしを向けられることが示唆されたのではないかと思われる。教師のコミュニケーション行動と関係の深い「行動抑制」の問題は，教師の円滑な教職遂行支援策を検討する上で，重要な課題になると考えられる。

　教職遂行に対する評価では，行動抑制がみられる場合に，ネガティブに評価される傾向が認められるが，教師評価の場合には，そうした関連が認められなかった。このことは，行動抑制の否定的側面を打ち消す他の要因の存在が仮定されること，すなわち，教師評価には，パーソナリティ要因など，様々な要因が背景に存在していることが考えられる。

　教職を遂行していると評価される教師はポジティブに評価され，遂行していないと評価される教師はネガティブに評価されることが示唆された。このことは，教師評価に教職遂行が大きく関与することを意味していると考えられる。但し，教職を遂行していると評価されていても教師としてネガティブに評価される者がいたり，教職を遂行していないと評価されても教師としてはポジティブに評価される者が少数ながらいた。このことは，教師に対する評価に，教職遂行の成否以外の要素も加味されることを示していよう。教師の勢力資源として，教師としての力量とともに人間的な魅力が存在することが知られている。教職遂行の成否は，教師としての力量と関連していると考

えられ，教職遂行評価は，教師の専門的力量に対する評価の一側面であると解釈することができよう。一方，教師評価の中には，教師の人間性に対する評価も含まれてくることが考えられる。今回，ポジティブな評価の中に，「かわいい」とか「応援している」といった表現が見出されたが，そうした表現からうかがえる，その教師の人間性や人柄に関する評価も，全体的な教師評価に関連してくる可能性が考えられよう。

第7章 教職遂行過程におけるシャイな教師の困った経験【研究4】

1 問題と目的

　シャイな人の職業遂行過程における困難さに関しては，これまで，ほとんど検討されてこなかった。本章では，シャイな教師が，シャイなため困っていること，困っている程度，困っている教職遂行場面，シャイな教師が経験していることと困っている経験との関係，困っている時に行いやすい対処法を明らかにする。この結果から，教職遂行過程における対人場面で困っている教師は，シャイな教師であることを明らかにする。また，得られた結果から，シャイな教師の困っていることに焦点を合わせた支援策を検討する上で有用な知見が得られると考えられる。

2 シャイな教師の困った経験（教師調査1）

2.1 問題と目的

　教師を対象とした調査を行い，シャイなため，教職を遂行する上で，困った経験を有するかどうか，また，研究1のシャイネス喚起場面の結果を利用して，シャイな教師が困っている場面を明らかにする。

2.2 方法

(1) 調査対象者と調査時期及び実施手続き

　調査対象者は，筆者も参加した大学公開講座，高校教師を対象とした文部省（当時。現文部科学省）主催の研修会の参加者，及び，筆者の知人やその紹介者である全国の小中高校教師385名。調査時期は1996年8-9月である。研究の趣旨，調査結果は統計的に処理され，研究のためのみに利用されること，調査協力や回答は任意であることなどを依頼文に記載し，調査用紙に同封し，大学公開講座参加者と文部省研修会参加者には直接手渡し，当日，回収した。知人やその紹介者には郵送法で調査用紙を送付し，回収した。11月下旬までに250名の回答を得た（回収率64.9%）。各問いに対し，あてはまるものに丸をつけて自由に選択する形式（複数回答可）で回答を求めた。

(2) 質問紙

　研究1で，自分を「シャイだと思う」教師（n=156）に対し，「シャイであるため，教職遂行上，困ったことがありましたか」という質問を行い，「現在困っていることがある」，「これまで困った経験がある」，「困ったことはない」の3つから1つ選択する形式の質問を行った。

2.3 結果

(1) シャイなため困った経験の有無

　シャイなため困った経験を尋ねたところ，自分はシャイだと回答した156名（有効回答155名）のうち，「現在困っている」と回答した者が14名（9.0%），「これまで困った経験がある」と回答した者が86名（55.5%），「困ったことはない」と回答した者が55名（35.5%）いた。現在とこれまでを合わせた64.5%の教師が，シャイなため困った経験をしており，約1割の者は，現在，困っていることが示された（Fig. 7-1）。その一方で，シャイでも，

第7章 教職遂行過程におけるシャイな教師の困った経験【研究4】　143

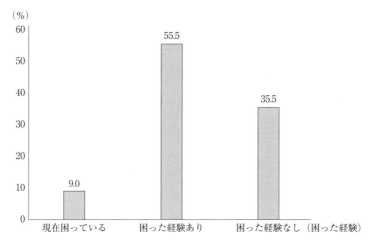

Fig. 7-1　シャイなため困った経験（%）　N＝155

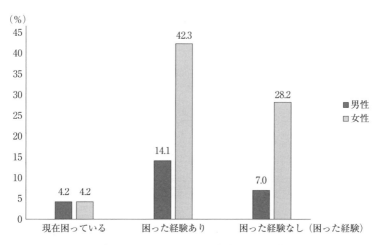

Fig. 7-2　男女別のシャイなため困った経験　n＝男性36，女性106

教職を遂行する上で困ったことのない者が35.5％存在した。性別では，男性の26名（全体の18.3％），女性の66名（同46.5％）が困った経験（現在，これまで）をしている一方，困ったことのない者も，男性で10名（同7.0％），女性で40名（同28.2％）いた（Fig. 7-2）。

χ^2検定により，両者の出現率を検討したところ有意差は認められなかった（$\chi^2(2) = 4.61$, n.s., $df \geq 2$ の効果量CramerのV = .180）。年齢別では，「困った経験あり（現在，これまで）」，「なし」が20歳代で5名（全体の3.3％）と3名（同2.0％），30歳代で46名（同30.1％）と29名（同19.0％），40歳代で42名（同27.5％）と16名（同10.5％），50歳代で5名（3.3％）と6名（3.9％），60歳代で1名（同0.7％）と0名であった（Fig. 7-3）。χ^2検定で検討したところ，出現率に有意差は認められなかった（$\chi^2(8) = 5.57$, n.s., CramerのV = .135）。研究1で，シャイネス喚起度に性差，年齢差が認められないことが示されたが，シャイなため困った経験についても，性差，年齢差は認められなかった。

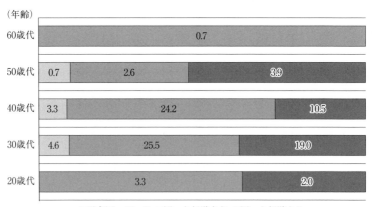

Fig. 7-3 年齢別のシャイなため困った経験
n＝20歳代8，30歳代75，40歳代58，50歳代11，60歳代1．
数字は全体に対する割合．（％）

(2) **シャイな教師が困っている教職遂行場面**

　シャイなため困った経験を有する人がどのような場面で困っているのかということを探索的に検討するため，シャイため困った経験（現在＝1，あり＝2，なし＝3）と，研究1で検討した教職遂行場面（授業，部活動，職員会議，休み時間や放課後）や教職遂行過程で出会う人（上司，同僚，生徒，保護者）に対するシャイネス喚起度の回答をダミー変数として処理し（ある＝1，ない＝0），相関を求めた結果をTable 7-1に示す。上司，同僚，授業，職員会議でシャイネスを喚起されると回答した人は，困った経験との間に弱いが有意な負の相関関係にあることが示された。このことから，困った経験をしているシャイな教師は，上司，同僚，職員会議といった同僚との関わりや，授業でシャイネスが喚起され困っていることが示唆された。

　また，「現在，困っている」教師（9.0％）と「困った経験がある」教師（55.5％）を併せて「困った経験あり」群，困ったことのない教師を「困った経験なし」群とし，シャイネス喚起の有無をダミー変数（ある＝1，ない＝0）として割り当て，t検定を行った結果，上司，同僚，授業，職員会議で有意差が認められた（Table 7-2）。このことから，シャイな教師が特に困りやすい教職遂行場面があることが推察される。この点については，教師調査2で更に詳しく検討する。

Table 7-1　シャイなため困った経験の有無とシャイネス喚起の有無の相関

	上司	同僚	生徒	保護者	授業	部活	職員会議	休み時間や放課後
困った経験	-.255**	-.244**	-.153	-.122	-.214**	-.071	-.302**	-.084

数字は相関係数rの値. **$p<.01$, $N=155$.

Table 7-2 シャイなため困った経験と対人関係, 場面ごとのシャイネス喚起の関係

N=155

	シャイなため困った経験		
	あり群の平均	なし群の平均	平均の比較と有意確率
上司	.59	.31	$t(117.0) = 3.51$　$p<.01.$
同僚	.38	.18	$t(133.3) = 2.77$　$p<.01.$
生徒	.26	.15	$t(132.3) = 1.76$　$n.s.$
保護者	.40	.27	$t(120.2) = 1.63$　$n.s.$
授業	.20	.07	$t(148.5) = 2.38$　$p<.01.$
部活動	.08	.04	$t(144.9) = 1.17$　$n.s.$
職員会議	.42	.16	$t(138.5) = 3.63$　$p<.001.$
休み時間や放課後	.12	.09	$t(153) = .552$　$n.s.$

2.4　考察

　シャイな教師を対象とする調査を行った結果，シャイなため困った経験を有する者が約6割存在することが明らかになった。本論文で確かめたかった，教職を遂行する上で困っている教師としてシャイな教師が該当するという仮説が支持されたと考えられる。その一方，シャイであっても困った経験をしていない者がいることも示された。両者の違いが明らかになると，シャイな教師の支援策を考える知見が得られると考えられる。性差や年齢差は認められなかった。年齢差が認められない理由として，シャイネス喚起度（研究1）と同様，若い時には，授業をしたり，担任をする，保護者と対応するといった教職を遂行すること自体が新奇な経験となると考えられることや，その後も教師のライフコースに伴う新たな役割を任せられることとの関連が考えられよう。困った経験とシャイネス喚起場面（研究1）の関連を検討した結果，シャイな教師は，授業や職員会議，上司や同僚に対して，困りやすいことが示唆された。本研究では，シャイでない教師はシャイなため困った経験をすることが少ないと考え，シャイだと思う者にのみ回答を求めた。しかし，シャイでない者でも状態シャイネスを経験することはあり得ると考え

られる。この点については，教師調査2で検討することとし，シャイな教師の実態をより明らかにしたい。

3　シャイな教師の困った経験（教師調査2）

3.1　問題と目的

　教師調査1では，シャイな教師の約3分の2が困った経験をしていることが示唆された。但し，この調査では，シャイな教師の実態把握に焦点を合わせていたので，シャイでない教師との比較検討を行っていない。そこで，本研究では，シャイでない教師の学校場面での経験も含めた検討を行い，そのことを通して，シャイな教師の困っている経験を，より一層，明らかにすることを目的とする。また，教師調査1で探索的に検討したシャイな教師が困っている教職遂行場面を検討すること，困った経験の深刻さを明らかにすること，及び，シャイネス反応と困った経験の関係を明らかにするとともに，困った時に行う対処法についても検討する。その際に，シャイな教師の属性やシャイネスのサブタイプも踏まえた分析を行うこととする。これらのことが明らかになると，対人関係で困っている教師としてシャイな教師が該当することを示すことができるとともに，対人場面で困っているシャイな教師の支援策を検討する上で有用な知見を得ることができると考えられる。

3.2　方法

(1)　調査対象者と調査時期及び実施手続き

　2013年11月から2014年1月にかけ，著者の知人である全国の小，中，高等学校の教員66名，及び，著者の所属する複数の学術団体の会員434名，合計500名に郵送法で調査用紙を配布し，無記名で回収した。その際，アンケートに協力するかどうかは自由であること，答えたくない質問には答えなくて

よいこと，回答は研究のみに利用され，秘密は守られることなどが記載された，「調査協力のお願い」も同封された。

得られた215名の回答（男性135名，女性80名；20歳代6名，30歳代28名，40歳代59名，50歳代118名，60歳代4名；小学校勤務65名，中学校勤務29名，高等学校勤務110名，その他（特別支援学校，中高一貫校）11名；回収率43.0％）を分析対象とした。

尚，本調査は，びわこ成蹊スポーツ大学学術研究倫理専門委員会の承認（2013年度，第4号）を得て行われた。

(2) 質問紙

調査項目は，1)シャイなため困った経験の有無，2)シャイなため困った経験の程度，3)困った経験のある教職遂行場面，4)教職遂行場面におけるシャイネス経験，5)教職を遂行する際，困った時によく行う対応，の5つである。具体的には以下の質問を行った。

1) シャイなため困った経験

「シャイなため，教職を遂行する上で，困った経験はありますか」という質問を行った。調査1では，自分はシャイだと思う教師に対してのみ回答を求めたが，調査2では全員に回答を求めた。また，より詳細に検討するため，調査1での「困った経験がある」という項目を2つに分け，「1. 現在困っている」，「2. 困った経験がある（今も困ることがある）」，「3. 困った経験がある（今は困っていない）」，「4. 困ったことはない」という選択肢から1つ選んで回答する形式とした。

2) シャイなため困った経験の程度

シャイなため困った経験があると回答した者に，その程度を「深刻でない」，「あまり深刻でない」，「どちらともいえない」，「やや深刻」，「深刻」の

中から1つ選んで回答する形式の質問を行った。

3) 困った経験のある教職遂行場面

　シャイな教師が困りやすい教職遂行場面を明らかにするため，教員実態調査（東京大学，2006）で示された教師の業務や，研究1で得られたシャイな教師がシャイネスを喚起される教職遂行場面に関する調査結果を踏まえ，「授業」，「児童生徒に対する個別指導」，「学級・HR経営」，「部（クラブ）活動指導」，「職員会議」，「保護者対応」という6つの代表的な対人的教職遂行場面を設定した。また，それらの場面と比較することを考え，通常，対人行動を伴わないと考えられる「授業準備・教材研究」，「事務・文書作成」，及び，相対的に対人行動が伴うことが少ないと考えられる「校内研修会参加」を加えた9場面での困った経験を確かめることとした。それらの場面における困った経験を，「1. 全くない」から「7. よくある」までの7件法で尋ねた。また，他の要因との関係を検討するため，6つの代表的な対人的教職遂行場面での困った経験を尋ねる項目からなる，「対人的教職遂行場面での困った経験測定尺度」を作成する。

4) 対人教職遂行場面におけるシャイネス経験

　3)で設定した6つの対人的教職遂行場面のうち，回答者の負担を考慮し，「部（クラブ）活動指導」を除いて，「授業」，「個別指導場面」，「学級・HR経営」，「職員会議」，「保護者対応場面」という5つの代表的対人的教職遂行場面を選定し，そこで経験されるシャイネスと関連する反応（以下，シャイネス反応とする）を調査することとした。シャイネス反応を測定する項目を選定するに当たり，先行研究（例えば，相川，2000a；Cheek & Melchior, 1990；岸本，2008；鈴木ら，1997；van der Molen, 1990）や本論文の研究2で得られた知見を踏まえ，認知，情動，行動の要素を含むことを考慮した。その結果，認知と関連した項目として，「自信がない（自己効力感）」，「（相手から）拒否されな

いか心配(拒絶不安)」,「どう評価されるか気になる(評価懸念)」,「失敗は許されないと思う(強迫的,完全主義的思考)」,対人不安やパフォーマンス(情動混乱)と関連した「緊張する」,「パフォーマンスが円滑でない」,行動抑制やコミュニケーションと関連した「双方向的やり取りが難しい」,「場をリードできない」,「叱ったり,注意できない」,「自分の意見を強く主張できない」という10項目が選定された。このうち,行動抑制やコミュニケーションと関連した「叱ったり,注意できない」は,児童生徒を対象とする「授業」,「個別指導」,「学級・HR経営」場面の設問に,「自分の意見を強く主張できない」は管理職・上司,同僚,保護者者と関わる「職員会議」,「保護者対応場面」の設問に採用した。具体的には,各場面でTable 7-3に示す経験をしているか尋ね,「1. 全くない」から「7. よくある」までの7件法で回答を求めた。高得点者ほど教職遂行場面でシャイネス反応を経験しやすい教師であるということを想定した。

　尚,サブタイプごとの検討を行えるように,ここで選定したシャイネス経験の測定項目を利用し,サブタイプを設定することとした。具体的には,対人不安やパフォーマンスと関連した「緊張する」,「パフォーマンスが円滑でない」という2項目の平均点を求め,7件法の中央値である4点を超えている者を,対人不安を示す者と考えた。同様に,行動抑制やコミュニケーショ

Table 7-3　各対人的教職遂行場面で喚起されるシャイネス経験に関する質問項目

1. うまくやりたいと思うが自信がない
2. 子ども(or 同僚 or 保護者)から拒否されないか心配になる
3. どう評価されるか気になる
4. 失敗は許されないと思う
5. 教壇に立つと(or 子どもと一緒にいると or 子どもの前に立つと or 会議の場にいると or 保護者の前では)緊張する
6. パフォーマンスが円滑でない
7. 子どもとの(or 同僚との or 保護者との)双方向的やり取りが難しい
8. 場をリードできない
9. 子どもを叱ったり,注意できない(or 自分の意見を強く主張できない)

第7章　教職遂行過程におけるシャイな教師の困った経験【研究4】　151

ンと関連した「双方向的やり取りが難しい」,「場をリードできない」,「叱ったり,注意できない」,「自分の意見を強く主張できない」という4項目の平均点を求め,中央値である4点を超えている者を,行動抑制を示す者と考えた。そして,「対人不安」関連2項目の平均点のみ4点を超えている者を「対人不安サブタイプ」,「行動抑制」関連4項目の平均点のみ4点を超えている者を「行動抑制サブタイプ」,両方とも4点を超えている者を「シャイネスサブタイプ」,いずれも4点未満の者を「ノンシャイサブタイプ」として扱うこととした。

5)　教職を遂行する際,困った時によくする対応

　教職を遂行する際,困った時には何らかの対処(コーピング)行動をとると考えられる。シャイな教師がとりやすい対処法を明らかにし,困った経験との関係を検討する。コーピングに関しては,「その内容ないし次元の分類に決定的な定説がない」(福岡,2001,p.20)という指摘を受け,測定項目を自作した。シャイな人は,自分から働きかけなければならないので,他者に頼んだり,助けを求めることが苦手だとする報告がある(例えば,Horsch,2006；加藤,1995)。このことを踏まえ,他者に援助を求めること,問題に直接関わろうとすることに関する項目を取り入れることを考えた。「現在の状況を変えるよう努力する」,「人に問題解決の協力してくれるよう頼む」などの項目からなる「問題焦点型コーピング」や,「時の過ぎるのにまかせる」などの項目からなる「回避・逃避的型コーピング」に関する下位尺度からなる尾関(1993)の「ストレスコーピング尺度」の項目を参考に,教科教育学を専攻する大学助手との意見交換も行いながら,Table 7-4に示す12の質問項目を選定した。

Table 7-4 教職を遂行する際,困った時によく行う対応

1. 周囲の力を借りて解決しようとする
2. 自分一人で解決しようとする
3. 状況や相手を変えようとする
4. 自分が変わろうとする
5. 自分を責める
6. 相手を責める
7. 問題と向き合い解決しようとする
8. 問題と向き合うことを回避する
9. 様子をみたり,先延ばしする
10. 今できることをやろうとする
11. 完璧,完全な結果を得ようとする
12. 我慢して状況を受け入れる

3.3 結果

(1) シャイなため困った経験

問いに対し,回答者全体では,「現在困っている」者1.4%,「困った経験がある(今も困ることがある)」者が23.7%,「困った経験がある(今は困っていない)」者30.7%,「困ったことはない」者が44.2%であった。シャイな教師については,「現在困っている」者4.2%,「困った経験がある(今も困ることがある)」者が54.2%,「困った経験がある(今は困っていない)」者22.2%,「困ったことはない」者が19.4%,(Fig.7-4)であった。教師調査2では,より詳細に検討するため,教師調査1での「困った経験がある」という項目を,「困った経験がある(今も困ることがある)」と「困った経験がある(今は困っていない)」に2分して質問しているため,単純には比較できないが,教師調査1同様に,シャイな教師の回答に限ると,教師調査1では「現在困っている」者が9.0%,「困った経験のある」者が55.5%だったのに対し,「現在困っている」者は4.2%と少ないものの,「困った経験がある(今も困ることがある,今は困っていない)」者の合計(76.4%)は,教師調査1で得られた

第7章　教職遂行過程におけるシャイな教師の困った経験【研究4】　153

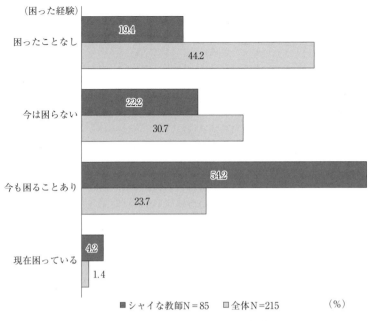

Fig. 7-4　シャイなため困った経験
数字は，各群内における割合（％）．

数値（55.5％）より多かった。また，教師調査1に比べ，「困っていない」者も少なかった（35.5％対19.4％）。50歳代の経験豊富な教師が回答者の6割近くを占める教師調査2においても，シャイなため教職を遂行する上で困った経験を有するシャイな教師が約8割おり，約6割の教師は，現在もしくは今も困ることがあると回答している。

　t検定，χ^2検定の結果，教師調査1では，困った経験と性，年齢の間で有意な差は認められなかったが，教師調査2でも性，年齢，勤務年，校種とも群間で差は認められなかった。

　「シャイかどうか」と「困った経験」の関係についてクロス集計を行い（Table 7-5），χ^2検定を行った結果，有意差が認められた（$\chi^2(6) = 93.13$, $p <$

Table 7-5 シャイなため困った経験　N＝215

シャイか	n	困ることあり	困った経験あり	困った経験なし
シャイだと思う	85	47(55.3) (8.3)	21(24.7) (-1.5)	17(20.0) (-5.8)
どちらともいえない	49	4(8.2) (-3.1)	16(32.7) (.3)	29(59.2) (2.4)
今は思わない	50	3(6.0) (-3.6)	26(52.0) (3.7)	21(42.0) (-.4)
思わない(ずっと)	31	0(0) (-3.5)	3(9.7) (-2.7)	28(90.3) (5.6)

数字は人数．上段の（　）内の数字は区分ごとの割合（％），下段の（　）内の数字は調整済み残差．

.001，CramerのV＝.465）。残差分析の結果，自分はシャイだと「思う（ずっとそう思っている）」教師は「今も困ることがある」こと，自分はシャイだと「今は思わない（思ったことはある）」教師は「困った経験がある」こと，シャイだと「思わない（ずっとそう思っている）」教師は「困ったことはない」こと，「どちらともいえない」教師も「困ったことはない」ことが示された（Table 7-5）。教師調査2でも，教師調査1と同様に，シャイな教師は，シャイなため困った経験をしていることが示唆されたといえよう。

(2) シャイなため困った経験の程度

　シャイなため困った経験のある者（N＝127）の回答として，「深刻でない」者16.5％，「あまり深刻でない」者50.4％，「どちらともいえない」者27.0％，「やや深刻」な者10.2％，「深刻」な者が0.8％であった（Fig. 7-5）。66.9％の教師は，シャイなため困った程度を「深刻でない」，「あまり深刻でない」と回答しているが，それ以外の33.1％の者は，もう少し深刻さの程度が強い経験をしていると考えられる。「深刻」な者は1％に満たないが，合計11.0％の者が「やや深刻」，「深刻」と回答しており，支援を検討することが求められる教師も存在すると思われる。

第7章　教職遂行過程におけるシャイな教師の困った経験【研究4】　155

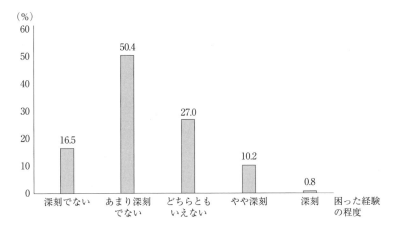

Fig. 7-5　シャイなため困った経験の程度（%）　N＝127

数字は全体に対する割合．

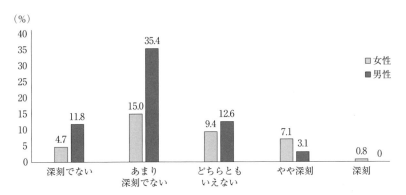

Fig. 7-6　性別のシャイなため困った経験の程度

数字は全体に対する割合（%）．n：女性47，男性80．

156 第Ⅱ部 シャイな教師の教職遂行

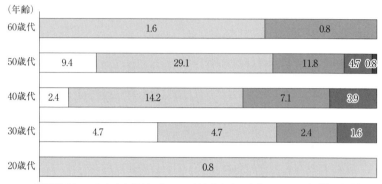

Fig. 7-7 年齢別のシャイなため困った経験の程度

数字は全体に対する割合（％）．
n：20歳代1，30歳代17，40歳代35，50歳代71，60歳代3．

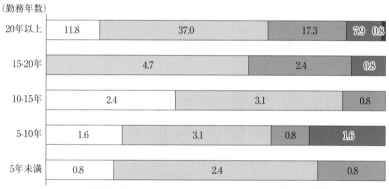

Fig. 7-8 勤務年別のシャイなため困った経験の程度

数字は全体に対する割合（％）．
n：5年未満5，5-10年9，10-15年8，15-20年10，20年以上95．

第7章 教職遂行過程におけるシャイな教師の困った経験【研究4】　157

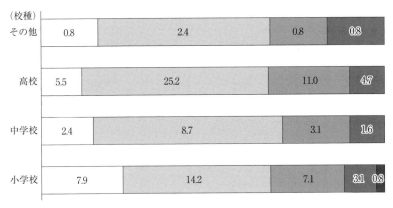

Fig. 7-9　校種別のシャイなため困った経験の程度
数字は全体に対する割合（％）．
n：小学校42，中学校20，高校59，特別支援学校2，その他4．

　性別の分布をFig. 7-6に示す。出現率の差をχ^2検定で検討すると有意差が認められ（$\chi^2(4) = 10.12, p < 05, Cramer のV = .281$），残差分析の結果，「やや深刻」な区分での女性の出現率が高く（調整済み残差2.5），男性の出現率が低かった（調整済み残差-2.5）。
　年齢別の分布をFig. 7-7に示す。出現率の差をχ^2検定で検討すると有意差は認められなかった（$\chi^2(16) = 9.89, n.s., Cramer のV = .140$）が，残差分析の結果，30歳代で「深刻でない」者の出現率が多いことが示唆された（調整済み残差2.2）。
　勤務年数別の分布をFig. 7-8に示す。χ^2検定で検討すると出現率に有意差は認められず（$\chi^2(16) = 8.49, n.s., Cramer のV = .129$），残差分析の結果でも±1.96を超える区分はなかった。校種別の分布をFig. 7-9に示す。出現率の差をχ^2検定で検討すると有意差は認められず（$\chi^2(16) = 8.20, n.s., Cramer のV = .127$），残差分析の結果でも±1.96を超える区分はなかった。
　性，年齢，勤務年数，校種の組み合わせによる二元配置分散分析を行った

が，いずれも有意差は認められなかった。

(3) シャイな教師が困っている教職遂行場面

得られた回答の基礎統計量をTable 7-6に示す。平均が3.34〜4.61，標準偏差が1.39〜1.61の範囲に分布している。「どちらともいえない」が4であり，この数値を超えると困った経験をしやすいと考えられるが，「職員会議」と「校内研修会参加」を除く7場面で，平均が4.0を上回っている。平均が4.0に近い「事務・文書作成」（平均4.06）と，「授業」以下，「保護者対応」までの対人的教職遂行場面の平均点を対応のある t 検定で比べると，「職員会議」を除き，対人的教職遂行場面での困った経験が高得点であった（Table 7-7）。教師が主導的な役割を果たしていると思われる対人的な教職遂行場面は，「事務・文書作成」をするという対人行動を伴わないと考えられる教職遂行場面に比べると，人と関わるという点で，いろいろな難しさがあることを反映していると思われる。

また，場面ごとの困った経験の相関係数を求めた結果を，Table 7-8に示す。「部（クラブ）活動」と「事務・文書作成」や「校内研修会参加」など，弱い相関関係の組み合わせも見られたが，その多くは概ね中程度以上の相関関係を示しており，ある一つの場面で困っている教師は，他の場面でも困っている可能性があることが示された。

シャイなため困った経験（「1. 現在困っている，2. 困った経験がある（今も困ることがある），3. 困った経験がある（今は困っていない），4. 困ったことはない」）の回答との関連を一元配置分散分析により検討したところ，「授業準備・教材研究」，「授業」，「児童生徒に対する個別指導」，「学級・HR経営」の場面で，「現在困っている」者が，「困ったことはない者」よりも困っていることが示唆された（Table 7-9）。ただし，「現在困っている」と回答した者が少なかった（3名，1.4%）ので，「困った経験がある（今も困ることがある）」（51名，23.9%）と合わせ，「困った経験あり」群（54名，25.3%）として分析する

第7章 教職遂行過程におけるシャイな教師の困った経験【研究4】

Table 7-6 各教職遂行場面での困った経験の基礎統計量　N=215

教職遂行場面	平均	SD
1 授業準備・教材研究	4.60	1.61
2 授業	4.51	1.48
3 個別指導	4.49	1.46
4 学級・HR経営	4.61	1.43
5 部活動指導	4.47	1.59
6 職員会議	3.85	1.45
7 保護者対応	4.45	1.39
8 事務・文書作成	4.06	1.61
9 校内研修会参加	3.34	1.47

Table 7-7 対人的教職遂行場面での困った経験（「事務・文書作成」との比較）　N=215

教職遂行場面	t値	有意確率	差の95%信頼区間（下限 ― 上限）
2 授業	$t(214)=-4.13$	$p<.001$	-.674 ― -.238
3 個別指導	$t(214)=-3.63$	$p<.001$	-.668 ― -.197
4 学級・HR経営	$t(214)=-4.83$	$p<.001$	-.786 ― -.330
5 部活動指導	$t(214)=-3.15$	$p<.001$	-.680 ― -.153
6 職員会議	$t(214)=1.98$	$p<.05$	.001 ― .418
7 保護者対応	$t(214)=-3.51$	$p<.001$	-.610 ― -.171

Table 7-8 場面ごとの困った経験相互の相関　N=215

場面	平均(SD)	授業	個別指導	学級経営	部活指導	職員会議	保護者	事務	校内研修
教材研究	4.60(1.61)	.786**	.650**	.622**	.424**	.469**	.423**	.477**	.354**
授業	4.51(1.48)		.707**	.755**	.478**	.453**	.485**	.451**	.310**
個別指導	4.49(1.46)			.818**	.544**	.486**	.584**	.354**	.281**
学級経営	4.61(1.43)				.590**	.542**	.566**	.383**	.298**
部活指導	4.47(1.59)					.431**	.391**	.259**	.207**
職員会議	3.85(1.45)						.495**	.490**	.464**
保護者	4.45(1.39)							.415**	.351**
事務	4.06(1.61)								.642**

**$p<.01.$

Table 7-9 各場面での困った経験とシャイなため困った経験の分散分析結果　N=215

教職遂行場面	平均	SD	平方和	df	平均平方	F値	有意確率	多重比較
1 授業準備・教材研究	4.60	1.61	22.29	3	7.43	2.96	$p<.05$	1>4*
2 授業	4.51	1.48	22.76	3	7.45	3.55	$p<.05$	1>4*
3 個別指導	4.49	1.46	19.96	3	6.65	3.21	$p<.05$	1>4*
4 学級・HR経営	4.61	1.43	19.93	3	6.64	3.35	$p<.05$	1>4*
5 部活動指導	4.47	1.59	9.18	3	3.06	1.22	n.s.	
6 職員会議	3.85	1.45	4.29	3	1.43	0.64	n.s.	
7 保護者対応	4.45	1.39	8.66	3	2.89	1.51	n.s.	
8 事務・文書作成	4.06	1.61	3.99	3	1.33	0.51	n.s.	
9 校内研修会参加	3.34	1.47	11.31	3	3.77	1.76	n.s.	

多重比較における1：現在困っている，4：困ったことはない．
*$p<.05$.

と，「困った経験あり」群と「困った経験なし」群（93名，43.7％）との間に有意差は認められなかった。「現在困っている」3名は，シャイネスの自己見積りが高い（「6. かなりシャイ」1名，「7. 非常にシャイ」2名）ことから，シャイネスの程度が著しいと，授業や個別指導場面，学級・HR経営場面で困りやすいのではないかと考えられる。

また，「困った経験がある（今も困ることがある）」者を加えた「困った経験あり」群と「困った経験なし」群で有意差が認められなかったことは，教師が教職遂行過程で困るのは，教師の個人的要因のみならず，児童生徒の実態や保護者の状況，同僚との関係といった環境的要因も関連していることを反映していると思われる。平均点が4.0を超える場面は，シャイであるなしに関わらず教師が困った経験をしやすい場面と考えられる。平均4.0未満の場面が職員会議と校内研修会だけであることは，今日の教師の職務遂行上の困難さを物語っていると思われる。

(4) 対人的教職遂行場面での困った経験測定尺度

他の要因との関係の分析に利用するため，対人的教職遂行場面での困った経験を測定する尺度を構成することとし，「授業」以下「保護者対応」まで

の対人教職遂行場面6項目からなる尺度を構想した。6項目について天井効果，フロア効果を検討したが，該当する項目はなかった。また，当該項目とそれ以外の項目の合計平均との相関は.585〜.842といずれも中程度以上の相関関係が認められたので，全6項目について主因子法プロマックス回転による因子分析を行った結果，スクリープロットの減衰状況から，1因子構造が確認された（初期の固有値は第1因子3.81，第2因子.657，第1因子の累積寄与率63.52％）。6項目のα係数を算出した結果，$\alpha = .881$であり，信頼性は十分であると考えられた。確認的因子分析を行った結果，CFI = .989，RMSEA = .064，NFI = .976と適合度も満足できる結果であった。構成概念から各観測変数への影響指標は.59〜.93であり，構成概念と観測変数は適切に対応していると考えられ，因子的妥当性が確認されたといえよう。

(5) 回答者の属性と困った経験の関係

性，年齢，経験年数，校種ごとの困った経験を，6つの場面ごと，及び，全体の尺度得点平均についてt検定（性）及び一元配置分散分析（年齢，経験年数，校種，サブタイプ）により検討した。その結果，個別指導場面で，20歳代（平均=6.17，SD=.753）が50歳代（平均=4.14，SD=1.50）よりも，勤務年数5年未満の者（平均=5.60，SD=1.35）が20年以上の者（平均=4.28，SD=1.48）より困っていること（各々，平方和43.82，F (4,210) = 5.56，$p<.01$；平方和34.01，F (4,210) = 4.21，$p<.01$）が示された。学級・HR経営場面では，40歳代（平均=4.98，SD=1.41）が50歳代（平均=4.30，SD=1.46）より困っていることが示された（平方和29.85，F (4,210) = 3.83，$p<.01$）。これらのことから，勤務年数20年以上，年齢50歳代のベテラン教師は，個別指導場面や，学級・HR経営場面で困ることが少ないことが示唆された。経験要因の影響が示唆されよう。

部（クラブ）活動指導のみ年齢と校種の交互作用が有意であり（平方和49.20，F (10,204) = 2.12，$p<.05$），30歳代で小学校の教師（平均=3.57，SD=

.407) よりも中学校 (平均 = 6.25, SD = .762) や高校 (平均 = 5.10, SD = .482) の教師が困っていることが示された (小学校と中学校の平均値の差 = -2.68, SE = .864, $p < .01$；小学校と高校の平均値の差 = -1.53, SE = .631, $p < .05$)。小学校においても部 (クラブ) 活動が実施されるが，中学校や高校のいわゆる「部活」ほどの時間が割かれることはなく，そうした校種による指導状況，指導内容の違いを反映していると考えられる。職員会議では，性差が認められ ($t(213) = -2.04, p < .05$)，男性の教師のほうが，困りやすいことが示唆された。属性によって，困った経験をしやすい場面とそうでない場面があると考えられる。

(6) **教職遂行場面におけるシャイネス経験**

授業，個別指導，学級・HR経営，職員会議，保護者対応の各場面におけるシャイネス経験の基礎統計量をTable 7-10に示す。授業場面の平均が2.62～3.99，標準偏差が1.29～1.72，個別指導場面の平均が2.44～3.37，標準偏差が1.17～1.55，学級・HR経営場面の平均が2.54～3.45，標準偏差が1.22～1.62，職員会議の平均が3.03～3.63，標準偏差が1.30～1.51，保護者対応場面の平均が3.22～3.91，標準偏差が1.39～1.65の範囲に分布し，平均が4を超える区分はなかった。

各場面における同一シャイネス反応得点平均間の相関係数は$r = .395～.882$であり，すべての組み合わせで概ね中程度以上の相関が認められた (Table 7-11)。このことから，ある場面でシャイネスを喚起される者は，他の場面でも同一反応が喚起されやすいこと，例えば，ある場面で緊張しやすい教師は他の場面でも緊張しやすいと考えられる。従って，場面ごとの同一反応をまとめて扱うことができると考えられた。そこで，質問紙の9番目の項目である「児童生徒を叱ったり，注意できない」という項目 (授業，個別指導，学級・HR指導) と「自分の意見を強く主張できない」(職員会議，保護者対応場面) という項目を独立させ，各場面における同一反応 (10項目) の合

Table 7-10 各対人的教職遂行場面におけるシャイネス経験得点と標準偏差　N=215

経験（シャイネス反応）	授業	個別指導	学級・HR経営	職員会議	保護者対応
自信がない	3.64(1.43)	3.04(1.34)	3.33(1.46)	3.20(1.31)	3.40(1.46)
拒否されないか心配	3.42(1.39)	3.11(1.39)	3.24(1.44)	3.34(1.44)	3.65(1.54)
どう評価されるか気になる	3.99(1.48)	3.30(1.52)	3.45(1.50)	3.63(1.51)	3.91(1.52)
失敗は許されない	3.50(1.56)	3.37(1.55)	3.25(1.62)	3.20(1.41)	3.78(1.65)
緊張する	3.51(1.72)	2.62(1.37)	2.98(1.53)	3.03(1.46)	3.87(1.60)
パフォーマンスが円滑でない	3.65(1.49)	3.08(1.35)	3.21(1.47)	3.13(1.35)	3.44(1.39)
双方向的なやり取り難しい	3.42(1.46)	3.03(1.45)	3.08(1.47)	3.21(1.30)	3.53(1.50)
場をリードできない	3.12(1.35)	2.79(1.37)	2.93(1.33)	3.29(1.34)	3.22(1.35)
叱れない/主張できない	2.62(1.29)	2.44(1.17)	2.54(1.22)	3.37(1.51)	3.49(1.47)

Table 7-11 5つの対人的教職遂行場面のシャイネス経験得点の平均と相関の分布　N=211

シャイネス反応	5場面平均値	SD	シャイネス反応の相関の分布
自信がない	3.33	1.13	.439**（授・職）〜.769**（個・学）
拒否されないか心配	3.36	1.16	.395**（授・職）〜.720**（個・学）
評価が気になる	3.67	1.23	.424**（個・職）〜.711**（個・学）
失敗は許されない	3.43	1.31	.491**（授・職）〜.801**（個・学）
緊張する	3.21	1.25	.458**（個・職）〜 752**（授・学）
パフォーマンスが円滑でない	3.31	1.21	.486**（個・職）〜 811**（授・学）
双方向的やり取りが難しい	3.27	1.19	.447**（個・職）〜.761**（個・学）
リードするのが難しい	3.09	1.14	.475**（個・職）〜.808**（個・学）
叱ったり，注意できない	2.54	1.16	.823**（授・学）〜.882**（個・学）
強く主張できない	3.43	1.32	.571**（職・保）

授：授業，個：個別指導場面，学：学級・HR経営，職：職員会議，保：保護者対応場面.
$**p<.01$.

計得点の平均値を求め，それぞれを，個別のシャイネス反応得点とし（Table 7-11），今後の分析に利用する。

(7) シャイな教師のシャイネス経験

　シャイな教師とシャイネス経験の関係を検討するため，一元配置分散分析により，自分はシャイだと「1思う，2どちらともいえない，3今は思わな

い，4思わない」という回答区分ごとにシャイネス反応のそれぞれの得点平均を比較した。これまで，シャイだと「1思う（ずっとそう思っている）」という項目と「2思う（近頃そう思っている）」という項目を分けて5区分で分析してきたが，今回，予備的に行った分析で，両者の平均点の間に有意差が認められなかったので，簡潔に分析するため，両者を合わせて，「シャイだと思う」という区分にまとめることとした。尚，「今は思わない（思ったことはある）」と「思わない（ずっと）」の区分については，一度も自分をシャイだと思ったことのない者と，思ったことのある者では質的な差異が認められると考え，それぞれの区分は残し，4区分としたものである。いずれの経

Table 7-12　シャイネス経験ごとの得点（SD）と多重比較の結果　N＝211

経験	シャイだと思う n＝83	どちらとも n＝48	今は思わない n＝49	思わない n＝31	F値	多重比較の結果
自信なし	3.74(1.17)	3.33(.979)	3.09(.985)	2.63(1.02)	9.46	1＞3**・4***, 2＞4*
拒絶不安	3.76(1.19)	3.45(1.03)	3.12(1.03)	2.54(.976)	10.51	1＞3**・4***, 2＞4**
評価懸念	4.04(1.22)	3.71(.994)	3.53(1.19)	2.84(1.29)	8.13	1＞3**・4***, 2＞4*
完全主義	3.92(1.22)	3.49(1.13)	3.03(1.27)	2.66(1.42)	10.02	1＞3**・4***, 2＞4*
緊張	3.73(1.25)	3.38(1.14)	2.77(1.06)	2.26(.85)	15.87	1***＞3・4, 2＞3*4***
パフォーマンス	3.87(1.21)	3.34(1.05)	2.95(.97)	2.35(1.04)	16.84	1＞2*3***4***, 2＞4**
双方向	3.73(1.18)	3.37(1.20)	3.02(.91)	2.28(.85)	14.54	1***＞3・4, 2***3*＞4
リード	3.52(1.12)	3.26(1.02)	2.76(.95)	2.17(.97)	14.75	1***＞3・4, 2＞4**
叱責	2.86(1.26)	2.74(1.04)	2.26(1.01)	1.84(.87)	8.06	1＞3**・4***, 2＞4**
主張	3.92(1.22)	3.49(1.13)	3.03(1.27)	2.66(1.42)	10.02	1＞3**・4***, 2＞4*

多重比較　1：シャイだと思う，2：どちらともいえない，3：今は思わない，4：思わない．
F値はすべて$p<.001$．　*$p<.05$, **$p<.01$, ***$p<.001$．

Table 7-13 シャイなため困った経験とシャイネス経験の相関　N=211

シャイネス経験	シャイなため困った経験との相関 (r)
自信がない	-.298***
拒否されないか心配	-.335***
どう評価されるか気になる	-.264***
失敗は許されない	-.226**
緊張する	-.313***
パフォーマンスが円滑でない	-.354***
双方向的やり取りが難しい	-.368***
場をリードできない	-.365***
叱ったり，注意できない	-.245***
自分の意見を主張できない	-.339***

$p<.01$，*$p<.001$．

験においても自分をシャイだと思うシャイな教師は，自分をシャイだと思わない教師よりも有意に得点が高く，多重比較の結果，シャイな教師は，シャイだと思わない（「今は思わない」，及び，「ずっと思わない」）教師に比べ，これらのシャイネス反応をいずれも経験しやすいことが示された（Table 7-12）。

また，シャイネス反応10項目（経験が「1　全くない」～「7　よくある」）と，シャイなため困った経験（「1　現在困っている」～「4　困ったことはない」）の相関関係を確かめると，いずれも弱いが有意な負の相関関係が認められた（Table 7-13）。相関係数（r）の符号がマイナスになるのは，困った経験については低得点者ほど困っており，シャイネス反応については高得点者ほどシャイネスをよく経験していることを反映しており，その示唆するところは，対人的な教職遂行場面でシャイネス反応を経験しやすい人は，シャイなため困った経験をしやすいということである。

(8)　シャイネス経験測定尺度

シャイネス反応と他の要因との関係を分析するため，シャイネスを経験しやすいかどうかを測定する尺度を作成することとした。本論文における関心

Table 7-14 シャイネス経験尺度の記述統計量と因子負荷量及びα係数
（主因子法プロマックス回転）　N=211

項　目	項目平均（SD）	抽出因子 I	抽出因子 II
Ⅰ シャイネスの行動的側面（α=.938）			
8．場をリードできない	5.07（0.99）	.989	-.063
6．パフォーマンスが円滑でない	4.93（1.14）	.930	-.035
7．双方向的やり取りが難しい	5.23（1.15）	.907	.028
9．児童生徒を叱ったり注意できない	5.21（0.99）	.800	-.025
5．緊張する	4.97（1.07）	.700	.202
10．自分の意見を強く主張できない	5.38（1.07）	.491	.280
Ⅱ シャイネスの認知的側面（α=.871）			
3．どう評価されるか気になる	5.40（1.02）	-.204	.989
2．拒否されないか心配になる	4.49（1.52）	.240	.746
1．うまくやりたいと思うが自信がない	5.19（1.10）	.398	.548
4．失敗は許されないと思う	5.47（0.88）	.253	.413
因子間相関係数		.730	

　が，シャイな教師の対人行動を中心とした教職遂行にあること，第Ⅲ部で認知的要因とシャイネス反応との関係を検討することから，シャイネス反応の行動的側面を測定する尺度を作成することを試みた。尺度構成項目は本章で取り上げてきた全10項目のシャイネス反応のうち，認知と関連する4項目を除き，「5緊張する」から「10自分の意見を主張できない」の6項目で作成することとした。確認的な意味で全10項目について因子分析（主因子法プロマックス回転）を行うと，「パフォーマンスが円滑でない」，「双方向的やり取りが難しい」などのパフォーマンスやコミュニケーションと関連する6項目からなる第1因子と，認知的な反応と関連した4項目からなる第2因子が抽出された（Table 7-14）。このうち，第1因子としてまとまった，シャイネスの行動的側面と関連した6項目を利用して，シャイネス経験測定尺度を作成するものである。
　当該6項目について天井効果，フロア効果を検討したが該当項目はなく，

因子分析（主因子法）を行った結果，スクリープロットの減衰状況から1因子構造が確認されたので（第1因子の初期の固有値4.62，寄与率77.05%，第2因子の初期の固有値.511，寄与率8.52%），6項目全体を尺度の構成項目とした。各項目の平均値は4.93～5.38，標準偏差は0.99～1.15の範囲にあった。6項目のα = .938であり，信頼性も十分であると考えられた（Table 7-14）。確認的因子分析を行った結果，構成概念（シャイネス反応）から各観測変数（6反応）への影響指数は.70～.94，適合度の指標となるCFI = .969，RMSEA = .138，NFI = .962，RFI = .911であり，因子的妥当性も概ね確保できていると考えられた。

⑼ 回答者の属性とシャイネス経験測定尺度得点の関係

　回答者の属性（性，年齢，勤務年数，校種，シャイネス自己報告）ごとのシャイネス経験測定尺度得点の平均点を，t検定（性）及び一元配置分散分析（それ以外）により比較した。その結果，シャイネス自己報告のみ有意差が認められ（Table 7-15），シャイな教師は，シャイだと思わない教師や今は思わない教師よりもシャイネスを経験しやすいことが示唆された。また，各属性を組み合わせて二元配置分散分析を行った結果，性と勤務年数の交互作用のみが有意であり（平方和 = 10.75，df = 4，F = 2.49，p < .05），勤務年数15年以上20年未満の男性が，5年年以上10年未満の男性及び20年以上の男性に比べ，シャイネスを喚起されやすいことが示唆された（5-10年のシャイネス反応平均 = 2.72，SE = .313，15-20年のシャイネス反応平均 = 4.60，SE = .520，20年以上のシャイネス反応平均 = 3.09，SE = .101，平均値の差（SE）は順に，1.89（.607），1.52（.529），いずれもp < .05）。また，研究1で検討した教育志向動機，専門志向動機との相関関係を調べると，シャイネス経験と教育志向動機の間にr = -.278の，有意な弱い負の相関（p < .01）が認められた。子ども志向性と考えてもよいと思われる，教育志向動機を持つ人は，シャイネス経験をしにくい傾向があることが考えられる。専門志向動機との間には，有意な相関関係

168　第Ⅱ部　シャイな教師の教職遂行

Table 7-15　回答者の属性ごとのシャイネス経験尺度得点平均の比較　N=211

回答者の属性	t値/F値	有意確率	多重比較
性	$t(209) = -.569$	n.s.	
年齢	$F(4, 206) = .990$	n.s.	
勤務年	$F(4, 206) = 1.47$	n.s.	
校種	$F(4, 206) = 1.44$	n.s.	
シャイネス自己報告	$F(4, 206) = 13.58$	$p<.001$	1>4***・5***, 2>5**, 3>5***

「シャイネス自己報告」の数字は,シャイだと「1 思う(ずっと)」,「2 思う(近頃)」,「3 どちらともいえない」,「4 今は思わない」,「5 思わない」である.
多重比較の**$p<.01$, ***$p<.001$.

は認められなかった.

⑽　シャイネス反応と困った経験との関係

　対人的教職遂行場面での困った経験は,教師以外の環境要因,例えば,児童生徒や保護者の状況,同僚との関係,等によってももたらされると考えられる.それとともに,シャイな教師がシャイなため教職を遂行する上で困った経験をしていることが示されている(本章 2 及び 3)ことから,シャイであることも関係していると考えられる.そこで,本研究で作成した「シャイネス経験測定尺度」(6 項目)と「対人的教職遂行場面での困った経験測定尺度」(6 項目)を利用して両者の関係モデルを構成し,共分散構造分析によってモデルの適合度を検討した.

　両者の関係として,緊張やパフォーマンスの巧拙,コミュニケーションをうまく取れるかどうかといった対人行動と関連したシャイネス反応(経験)が生じることで,困った経験がもたらされるという関係が成り立つと考えられた.そこで,シャイネス反応から対人的教職遂行場面での困った経験にパスを出すモデルを構成したところ,シャイネス反応から対人的教職遂行場面での困った経験に.48の有意な正のパスが出るモデルとなった(Fig. 7-10).共分散構造分析を行い,モデルの適合度を確認したところ,CFI = .973,

第7章 教職遂行過程におけるシャイな教師の困った経験【研究4】　169

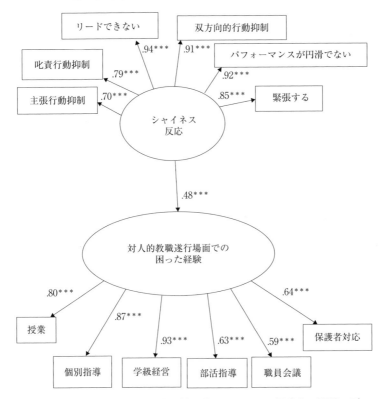

Fig. 7-10　シャイネス反応と教職対人場面での困った経験との関係モデル
CFI = .973, RMSEA = .068, NFI = .947, RFI = .919, ***p < .001, 誤差変数は省略した.

RMSEA = .068, NFI = .947, RFI = .919となり，適合的と考えられる値であると判断できた。このことから，シャイネスを経験することが，対人的教職遂行場面における困った経験をもたらすと考えられた。

本研究において，シャイな教師は，シャイネス反応を経験しやすい人であることが示されており，シャイな教師はシャイネス反応が生じることによって，教職遂行過程で困った経験をすると考えられる。また，シャイな教師が困った経験をしやすいことが考えられる。

(11) シャイネスのサブタイプ

シャイネスのサブタイプを確認したところ，4つのサブタイプが確認された（Table 7-16）。シャイな教師のサブタイプとして，行動抑制と対人不安をともに経験しやすい「シャイネスサブタイプ」が最も多く，54.5％と過半数を超えている。次いで情動混乱を示す「対人不安サブタイプ」が36.4％と続く。このタイプは，Pilkonis (1977b) の指摘する「私的にシャイな人」に相当する人と考えられる。「行動抑制サブタイプ」は最も少ないが，1割程度（9.1％）存在することが示された。シャイな人が経験する反応の観点から考えると，緊張したり，パフォーマンスが円滑でないといった対人不安を背景とした情動混乱を経験しやすい人が90.9％（60名），場をリードできない，双方向的なやり取りが難しい，子どもを叱れない，自己主張が難しい等の行動抑制を経験しやすい人が63.6％（42名）であった。このように，対人不安（情動混乱）を経験する者が多いが，行動抑制を伴う人も6割以上存在することが示唆された。

サブタイプ別に，困った経験についてクロス集計を行い，χ^2検定を行った結果，有意差が認められた（$\chi^2(9) = 31.68$, $p. < .001$, CramerのV = .224）。残差分析の結果，「ノンシャイサブタイプ」（シャイでない者）は「困ったことはない」こと（調整済み残差3.0），「対人不安サブタイプ」は「今も困っている」こと（同2.8），対人不安（情動混乱）と行動抑制がともにみられる「シャイネスサブタイプ」は，「現在」（同2.3）及び「今も困っている」（同2.9）こ

Table 7-16 シャイネスサブタイプの存在割合　N＝211

サブタイプ	n(％ / ％)
「ノンシャイ」	145(68.8 / 0)
「対人不安」	24(11.4 / 36.4)
「行動抑制」	6(2.8 / 9.1)
「シャイネス」	36(17.1 / 54.5)

数字は人数．（　）の中の数字は（全体に対する割合％／シャイな者66名に占める割合％）．

第7章 教職遂行過程におけるシャイな教師の困った経験【研究4】

Table 7-17 シャイネスサブタイプとシャイなため困った経験　N＝211

サブタイプ	n	現在困っている	今も困る	今は困らない	困ったことはない
ノンシャイ	145	1(.7)	20(13.8)	50(34.5)	74(51.0)
		(-1.3)	(-4.8)	(1.5)	(3.0)
対人不安	24	0(0)	11(45.8)	4(16.7)	9(37.5)
		(-.6)	(2.8)	(-1.6)	(-.7)
行動抑制	6	0(0)	3(50.0)	1(16.7)	2(33.3)
		(-.3)	(1.6)	(-.8)	(-.5)
シャイネス	36	2(5.6)	15(41.7)	11(30.6)	8(22.2)
		(2.3)	(2.9)	(-.1)	(-2.9)

数字は人数．上段の（　）内の数字は区分ごとの割合（％）．下段の（　）内の数字は調整済み残差．

Table 7-18 サブタイプごとの困った経験（深刻さ）の基本統計量と分散分析結果

N＝135

サブタイプ	n	困った経験平均値	SD	分散分析結果	多重比較
ノンシャイ	76	2.09	.867	平均平方9.45	シャイネス＞ノンシャイ**
対人不安	15	2.60	.632	平方和　3.15	
行動抑制	5	1.80	.837	$F(3,121)=4.36$	
シャイネス	29	2.66	.897	$p<.01$	

**$p<.01$.

とが示された（Table 7-17）。このように，「情動混乱サブタイプ」及び「シャイネスサブタイプ」の教師は，シャイなため困っていることが明らかになったが，「行動抑制サブタイプ」は，困っていることが明確には示されなかった（Table 7-17）。サンプル数が6名なので断定的なことはいえないが，「行動抑制サブタイプ」の教師に困っていることが示されなかった理由として，自分が困る可能性のある対人場面を回避していることがあるのかもしれない。

サブタイプごとに，困った程度（深刻さ）の選択肢番号（「1. 深刻でない～5. 深刻」）と同じ数字を割り当て，一元配置分散分析による平均値を比較した結果をTable 7-18に示す。その結果，「シャイネスサブタイプ」が「ノ

Table 7-19　サブタイプ別の困った場面ごとの基本統計量と分散分析結果　N=135

教職遂行場面	サブタイプ/平均(SD)				多重比較
	ノンシャイ76	対人不安15	行動抑制5	シャイネス29	
1 授業準備・教材研究	4.41(1.58)	5.04(1.56)	4.50(1.98)	5.31(1.55)	
	平方和27.36,	平均平方9.12,	$F(3,207)=3.71$,	$p<.05$	1<4***
2 授業	4.26(1.44)	5.00(1.29)	4.83(1.94)	5.33(1.27)	
	平方和39.45,	平均平方13.15,	$F(3,207)=6.63$,	$p<.001$	1<4***
3 個別指導	4.26(1.47)	5.08(1.18)	3.83(1.84)	5.28(1.14)	
	平方和40.76,	平均平方13.59,	$F(3,207)=6.93$,	$p<.001$	1<2*・4**
4 学級・HR経営	4.33(1.43)	5.33(1.01)	4.50(1.76)	5.44(1.16)	
	平方和48.79,	平均平方16.26,	$F(3,207)=8.86$,	$p<.001$	1<2**・4***
5 部活動指導	4.24(1.57)	5.00(1.67)	4.50(2.17)	5.22(1.25)	
	平方和34.48,	平均平方11.49,	$F(3,207)=4.81$,	$p<.01$	1<4**
6 職員会議	3.62(1.40)	3.92(1.56)	3.83(.983)	4.75(1.40)	
	平方和36.89,	平均平方12.30,	$F(3,207)=6.22$,	$p<.001$	1<4***
7 保護者対応	4.28(1.39)	4.42(1.28)	4.33(1.51)	4.78(1.50)	
	平方和26.11,	平均平方8.70,	$F(3,207)=4.76$,	$p<.01$	1<4**
8 事務・文書作成	3.86(1.61)	4.17(1.61)	4.33(1.51)	4.78(1.50)	
	平方和25.35,	平均平方8.45,	$F(3,207)=3.36$,	$p<.05$	1<4*
9 校内研修会参加	3.90(1.43)	3.50(1.53)	3.83(1.17)	4.08(1.40)	
	平方和31.02,	平均平方10.34,	$F(3,207)=5.06$,	$p<.01$	1<4**

多重比較の1：ノンシャイ，2：対人不安，4：シャイネスの各サブタイプ．
*$p<.05$, **$p<.01$, ***$p<.001$.

ンシャイタイプ」よりも，深刻さの程度が大きいことが示唆された。また，「対人不安サブタイプ」や「行動抑制サブタイプ」は，「ノンシャイタイプ」と有意差が認められないことから，対人不安と行動抑制の両方を経験することにより，深刻さの程度が増す可能性があると考えられた。

　サブタイプ別の困った場面との関係では，すべての困った場面で「シャイネスサブタイプ」が「ノンシャイサブタイプ」よりも有意に得点が高く，それぞれの場面で困っていることが示唆された（Table 7-19）。「シャイネスサブタイプ」の教師は，対人不安と行動抑制をともに経験しやすい特徴があ

り，これらの両要素を示すシャイな教師は，特に困りやすいことが推察される。また，個別指導場面や学級・HR経営場面で「対人不安サブタイプ」が「ノンシャイサブタイプ」よりも得点が高い。児童生徒と密接に関わることが求められるこれらの場面が，緊張などをもたらす困りやすい場面であると考えられた（Table 7-19）。「行動抑制サブタイプ」は，「ノンシャイサブタイプ」と有意な差は認められなかった。

(12) 困った時の対処法
1) 対処法尺度

　教職を遂行する際，困った時によくする対処法の回答の基礎統計量をTable 7-20に示す。全12項目について，天井効果とフロア効果を確認したところ，項目7と項目10で天井効果が認められたが，項目数を確保するため，全12項目について因子分析（主因子法プロマックス回転）を行った。スクリープロットの減衰状況，解釈可能性から，2因子解が適切と考えられ，因子負荷量.3未満の項目を削除し，再度，因子分析を繰り返した結果をTable 7-21に示す。

　5項目からなる第1因子は，「問題と向き合うことを回避する」，「相手を責める」，「我慢して状況を受け入れる」など，問題にきちんと向き合わなかったり，問題解決に向かっていかないような項目からなり，「非合理的対処」と命名された。4項目からなる第2因子は，「問題と向き合い解決しようとする」，「自分が変わろうとする」，「今できることをやろうとする」など，問題と向き合い，現実的で，実現可能な対処策をとろうとする項目からなり，「合理的対処」と命名された。信頼性を検討したところ，第1因子の$\alpha = .649$，第2因子の$\alpha = .595$であった。第2因子の内的整合性が十分とは言い切れない面が残るが，概数では，.6とみなすこともでき，解釈可能性の観点からは特段の問題は認められないと考えられるので，このまま採用することとした。これら2因子を，困った時に教師が行う対処法の2類型と考

Table 7-20 困った時によくする対処法の基礎統計量　N=215

項目	平均	SD
1．周囲の力を借りて解決しようとする	5.44	1.33
2．自分一人で解決しようとする	5.15	1.49
3．状況や相手を変えようとする	4.39	1.28
4．自分が変わろうとする	5.00	1.32
5．自分を責める	4.60	1.39
6．相手を責める	3.82	1.40
7．問題と向き合い解決しようとする	6.14	.99
8．問題と向き合うことを回避する	3.20	1.44
9．様子をみたり，先延ばしする	4.30	1.42
10．今できることをやろうとする	6.21	.90
11．完璧，完全な結果を得ようとする	4.04	1.53
12．我慢して状況を受け入れる	4.84	1.43

Table 7-21 困った時の対処法の因子分析結果（主因子法，プロマックス回転）

項目	第1因子	第2因子
Ⅰ「非合理的対処」（α=.649）		
8．問題と向き合うことを回避する	.742	-.188
9．様子をみたり，先延ばしする	.628	-.088
6．相手を責める	.448	.039
12．我慢して状況を受け入れる	.438	.249
5．自分を責める	.428	.310
Ⅱ「合理的対処」（α=.595）		
7．問題と向き合い解決しようとする	-.112	.795
4．自分が変わろうとする	.245	.514
10．今できることをやろうとする	-.048	.512
1．周囲の力を借りて解決しようとする	.050	.379
因子間相関		-.162

え，それぞれ，非合理的対処尺度，合理的対処尺度として扱うこととする。「全くあてはまらない」から「よくあてはまる」までの7件法で回答を求め，非合理的対処尺度では，高得点者ほど非合理的な対処を行うこと，合理的対処尺度では，高得点者ほど合理的な対処を行うことを想定した。

2) 合理的対処

性別，年齢，勤務年数，校種，シャイかどうかという属性や，シャイネスサブタイプによる記述統計量をTable 7-22～Table 7-27に示す。

属性ごとに，t検定（性）及び一元配置分散分析（年齢，勤務年数，校種，サブタイプ，シャイかどうか）で平均点を比較した。尚，シャイかどうかについては「ずっとそう思っている」と「近頃そう思う」を合わせて「シャイだと思う」群として扱った。その結果，校種（平方和2.79，平均平方.698，$F(4,210) = 1.18$, n.s.）及びサブタイプ（平方和2.55，平均平方.849，$F(3,207) = 1.43$, n.s.）を除く，性（$t(213) = 2.23$, $p<.05$），年齢（平方和8.26，平均平方2.06，$F(4,210) = 3.62$, $p<.01$），勤務年数（平方和6.33，平均平方1.58，$F(4,210) = 2.73$, $p<.05$），シャイかどうか（平方和8.00，平均平方2.67，$F(3,211) = 4.69$, $p<.01$）で有意差が認められた。多重比較の結果，女性教師が男性教師よりも（$p<.05$），30歳代が50歳代よりも（$p<.01$），シャイでない者が，シャイだと思う者（$p<.01$），どちらともいえない者（$p<.01$），今は

Table 7-22　性別による合理的対処の基礎統計量　N=215

性別	女性 n=80	男性 n=135
平均(SD)	5.85(.693)	5.61(.807)

Table 7-23　年齢別による合理的対処の基礎統計量　N=215

年齢	20歳代 n=6	30歳代 n=28	40歳代 n=59	50歳代 n=118	60歳 n=4
平均(SD)	5.79(.928)	6.04(.662)	5.86(.609)	5.54(.825)	5.31(.898)

Table 7-24　勤務年数別による合理的対処の基礎統計量　N=215

勤務年数	5年未満 n=10	5-10年 n=14	10-15年 n=15	15-20年 n=17	20年以上 n=159
平均(SD)	5.98(.812)	6.04(.790)	5.95(.484)	5.99(.526)	5.60(.796)

Table 7-25 校種別による合理的対処の基礎統計量　N=215

校種	小学校 n=65	中学校 n=29	高校 n=110	特別支援学校 n=4	その他 n=7
平均(SD)	5.84(.760)	5.66(.673)	5.61(.802)	6.00(.890)	5.82(.732)

Table 7-26 シャイかどうかと合理的対処の基礎統計量　N=215

シャイか	思う n=85	どちらとも n=49	今は思わない n=50	思わない n=31
平均(SD)	5.59(.778)	5.61(.589)	5.68(.904)	6.16(.647)

Table 7-27 サブタイプによる合理的対処の基礎統計量　N=211

サブタイプ	ノンシャイ n=145	対人不安 n=24	行動抑制 n=6	シャイネス n=36
平均(SD)	5.74(.766)	5.65(.707)	6.00(.474)	5.49(.858)

思わない者（$p<.05$）のいずれの者よりも平均点が高く，合理的な対処をしていると考えられた。

3) 非合理的対処

　性別，年齢，勤務年数，校種，シャイかどうかという属性ごと，及び，サブタイプごとの平均点と標準偏差をTable 7-28～Table 7-33に示す。

　属性ごとに，t検定（性）及び一元配置分散分析（年齢，勤務年数，校種，シャイかどうか）を行い，平均点を比較した。尚，「シャイかどうか」については，「ずっとそう思っている」と「近頃そう思う」を合わせて「シャイだと思う」群として扱った。その結果，性（t (213) =1.89, $n.s.$），年齢（平方和 3.18, 平均平方 .796, F (4,210) = .953, $n.s.$），勤務年数（同3.93, 同.982, F (4,210) =1.18, $n.s.$），校種（同.701, 同.175, F (4,210) = .207, $n.s.$）については有意差が認められなかったが，シャイかどうかでは有意差が認められ（同 20.85, 同7.00, F (3,211) = 9.29, $p<.001$），多重比較の結果，シャイだと「思う」教師は，「今は思わない」教師，「思わない」教師よりも得点が高く

第7章　教職遂行過程におけるシャイな教師の困った経験【研究4】　177

Table 7-28　性別による非合理的対処の基礎統計量　N=215

性別	女性 n=80	男性 n=135
平均(SD)	4.31(.885)	4.06(.922)

Table 7-29　年齢別による非合理的対処の基礎統計量　N=215

年齢	20歳代 n=6	30歳代 n=28	40歳代 n=59	50歳代 n=118	60歳 n=4
平均(SD)	4.03(.446)	4.07(.930)	4.33(1.04)	4.08(.866)	4.45(.379)

Table 7-30　勤務年数別による非合理的対処の基礎統計量　N=215

勤務年数	5年未満 n=10	5-10年 n=14	10-15年 n=15	15-20年 n=17	20年以上 n=159
平均(SD)	3.90(.552)	4.03(.822)	4.40(1.12)	4.49(.869)	4.12(.919)

Table 7-31　校種別による非合理的対処の基礎統計量　N=215

校種	小学校 n=65	中学校 n=29	高校 n=110	特別支援学校 n=4	その他 n=7
平均(SD)	4.23(.806)	4.10(.851)	4.11(1.01)	4.25(.737)	4.20(.748)

Table 7-32　シャイかどうかと非合理的対処の基礎統計量　N=215

シャイか	思う n=85	どちらとも n=49	今は思わない n=50	思わない n=31
平均(SD)	4.41(.941)	4.29(.633)	3.99(.785)	3.50(1.06)

Table 7-33　サブタイプによる非合理的対処の基礎統計量　N=211

サブタイプ	ノンシャイ n=145	対人不安 n=24	行動抑制 n=6	シャイネス n=36
平均(SD)	3.99(.884)	4.14(.768)	4.20(1.09)	4.72(.845)

（それぞれ，$p<.05$, $p<.001$），「どちらともいえない」と回答した教師も，シャイだと「思わない」教師よりも得点が高かった（$p<.01$）。また，サブタ

イプ別でも有意差が認められ（平方和15.24，平均平方5.08，$F(3,207)=6.70$，$p<.001$），対人不安と行動抑制をともに伴う「シャイネスタイプ」が「ノンシャイタイプ」（シャイでない教師）よりも非合理的対処を行っていることが示された。

先の結果や，このことから，シャイな教師は，合理的な対処をせず，非合理的な対処をしやすいこと，シャイでない教師は，非合理的対処をせず，合理的な対処をする傾向があることが示されたといえよう。

4) 対処法とシャイなため困った経験の関係

対処法（合理的対処，不合理的対処）と「シャイなため，教職遂行上困った経験」の関係を検討した。「現在困っている」者が少なく，「今も困ることがある」者と，今も困るという点で共通しているので，両者を合わせ，困った経験が「今もある」群として扱うこととする。基礎統計量を，Table 7-34及びTable 7-35に示す。困った経験の各区分の平均点を比較すると，合理的対処に関しては，有意差が認められないが（平方和.811，平均平方.405，$F(2,212)=.675$，$n.s.$），非合理的対処では，有意差が認められ（平方和12.90，平均平方6.45，$F(2,212)=8.25$，$p<.001$），多重比較の結果，今も困っている者（$p<.001$），今は困っていない者（困った経験あり）（$p<.05$）が，困ったこ

Table 7-34　困った経験と合理的対処の基礎統計量　$N=215$

困った経験	今もある n=54	今はない n=66	困ったことなし n=95
平均(SD)	5.60(.772)	5.70(.841)	5.76(.727)

Table 7-35　困った経験と非合理的対処の基礎統計量　$N=215$

困った経験	今もある n=54	今はない n=66	困ったことなし n=95
平均(SD)	4.48(.838)	4.26(.820)	3.89(.549)

とのない者に比べ，平均点が高く（この順に，4.48，4.26，3.89），非合理的な対処を行っていることが示唆された。このことから，特に，非合理的な対処を行うことが，シャイな教師を困らせる原因の一つになっているといえよう。

3.4 考察

本研究では，教師を対象とした調査を実施し，教職遂行過程におけるシャイな教師の困った経験を明らかにすることを目的として行われた。

その結果，シャイなため教職を遂行する上で困っている者が約6割おり，シャイな教師が困っていることが示唆された。また，その深刻さの程度は，あまり深刻でない者が約3分の2を占めるが，それよりは深刻さの度合いが強い者が約3分の1おり，「やや深刻」よりも深刻な者が1割いた。このことから，シャイな教師の支援策を検討することが求められていると考えられる。

シャイなため現在困っている教師は，困ったことのない教師に比べ，授業，個別指導，学級・HR経営といった対人的教職遂行場面で困っていることが示唆された。また，それらの対人的教職遂行場面で，シャイな教師は，「自信がない」などの認知的反応や，「緊張する」，「パフォーマンスが円滑でない」といった対人不安を背景とした行動や，「双方向的やり取りが難しい」，「場をリードできない」といった抑制的行動などの行動の反応を，「今はシャイだと思っていない（思ったことはある）」教師や，シャイでない教師よりも経験しやすいことが明らかになった。このことは，学生対象の調査ではあるが，自分をシャイだと報告する者は，より多くのシャイネス反応を経験しているという先行研究（例えば，Fatis, 1983；岸本，1999）とも合致するものである。シャイネス経験をよく経験することと，自分はシャイであるという自己報告は関連していると考えられる。

また，勤務年数15-20年の男性教師がシャイネスを経験しやすいことが示

唆された。教員生活にも慣れ，自信がついてくる5年以上10年未満の教員や，経験が豊富な20年以上の教師に比べると，勤務年数15-20年の頃には，学年主任や各校務分掌の主任など新しい役割を任せられる時期でもあると考えられる。その結果，大勢の生徒の前に立ったり，会議で発言したり，学校運営を主導するような役割を任されることとの関係で，シャイネス反応が喚起されやすくなる可能性が考えられよう。

　シャイネス反応としては，対人不安を反映した行動（情動混乱）を示す者が約9割，行動抑制を示す者も6割以上いた。岸本（1994）が，我が国の大学生を対象に行った調査で，シャイネスにふさわしい日本語として「恥ずかしがりや」という語が最も多く収集されたことを報告しているが，実際に，緊張やあがりと関連した情動混乱を示す者が多いことが示されたといえよう。これらの両要素を伴う者が半数以上（54.5%）と最も多く，情動混乱のみを示しやすい者が36.4%，行動抑制のみを示しやすい者が1割程度いた。このように，シャイネスにサブタイプが存在することが確認されたが，同時に，情動混乱を示す者が大多数を占めることも確認できた。研究3で，「声が小さい」，「落ち着きがない」以外の対人不安を反映した行動以外は，教職を遂行していないとは評価されていないことが示唆されている。シャイな教師の反応として，「恥ずかしがりや」と関連した行動（赤面，早口，もじもじする）を示す者が多いが，シャイな教師が，否定的に評価されるとは限らないことの背景に，このことがあると考えられる。研究3で示されたように，行動抑制は，児童生徒からは教職を遂行していないと評価されやすい行動であるが，教師の側に立ってみると，自分にとって苦手であったり，困難さを感じる可能性のある場面を回避している可能性がある。そのことが，「行動抑制サブタイプ」が，困っていないと感じている理由かもしれない。

　シャイな教師はシャイなため困った経験をしている（本章2及び3）ので，シャイネス反応が教職遂行過程における困った経験をもたらすというモデルを構想し，共分散構造分析で適合度を確認したところ，このモデルは，あて

はまりのよいモデルであると考えられた。すなわち，シャイネス反応が生じることで教師は困りやすいと考えられる。シャイな教師は，シャイネス反応を経験しやすいことから，シャイな教師が，教職遂行場面で困りやすい教師であると考えられる。このことから，教職遂行過程における対人関係で困っているのはシャイな教師であるという本論文の仮説は支持されたと考えられる。

また，対人的教職遂行場面で困っている教師は，問題が生じた時に，「先伸ばし」，「我慢して受け入れる」，「自分を責める」といった非合理的対処を行っていることが明らかになった。シャイな教師は，非合理的な対処を行っていること，シャイでない教師は非合理的対処を行っていないことが示唆された。その背景に，行動抑制や対人不安と関連すると考えられるが，自分から気軽に頼んだり，助けを求めることが苦手であるとされる（例えば，Horsch, 2006；加藤, 1995）シャイな人の特性が関係していると思われる。非合理的な対処を行うことが，シャイな教師を困らせる原因の一つになっているといえよう。このことから，シャイな教師の支援策の一つとして，周囲に助けを求めたり，やり過ごさずに問題と向き合うことなど，非合理的対処を行わなくなるための介入を行うことが必要になってくると考えられる。

第Ⅲ部　シャイな教師の教職遂行を規定する認知的要因

- 第8章　シャイな教師の困った経験と関連した認知的要因【研究5】
- 第9章　教職遂行場面評価及び対人評価が教職遂行に及ぼす影響【研究6】
- 第10章　シャイネスに対する評価が教職遂行に及ぼす影響【研究7】
- 第11章　教職対人行動効力感が教職遂行に及ぼす影響【研究8】
- 第12章　シャイな教師の認知と教職遂行の関係モデルの構成【研究9】

第Ⅲ部　シャイな教師の教職遂行を規定する認知的要因

　第Ⅱ部における実証研究で，自分をシャイだと思うシャイな教師は，対人的な教職遂行過程で困った経験をしやすいことが明らかになった。第Ⅲ部では，シャイな教師の教職遂行における困った経験をもたらす認知的要因を解明するとともに，シャイな教師に特徴的な認知と教職遂行過程における困った経験との関係を説明できる関係モデルを構想する。

第8章　シャイな教師の困った経験と関連した認知的要因【研究5】
　第Ⅲ部第9章から第12章において，シャイな教師の認知と教職遂行の関係を検討するに当たり，シャイな教師の教職遂行における困った経験と関連する認知的要因を明らかにする。そのため，教師を対象とした調査を行い，はじめに，シャイな教師の困った経験と関連している要因を抽出し，その中から，認知的要因を抽出する。以下の各章で，抽出された認知的要因と教職遂行過程での困った経験との関係を検討する。

第9章　教職遂行場面評価及び対人評価が教職遂行に及ぼす影響【研究6】
　第8章で見出された認知的要因の一つである，教職遂行場面に対する評価，及び，対人評価が教職遂行における困った経験に及ぼす影響について，教師対象調査の結果を踏まえ検討する。教職遂行場面を統制が困難な場面であると認知しているか，教職遂行過程で出会う児童生徒や保護者といった教育対象をサポーティブな存在であると評価しているかを測定する尺度を作成し，教職遂行過程における困った経験との関係を検討する。また，それらの関係モデルを構想し，妥当性を検討する。

第10章　シャイネスに対する評価が教職遂行に及ぼす影響【研究7】

　第8章で見出された認知的要因の一つであるシャイネスに対する評価が教職遂行過程における困った経験に及ぼす影響を検討する。より具体的には，教師を対象とした調査を実施し，その結果を踏まえ，シャイネス評価尺度を作成し，シャイなため，教職を遂行する上で困った経験や，授業，学級・HR経営場面などの，具体的な対人的教職遂行場面での困った経験との関係を検討する。また，それらの関係を説明するモデルを構想し，妥当性を検討する。

第11章　教職対人行動効力感が教職遂行に及ぼす影響【研究8】

　第8章で見出された認知的要因の一つである，自己効力感と関連した要因として，「教職遂行場面において，対人行動をうまく遂行できる信念」と定義する教職対人行動効力感を取り上げ，教師を対象とした調査の結果を踏まえ，教職対人行動効力感を測定する尺度を作成し，教職遂行過程における困った経験との関係を検討する。また，両者の関係を説明するモデルを構想し，妥当性を検討する。

第12章　シャイな教師の認知と教職遂行の関係モデルの構成【研究9】

　シャイな教師の教職遂行と関連した「教職遂行場面評価」，「対人評価」，「シャイネス評価」，「教職対人行動効力感」の相互の関係を確かめるとともに，研究6から研究8で得られた成果を踏まえ，シャイな教師が教職遂行過程で困るのはどのようなメカニズムによるのかということを説明するシャイな教師の認知と教職遂行の関係モデルを構築し，その妥当性を検討する。

第8章 シャイな教師の困った経験と関連した認知的要因【研究5】

1 問題と目的

　シャイな人の認知の特徴として，自己否定的な思考や評価懸念（例えば，Cheek & Melchior, 1990），低い自己効力感（例えば，Caina, Jianning, Shanshan & Hongmei, 2013；Hill, 1989；葛生，1994），非合理的思考（例えば，van der Molen, 1990）などが報告されている。シャイな教師の認知と教職遂行における困った経験との関係モデルを構成するに当たり，まずは，それらの要因のうち，教職遂行過程における困った経験と関連した認知的要因を明らかにする必要がある。そこで，教師を対象とした調査を行い，シャイであって教職遂行過程における対人行動がうまくいっている教師，うまくいっていない教師の特徴を明らかにするとともに，その中から認知的要因を抽出し，因子分析により，シャイな教師の教職遂行と関連する認知的要因を明らかにすることを目的とする。この研究で得られた認知的要因と，教職遂行過程における困った経験の関係を，第Ⅲ部における研究6～研究9で検討する。

2 方法

(1) 調査対象者と調査時期及び実施手続き

　調査対象者は，筆者も参加した大学公開講座，高校教師を対象とした文部省（当時。現文部科学省）主催の研修会の参加者，及び，筆者の知人や知人から紹介された全国の小中高校教師385名。調査時期は1996年8-9月である。

研究の趣旨，調査結果は統計的に処理され，研究のためのみに利用されること，調査協力や回答は任意であることなどを依頼文に記載し，調査用紙に同封し，大学公開講座と文部省研修会参加者には直接手渡し，当日回収した。知人等には郵送法で調査用紙を送付し回収した。11月下旬までに250名の回答を得た（回収率64.9%）。各問いに対し，あてはまるものに丸をつけて選択する形式（複数回答可）で回答を求めた。

(2) 質問紙

1) 予備調査

シャイな教師に困った経験をもたらす認知的要因を探索するに当たり，シャイな教師の実態把握も兼ねて，対人行動の巧拙や認知と関係する要因を探索することとした。質問項目を選定するため，1996年5月‐6月に，関東地方の国，私立高校に勤務する教師35名（男性24名，女性11名，20歳代9名，30歳代13名，40歳代7名，50歳代6名）を対象に予備調査を実施し，「シャイでも，対人関係がうまくいっている人の特徴はどんなところだと思いますか」，及び，「シャイなため対人関係がうまくいかない人が捉われやすそうな考えがありましたら，書いて下さい」という問いに自由記述で回答することを求めた。国立高校の教師には封入された調査用紙を手渡しし，直接回収した。私立高校の教師には，カウンセリング研究会の世話役を通じて会員に封入した用紙が配布され，同封した返信用封筒で返送された回答を回収した。

得られた回答はKJ法に準じて分類された。カウンセリングを専攻する大学院生3名の意見も参考にして，4要因5要素が収集された（Table 8-1）。すなわち，ソーシャル・スキルを発揮していること（①スキル要因），シャイである自分を自己受容していること（②認知的要因：自己受容），自分の役割（職務）をきちんと遂行し，自信を持っていること（③認知的要因：職業的効力感），誠実，受容的など好ましいパーソナリティの持ち主であること（④パーソナリティ要因），周囲からソーシャル・サポートが得られていること（⑤サ

Table 8-1 予備調査で得られた「対人行動で困っていない教師の特徴」

特徴	具体的回答例
①スキル要因	人に合わせられる，さりげなくYES/NOを伝えたり自分の意見を少しでも主張する
②認知的要因（自己受容）	シャイである自分の存在を自分で分かり対応できている
③認知的要因（職業的効力感）	自分の仕事に自信のある人，仕事をきちんとこなす
④パーソナリティ要因	相手を大切にしている，性格が明るく素直，誠意のある人
⑤サポート要因	シャイである特性を周りの人も理解していて個性と認めている

Table 8-2 予備調査で得られた「対人行動で困っている教師の認知的特徴」

特徴	具体的回答例
⑥自己否定的な認知	自分は他者に受け入れてもらえないのではないか，自分は価値がない，自己表現が下手，自分はリーダー的存在ではない
⑦強迫的，完全主義的な認知	うまくやらなくてはならない，大勢の前で話ができなかったり意見が言えないと困る
⑧拒絶や評価に対するこだわり	他者から好意を持たれなければならない，周囲に合わせなければならない

ポート要因）の5要素である。また，シャイなため対人関係で困っている人が捉われやすそうな認知的特徴として，⑥自己否定的な認知，⑦強迫的，完全主義的な認知，⑧拒絶や評価に対するこだわりという3つの要素が収集された（Table 8-2）。

2） 質問紙の作成

予備調査で得られたこれらの要素は，いずれも，教師の対人行動の円滑な遂行と関連した要因であると考えられた。質問項目を選定するに当たり，これらの回答に含まれる要素を取り入れることを考えた。それとともに，回答では収集できなかったが，Zimbardo（1977）が挙げるシャイネスの原因である「他の人々と親しくなることについての恐怖」，「一人でいることを好むこ

Table 8-3　シャイでも対人行動がうまくいっている教師の特徴

1　仕事など何かに自信を持っている (③)
2　相手を大切にしている (④)
3　愛敬があったり，何らかの魅力がある (④)
4　自分を受け入れている (②)
5　言うべき時には言ったり，いざという時には自己主張できる (①)
6　対人関係を作ったり，続けるための努力をしている (①)
7　周囲の人に理解され，受け入れられている (⑤)
8　シャイな振る舞いに対する肯定的感情を持っている (②)

数字は本文に対応した要因を示す．①スキル，②自己受容，③職業的効力感，④パーソナリティ，⑤サポート．

Table 8-4　シャイなため対人行動がうまくいかない教師の特徴

1　自分が否定的に評価されるのではないかという懸念 (⑧)
2　自分が受け入れられないことを怖れる気持ち (⑧)
3　他者に対する苦手意識 (Z1)
4　一人でいることを好むこと (Z2)
5　理想自己と現実自己のズレ (⑥)
6　自分が注目を浴びることを避けたい気持ち (S1)
7　相手の気持ちや行動が読めないこと (①)
8　自分の知られていない面を他者に知られたくない (S3)
9　完全主義者 (⑦)
10　リーダーでいるよりフォロワーでいたい気持ち (S2)
11　対人関係を結んだり，自己表現をする技能の欠如 (①)
12　自信の欠如 (⑥)

数字は本文に対応した要因，①スキル，⑥自己否定的認知，⑦強迫的，完全主義的認知，⑧拒絶や評価に対するこだわり．
記号は本文に対応した出典を示す．Z：Zimbardo (1977)，S：菅原 (1998)．

と」(それぞれ，Table 8-4に示すZ1, Z2) という項目も，対人行動と関連していると考えられたので加えることとした．更に，菅原 (1998) のシャイネス尺度の項目を参考にして，「自分が注目を浴びることを避けたい気持ち」，「リーダーでいるよりフォロワーでいたい気持ち」という項目 (それぞれ，Table 8-4に示すS1, S2) を加えた．また，シャイネス反応と関連した「照れ」

や「はにかみ」が，他者になじみのない自己像が露呈する状況で生起されるとする論（菅原，1992）を参考にして「自分の知られていない面を他者に知られたくない」という項目（Table 8-4に示すS3）も加えて，「シャイでも対人行動がうまくいっている教師の特徴」8項目（Table 8-3），及び，「シャイなため対人行動がうまくいかない教師の特徴」12項目（Table 8-4），合計20項目を選定した。対人行動が「うまくいく」，「いかない」という2つに分けて質問することで回答者が回答しやすいのではないかと考えた。あてはまるものをいくつでも選択する方式で回答を求めた。

3 結果

(1) 基礎統計量

調査した全20項目に対し，それぞれ14.1%-63.2%の選択率があった（Fig. 8-1，Fig. 8-2）。「シャイでも対人関係がうまくいっている教師の特徴」として多く選択されたのが，「仕事など何かに自信を持っている」(63.2%)という職業遂行に対する効力感と関連した項目，次いで，「相手を大切にしている」(50.4%)，「愛敬があったり，何らかの魅力がある」(47.6%)といった，誠実さや受容性，親和的といったパーソナリティと関連した項目が続く。また，「言うべき時には言ったり，いざというときには自己主張できる」(46.8%)というソーシャル・スキルと関連した項目，「周囲の人に理解され，受け入れられている」(43.2%)というソーシャル・サポートの獲得と関連した項目も，同程度選択されていた。「自分を受け入れている」，「シャイな振る舞いに対する肯定的感情を持っている」といった，内面的な特徴については，他の要因に比べると，観察しやすい項目ではなく，ある程度の関係ができて，話す機会などがないと分からない部分もあると思われ，他の要因に比べると選択率は相対的に低いが，それでも2割程度，もしくはそれ以上，選択されていた。

第8章 シャイな教師の困った経験と関連した認知的要因【研究5】　191

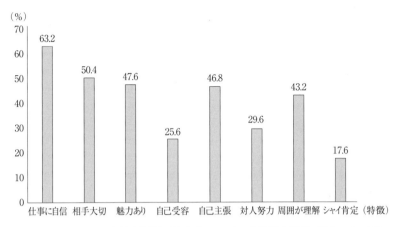

Fig. 8-1　シャイでも対人関係がうまくいっている教師の特徴（％）　N＝250

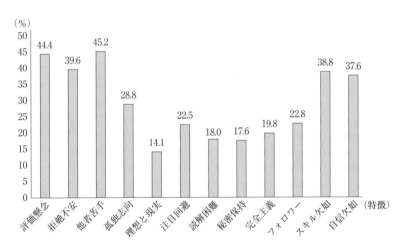

Fig. 8-2　シャイなため対人関係で困っている教師の特徴（％）　N＝250

　一方，「シャイなため対人関係で困っている教師」の特徴として，「他者に対する苦手意識」(45.2％)，「自分が否定的に評価されるのではないかという懸念」(44.4％)，「自分が受け入れられないことを怖れる気持ち」

(39.6%),「自信の欠如」(37.6%) などの認知的要因や,「対人関係を結んだり, 自己表現をする技能の欠如」(38.8%) という, ソーシャル・スキルと関連した項目も多く選択されていた。こちらの問いで, 認知的要因の選択率が相対的に高い理由として, もともと, 選択肢に認知的要因が多く選定されていることが関係していると思われる。

(2) 認知的要因の探索

シャイな教師の教職遂行過程における困った経験と関連した認知的要因を探索するため, 本研究で取り上げた全20項目のうち, ソーシャル・スキルやパーソナリティ, ソーシャル・サポートに関連する項目を除き, 認知的要因と考えられる10項目 (Table 8-5) を対象として因子分析を行った。具体的には, 得られた回答の項目について, 選択/非選択を1/0とするダミー変数処理を行い, 主因子法プロマックス回転による因子分析を行った。これら10項目には,「シャイでも対人行動がうまくいっている教師」と「シャイなため対人関係で困っている教師」という相反する教師像の特徴が取り上げられているため, いずれか一方の「うまくいっている」か「困っているか」という特徴に合わせ, 他方の回答を逆転処理することも考えられたが, もとの回答を生かすため, そのまま分析を行った。スクリープロットの減衰状況や累積寄与率, 解釈可能性から3因子解が妥当であると考えられた。分析の過程で, 因子負荷量が.300に満たない項目を削除し, 最終的な結果を得た (Table 8-6)。初期の固有値は, 第1因子1.75, 第2因子1.14, 第3因子1.06, 累積寄与率は66.7%である。第1因子は,「自分が否定的に評価されるのではないかという懸念」,「自分が受け入れられないことを怖れる気持ち」という, ともに「困っている教師」の特徴を示す2項目からなっている。相手が自分を否定的に評価するのではないか (評価懸念), 受け入れてくれないのではないかという認知 (拒絶不安) と関連したこれらの項目は, 自分が直面する教職遂行場面や, 出会う人との関係に対する認知 (「教職遂行場

第8章　シャイな教師の困った経験と関連した認知的要因【研究5】　193

Table 8-5　シャイな教師の対人行動と関連した認知的要因

1 仕事など何かに自信を持っている＊
2 自分を受け入れている＊
3 シャイな振る舞いに対する肯定的感情を持っている＊
4 自分が否定的に評価されるのではないかという懸念
5 自分が受け入れられないことを怖れる気持ち
6 他者に対する苦手意識
7 一人でいることを好むこと
8 自分の知られていない面を他者に知られたくない
9 完全主義者
10 自信の欠如

＊「シャイでも対人行動がうまくいっている教師」の特徴．
無印「シャイなため対人関係で困っている教師」の特徴．

Table 8-6　シャイな教師の対人行動と関連した認知的要因　N＝215

項　目	Ⅰ	Ⅱ	Ⅲ
Ⅰ 教職遂行場面評価及び対人評価			
4 自分が否定的に評価されるのではないかという懸念	.691	-.094	.081
5 自分が受け入れられないことを怖れる気持ち	.615	.100	-.141
Ⅱ シャイネス評価			
9 完全主義者	-.050	.597	-.034
3 シャイな振る舞いに対する肯定的感情を持っている＊	.060	.449	.071
Ⅲ 自己効力感			
1 仕事など何かに自信を持っている＊	.073	.063	.517
6 他者に対する苦手意識	-.101	-.027	.402
因子間相関　Ⅱ	.394	－	－
Ⅲ	.333	.222	－

＊「シャイでも対人行動がうまくいっている教師」の特徴．
無印「シャイなため対人関係で困っている教師」の特徴．

面評価及び対人評価」）としてまとめることができると考えられる。第2因子は，「完全主義者」（「困っている教師の特徴」），「シャイな振る舞いに対する肯定的感情を持っている」（「困っていない教師の特徴」）という2項目からなる。これらは，欠点があってはいけないと考えたり，対人関係で不利になるかも

しれないシャイであっても大丈夫と考えることと関連した項目である。強迫的，完全主義的な認知と解することもできるが，シャイネスに対する評価と関連する項目を含むことから「シャイネス評価」と命名した。Nelson-Jones (1990) は，内気（シャイネスの訳語：筆者注）と関連して，「内気でもいいじゃないか」という思考と「内気じゃまずいな」という思考が存在すると述べているが，この因子は「内気でもいいじゃないか」という思考と関連しているといえよう。シャイネスに対しては，肯定的な評価と否定的評価が存在し，それが，その人の対人行動に影響を及ぼすことが考えられる。例えば，シャイネスを否定的に評価する人は，対人行動の面で，行動抑制につながっていくことが予想されよう。第3因子は「仕事など何かに自信を持っている」（「困っていない教師」の特徴），「他者に対する苦手意識」（「困っている教師」の特徴）という2項目からなる。自信をもって仕事や他者と向き合う内容である項目からなっていることから「自己効力感」としてまとめることができると考えられた。

この後の，研究6，研究7，研究8，研究9において，これらの認知的要因と教職遂行過程における困った経験との関連を検討する。

4　考察

本研究では，まず，シャイな教師が教職遂行過程で困ること，困らないことをもたらす要因を検討した。

シャイであっても対人関係で困らない教師の持つ特徴として，本人の認知的要因，パーソナリティ要因，スキル要因が見出された。シャイな教師の教職遂行過程における困った経験に関連した要因として認知的要因が存在することが確認された。また，研究3（「シャイな教師に対する評価」）で，児童生徒からポジティブに評価される教師の特徴として示されていた，受容的であったり，誠実な人柄といったパーソナリティ要因も，周囲との関係をよい

ものにし，シャイな教師を困らせなくなると考えられる。また，ソーシャル・スキルを発揮できれば，文字通り，対人関係で困らないことが示唆された。更に，本人以外の要因として，ソーシャル・サポート要因が見出された。シャイな教師が，仮に対人行動を苦手としていても，周囲の者が，本人の意図を汲んだり，シャイな振る舞いに対して受容的であるようなサポーティブな環境であることも，シャイな教師が困らないことにつながると思われる。今日，同僚性の重要性が指摘されているが（例えば，貝川・鈴木，2006；田中・高木，2008），こうした学校における環境要因も，シャイな教師の支援策を検討する際に，押さえておくべき要因の一つとなろう。

教師調査で得られたシャイな教師の教職遂行と関連した要因の中から，「教職遂行場面評価及び対人評価」，「シャイネス評価」，「自己効力感」という3つの認知的要因が見出された。これらの，場面や状況の認知，自己評価と関連する認知が，シャイな人に特徴的な認知であることはこれまでも報告されている（例えば，Cheek & Melchior, 1990；Hill, 1989；Nelson-Jones, 1990；van der Molen, 1990）。しかし，こうしたシャイな人に特徴的な認知がその対人行動，例えば，シャイな教師の教職遂行とどのように関わっているのか，といった要因間の検討はこれまで十分になされてこなかった経緯がある。本研究で，これらの認知的要因が，シャイな教師の困った経験と関係していることが示唆された。

これらの認知的要因が，第Ⅱ部で明らかになったシャイな教師の困った経験をもたらすメカニズムを，以降の章で検討していくこととする。

第9章　教職遂行場面評価及び対人評価が教職遂行に及ぼす影響【研究6】

1　問題と目的

　シャイな人は，同じ状況をより否定的にとらえやすいことが報告されている（例えば，Fatis, 1983；Ishiyama, 1984）。研究5で示されたシャイな教師の困った経験と関連した認知的要因の一つである，自分が直面している教職遂行場面や，そこで出会う人をサポーティブであると認知することと関連した「教職遂行場面評価」や「対人評価」を取り上げる。それらを測定する尺度を開発し，その尺度を用いて，教職遂行場面や自分が関わる相手に対する評価と，研究4で検討した教職遂行場面での困った経験との関連を明らかにする。

2　方法

(1)　調査対象者と調査時期及び実施手続き

　2013年11月から2014年1月にかけ，著者の知人である全国の小，中，高等学校の教員66名，及び，著者の所属する複数の学術団体の会員434名，合計500名に郵送法で調査用紙を配布し無記名で回収した。その際，アンケートに協力するかどうかは自由であり，答えたくない質問には答えなくてよいこと，回答は研究のみに利用され，秘密は守られることなどが記載された「研究協力のお願い」も同封された。得られた215名の回答（男性135名，女性80名；20歳代6名，30歳代28名，40歳代59名，50歳代118名，60歳代4名；小学校勤務

65名，中学校勤務29名，高等学校勤務110名，その他（特別支援学校，中高一貫校）11名；回収率43.0％）を分析対象とした。

尚，本研究は，びわこ成蹊スポーツ大学学術研究倫理専門委員会の承認（2013年度，第4号）を得て実施された。

(2) 質問紙

教師が，教職遂行場面やそこで出会う人をどのように評価しているのかを測定する尺度を作成するため，これまで取り上げてきた，「授業」，「個別指導」，「学級・HR経営」，「会議」，「保護者対応」という代表的な対人的教職遂行場面を脅威的と認知しているか，また，その場面で出会う「児童生徒」，「上司・管理職」，「同僚」，「保護者」をサポーティブであると認知しているか確認する項目を選定し，尺度を自作した。項目選定に当たり，教科教育学を専攻する大学助手とともに内容的妥当性の検討を行い，最終的に合計20項目の原尺度が作成された（Table 9-1）。「1 全く当てはまらない」から「7 よくあてはまる」までの7件法で回答を求め，高得点ほど，対人的教職遂行場面を統制困難な脅威的な場面，職務上の人間関係をサポーティブであると評価していることを想定した。

3 結果

(1) 教職遂行場面評価尺度及び対人評価尺度の作成

教職遂行場面及び対人評価測定尺度の原尺度20項目について，天井効果，フロア効果を検討したが，該当する項目はなかったので，20項目について主因子法プロマックス回転による因子分析を行った。スクリープロットの減衰状況，解釈可能性から4因子構造が想定され，6項目からなる第1因子，4項目からなる第2因子，5項目からなる第3因子，3項目からなる第4因子が抽出された（固有値は第1因子5.24；第2因子2.80；第3因子2.34；第4因子

Table 9-1　教職遂行場面及び対人評価尺度の項目

```
 1  子どもは私の味方である
 2  子どもは私のことを理解している
 3  子どもは私に喜びを与えてくれる
 4  同僚は困った時に助けてくれる
 5  同僚はよきパートナーである
 6  同僚とは何でも話すことができる
 7  上司，同僚はよき相談相手だ
 8  上司，管理職は私を認めてくれる
 9  保護者は私のよき協力者だ
10  学校で困った時には味方がいる
11  授業では高いパフォーマンス能力が必要だ
12  授業では高いコミュニケーション能力が必要だ
13  授業では高い指導技術が必要だ
14  学級では何が起きても不思議ではない
15  学級経営には相当の力量が必要だ
16  学級で児童生徒が反抗しないか心配だ
17  会議で発言するには勇気がいる
18  会議で皆を納得させることは難しい
19  保護者会でどんな意見が出るか心配だ
20  学校では気を抜けない
```

1.34, 累積寄与率65.10%)。

　プロマックス回転後の抽出因子と各項目の平均値，標準偏差をTable 9-2に示す。第1因子は，「同僚は困った時に助けてくれる」，「上司，管理職はよき相談相手だ」，「学校で困った時には味方がいる」など，上司，管理職も含めた同僚が味方であるという認知と関連する項目からなり，「同僚サポート認知」と命名された。第2因子は，「授業では高い指導技術が必要だ」，「学級経営には相当の力量が必要だ」などの項目からなり，「力量必要認知」と命名された。第3因子は，「学級で子どもが反抗しないか心配だ」，「会議で皆を納得させることは難しい」，「保護者会でどんな意見が出るか心配だ」など，その対人的場面では教職遂行が困難であるという認知と関連する項目からなり，「困難場面認知」と命名された。第4因子は，「子どもは私の味方

Table 9-2 教職遂行場面評価尺度の統計量と因子負荷量（主因子法プロマックス回転）

N=215

項目	項目平均(SD)	I	II	III	IV
I 同僚サポート認知(α=.879)	4.95(1.76)				
5 同僚はよきパートナーである	5.42(1.19)	.931	-.039	.003	-.137
4 同僚は困った時に助けてくれる	5.45(1.12)	.895	-.007	.058	-.171
6 同僚とは何でも話すことができる	4.60(1.46)	.725	-.042	.018	.100
7 上司，管理職はよき相談相手だ	4.17(1.58)	.693	.037	.032	-.033
10 学校で困った時には味方がいる	5.33(1.23)	.636	.064	-.047	.217
8 上司，管理職は私を認めてくれる	4.75(1.32)	.593	.081	-.048	.087
II 力量必要認知(α=.865)	5.68(1.09)				
13 授業では高い指導技術が必要だ	5.74(.96)	.006	.856	-.054	-.011
12 授業では高いコミュニケーション能力が必要だ	5.76(1.04)	.019	.848	-.030	-.021
11 授業では高いパフォーマンス能力が必要だ	5.54(1.07)	-.018	.841	-.028	-.053
15 学級経営には相当の力量が必要だ	5.67(1.11)	.056	.603	.152	.092
III 困難場面認知(α=.773)	3.96(2.28)				
17 会議で発言するには勇気がいる	3.90(1.55)	.080	-.122	.763	.088
19 保護者会でどんな意見が出るか心配だ	3.76(1.45)	.073	-.015	.726	.013
16 学級で子どもが反抗しないか心配だ	3.53(1.41)	.081	.051	.599	-.052
18 会議で皆を納得させることは難しい	4.55(1.53)	-.099	-.057	.572	-.063
20 学校では気を抜けない	4.06(1.59)	-.183	.236	.554	.017
IV 対象サポート認知(α=.754)	4.55(1.26)				
2 子どもは私のことを理解している	4.52(1.01)	-.042	-.026	-.028	.841
1 子どもは私の味方である	4.49(1.19)	-.101	-.003	.052	.759
9 保護者は私のよき協力者だ	4.64(1.17)	.253	.029	-.039	.521
因子間相関係数			II	III	IV
		I	.259	-.193	.478
		II	—	-.022	.311
		III		—	-.366

である」，「保護者は私のよき協力者だ」など，児童生徒や保護者といった教職遂行対象者が味方であるという認知と関連する項目からなり，「対象サポート認知」と命名された。

4因子間の相関関係をTable 9-3に示す。児童生徒や保護者が味方であるという「対象サポート認知」は，他の因子と全て有意な相関が認められ，特に，「同僚サポート認知」との間に.446と中程度の正の相関が認められた。

Table 9-3 教職遂行場面評価4尺度間の相関関係　N=215

	力量必要認知	困難場面認知	対象サポート認知
同僚サポート認知	.264**	-.170*	.446**
力量必要認知	—	.014	.266**
困難場面認知		—	-.288**

*p<.05, **p<.01.

児童生徒や保護者のことをサポーティブであると認知している教師は，同僚のこともサポーティブと認知する傾向があることがわかる。このことを受けて，児童生徒であれ，同僚であれ，教職を遂行する際に自分には味方がいるという認知もあり得ると考えると，同僚サポート認知尺度と対象サポート認知尺度を合わせた9項目からなるサポート尺度を想定することも可能であろう。但し，教育活動の中で，自分が直接関わる対象者がサポーティブである，味方であると認知するかどうかということと，協働関係にある同僚がサポーティブかどうかということは，異なる意味合いがあると考え，今回は，それぞれ別の因子であることを想定し，4因子解とした。また「困難場面認知」と「対象サポート認知」の間に負の相関関係（r=-.288, p<.01）が認められることは，自分が関わる相手がサポーティブでない場面は困難場面として認知されやすい可能性があることを示すものといえよう。

「力量必要認知」構成項目については，当初，その場面は，力量がなくてはやっていけない困難な場面であるという認知を測定する項目として想定したものだが，今回の結果では，「困難場面認知」とは相関関係が認められず，独立した因子として抽出されたものである。「対象サポート認知」と弱い正の相関が認められることから，教育対象に対して，負の感情はなく，教育場面には力量のある教師がきちんと相対すべきであるという教師の覚悟を表現した因子であるようにも思われるが，この因子の解釈に関しては，今後の検討課題としておきたい。これらの各因子を，それぞれ「同僚サポート認知尺度」，「力量必要認知尺度」，「困難場面認知尺度」，「対象サポート認知尺度」

として利用することとした。各尺度のCronbachのα係数は、「同僚サポート認知尺度」が$\alpha = .879$,「力量必要認知尺度」が$\alpha = .865$,「困難場面認知尺度」が$\alpha = .773$,「対象サポート認知尺度」が$\alpha = .754$であり、信頼性は十分であると考えられた。

　また、「困難場面認知」と、研究4で検討したシャイネス反応の認知的反応の間には全て有意な正の相関関係があった。すなわち、困難場面では自信がなく（$r = .568, p < .01$)、拒否されないか心配で（$r = .592, p < .01$)、評価が気になり（$r = .509, p < .01$)、失敗が許されない場面（$r = .372, p < .01$）という認知をしている可能性が高いことが示唆され、このことから、「困難場面認知尺度」の利用に際して、一定の有用性があると考えられた。同様に、「対象サポート認知尺度」の得点と「拒否されないか心配になる」（$r = -.332$)、「どう評価されるかに気なる」（$r = -.195$）という対人関係に関する認知と弱いながら有意な負の相関が認められた。「同僚サポート認知尺度」得点とも、$r = .2$以下であったが、すべて有意な相関関係が認められた。これらのことから、「対象サポート認知尺度」、「同僚サポート認知尺度」も概ね有用性が認められると考えてよいと思われた。

(2) **基礎統計量**

　教職遂行場面及び対人評価尺度の各項目の平均値は3.53〜5.76の範囲にあり、標準偏差は.96〜1.59の範囲にあった（Table 9-2）。各下位尺度の項目平均値と項目分散は、「同僚サポート認知尺度」が4.95（1.76），「力量必要認知尺度」が5.68（1.09），「困難場面認知尺度」が3.96（2.28），「対象サポート尺度」が4.55（1.26）であった（Table 9-2）。

(3) **回答者の属性と教職遂行場面評価尺度得点及び対人評価尺度得点の関係**

　回答者の属性のうち、性，年齢，勤務年数，校種と教職遂行場面及び対人評価に関する4尺度の関係をt検定（性）及び、一要因の分散分析（年齢，勤

務年数,校種)により検討したところ,性差,及び,勤務年による差は認められなかった。年齢では,「力量必要認知尺度」と「困難場面認知尺度」で有意差が認められ(順に,$F(4,210)=2.57$,$F(4,210)=2.43$,いずれも$p<.05$),多重比較を行った結果,40歳代が50歳代に比べ,授業や学級経営に高い力量が必要であるという認知がより強いことが示された。困難場面認知については,多重比較で有意差が示されなかった。校種別では,小学校の教師の方が,高校の教師に比べて同僚サポートや対象サポートがあることをより強く認知していることが示された(順に,$F(4,210)=3.61$,$p<.01$,$F(4,210)=2.91$,$p<.05$)。

これらの属性の組み合わせによる2要因の分散分析を行ったが,いずれも,交互作用は有意でなかった。

次に,シャイであるかどうかと教職遂行場面評価,及び,対人評価との関係を検討した。「シャイだと思う」,「どちらともいえない」,「今は思わない」,「思わない」の区分ごとに同僚サポート認知,力量必要認知,困難場面認知,対象サポート認知の4つの尺度得点との関係を調べた結果,自分は「シャイだと思う」シャイな教師は,困難場面認知において,「今はシャイだと思わない」,「思わない」両群に比べ有意に得点が高く,児童生徒と過ごす学級や同僚との会議場面,また,保護者対応場面などの対人的教職遂行場面を困難な場面として評価していることが示唆された(Table 9-4)。

また,一元配置分散分析を行い,サブタイプ別の各尺度の平均点(Table 9-5)を比較したところ,同僚サポート認知,困難場面認知,対象サポート認知の3尺度で有意差が認められた(Table 9-6)。

多重比較の結果,「困難場面認知尺度」得点は,「シャイネスサブタイプ」(対人不安と行動抑制を共に経験)と「対人不安サブタイプ」が「ノンシャイサブタイプ」より高く,困難場面と認知しやすいことが示唆された。不安を感じやすい「対人不安サブタイプ」が,場面を脅威的なものと認知している一方,「行動抑制サブタイプ」は,「ノンシャイサブタイプ」と有意差が認めら

Table 9-4 シャイであるかどうかと教職遂行場面評価の関係　N=215

場面認知尺度	シャイか	平均	SD	分散分析	有意確率	多重比較
同僚サポート	1 思う	4.82	.950	$F(3,211)=3.12$	$p<.05$	2<4*
	2 どちらとも	4.76	1.12			
	3 今は思わない	5.10	1.00			
	4 思わない	5.38	1.15			
力量必要	1 思う	5.62	.842	$F(3,211)=3.05$	$p<.05$	2<4*
	2 どちらとも	5.49	1.01			
	3 今は思わない	5.72	.838			
	4 思わない	6.07	.737			
困難場面	1 思う	4.41	1.03	$F(3,211)=15.71$	$p<.001$	1>3***
	2 どちらとも	4.09	.965			1>4***
	3 今は思わない	3.57	.930			2>3*
	4 思わない	3.14	1.03			2>4***
対象サポート	1 思う	4.39	.930	$F(3,211)=3.08$	$p<.05$	検出されず
	2 どちらとも	4.42	.905			
	3 今は思わない	4.78	.877			
	4 思わない	4.81	.902			

n：1 思う85，2 どちらともいえない49，3 今は思わない50，4 思わない31.
*$p<.05$, ***$p<.001$.

Table 9-5　サブタイプ別の尺度得点(SD)と分散分析結果　N=211

尺度	ノンシャイ	対人不安	行動抑制	シャイネス
困難場面認知	3.64(.972)	4.43(1.16)	4.37(1.02)	4.83(.971)
同僚サポート認知	5.09(1.06)	4.63(1.00)	5.08(.293)	4.63(1.02)
対象サポート認知	4.71(.890)	4.33(1.04)	4.50(.459)	4.08(.892)

Table 9-6　尺度ごとのサブタイプ別尺度得点平均の分散分析結果　N=211

	平方和	平均平方	F値	有意確率	多重比較
困難場面認知	48.54	16.18	$F(3,207)=16.32$	$p<.001$	1<2**・4***
同僚サポート認知	9.28	2.88	$F(3,207)=2.88$	$p<.05$	検出されず
対象サポート認知	12.50	5.14	$F(3,207)=5.14$	$p<.01$	1>4***

多重比較の1：ノンシャイ，2：対人不安，4：シャイネスの各サブタイプ．
多重比較の**$p<.01$, ***$p<.001$.

れなかったことは，これが，認知の問題であることを示唆しているといえよう。「対象サポート尺度」得点は，「ノンシャイサブタイプ」が「シャイネスサブタイプ」よりも有意に高得点であり，児童生徒をサポーティブ（味方）であると認知していることが示唆された。

(4) **シャイなため困った経験と教職遂行場面評価**

シャイなため「困っている（現在，今も困ることあり）」，「困った経験がある（今は困っていない）」，「困ったことはない」の区分ごとに4つの尺度得点との関係を調べた（Table 9-6）。その結果「困難場面認知尺度」得点において，「困っている」群が「困ったことはない」群に比べ有意に得点が高かった（4.33（1.05）−3.69（1.10），平方和14.90，平均平方7.45，$F(2,212) = 6.57$，$p < .01$）。このことから，シャイなため困っている教師は，児童生徒と過ごす学級や，同僚との会議場面，また，保護者対応場面などの対人的教職遂行場面を困難な場面として評価していることが示唆された。

(5) **教職遂行場面評価及び対人評価と対人的教職遂行場面での困った経験の関係**

教職遂行場面評価と対人的教職遂行場面での困った経験との関係を検討するため，4つの評価尺度得点を独立変数，研究4で作成した「対人的教職遂行場面での困った経験測定尺度」得点を従属変数として，重回帰分析（強制投入法）を行った。その結果，困難場面認知，対象サポート認知，同僚サポート認知が説明変数として有意であった（Table 9-7）。しかし，標準化係数（β）の符号が負になると考えられる同僚サポート認知が正の符号となり，理論的には説明しにくい結果となった。理由として，説明変数として投入した対象サポート認知との間に中程度の相関関係があることの影響が考えられた。そこで，各評価尺度得点を説明変数とする単回帰分析を行った結果，困難場面認知（$R^2 = .178$，$\beta = .421$，$t = 6.78$，$p < .001$）と対象サポート認知（$R^2 = $

Table 9-6　シャイなため困った経験と教職遂行場面評価の関係　N=215

場面認知尺度	困った経験	平均	SD	分散分析	有意確率	多重比較
同僚サポート	1 困っている	4.84	1.02	$F(2,212)=.568$	n.s.	
	2 今は困っていない	4.94	1.02			
	3 困ったことはない	5.03	1.00			
力量必要	1 困っている	5.55	.911	$F(2,212)=1.05$	n.s.	
	2 今は困っていない	5.78	.890			
	3 困ったことはない	5.68	.854			
困難場面	1 困っている	4.33	1.05	$F(2,212)=6.57$	$p<.01$	1>3**
	2 今は困っていない	4.05	1.03			
	3 困ったことはない	3.69	1.10			
同僚サポート	1 困っている	4.38	.963	$F(2,212)=1.38$	n.s.	
	2 今は困っていない	4.57	.904			
	3 困ったことはない	4.64	.903			

n：1 困っている54，2 困った経験がある(今は困っていない)66，3 困ったことはない95．
**$p<.01$．

Table 9-7　困った経験を従属変数とする重回帰分析結果　N=215

	β	t	有意確率
困難場面認知	.399	6.22	$p<.001$
力量必要認知	.123	1.90	n.s.
対象サポート認知	-.154	-2.15	$p<.05$
同僚サポート認知	.142	2.04	$p<.05$

$R^2=.216$．

.030，$\beta=-.173$，$t=2.57$，$p<.05$）が有意であり，この2つの認知的要因が，主として，教職遂行過程における困った経験をもたらすものと考えられた。すなわち，教職遂行場面を困難な場面であると考えること，及び，自分が関わる児童生徒や保護者などの相手がサポーティブな存在でない（味方でない）と認知することが，教師に困った経験をもたらすことが示唆された。標準化係数（β）の値や有意確率から判断すると，とりわけ困難場面認知の影響が大きいことが考えられた。

(6) 困難場面認知と対人的教職遂行場面での困った経験の関係モデル

教職遂行場面に対する認知が、困った経験をもたらすと考え、両者の関係を示すモデルを構成した。共分散構造分析により、モデルの適合度は、CFI = .948, RMSEA = .089, NFI = .920, RFI = .887であり、概ね満足できる範囲にあると考えられた (Fig. 9-1)。困難場面認知から有意な正のパスが出ており、自分が今、関わっている対人的教職遂行場面では何が起こるかわからない、その場を統制することが難しい場面であるという認知が、困った経

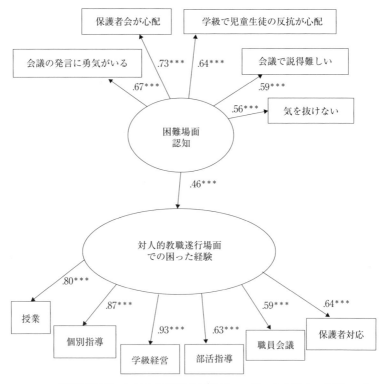

Fig. 9-1 困難場面認知と対人的教職遂行場面での困った経験との因果モデル
CFI = .948, RMSEA = .089, NFI = .920, RFI = .887, ***p < .001, 誤差変数は省略した.

験をもたらすと考えられる。

　次に、シャイネス反応を組み入れたモデルを構想した。先行研究から、他者からの評価（例えば、Leary, 1986）や、不安をもたらす状況（見知らぬ人、初めての場面、等）がシャイネスを喚起すると考えられる。すなわち、自分の直面する場面は困難な場面であると認知することが、緊張をもたらしたり、流ちょうなパフォーマンスの発揮を妨げたり、関わりを抑制するといったシャイネス反応を喚起すると考えられる。そこで、困難場面認知がシャイネス反応を喚起し、それが困った経験につながるというモデルを構成した。共分散構造分析でモデルの適合度を確認したところ、CFI = .948, RMSEA = .089, NFI = .920, RFI = .887となり、モデルの適合度は、許容範囲内にあると考えられた。

　また、困難場面認知が困った経験をもたらす（Fig. 9-1）という知見が得られたことから、困難場面からもパスを出すモデルを構成し、適合度を確認すると、CFI = .951, RMSEA = .084, NFI = .923, RFI = .889となり、値の小さい方が適合度が高いとされるAIC値も、困難場面からのパスがないモデルではAIC = 251.7であるのに対し、パスのあるモデルでは、AIC = 246.8と、わずかだが、より適合的と考えられる値となったので、このモデルを採用することとした（Fig. 9-2）。尚、シャイネス反応が困難場面認知をもたらすというモデルも検討したが、モデルの適合度は、今回採用した、困難場面からシャイネス反応、シャイネス反応から困った経験へとつながるモデルと同じ値であったので、より理論的に説明できると考えられる今回採用したモデル（Fig. 9-2）を最終的に選択した。困難場面認知からシャイネス反応、シャイネス反応から困った経験へ、いずれも有意な正のパスが出ており、対人的教職遂行場面を対処が困難な場面であると評価することで、緊張、パフォーマンスの拙さ、叱れないといったシャイネス反応が喚起され、困った経験につながっていくと考えられる。

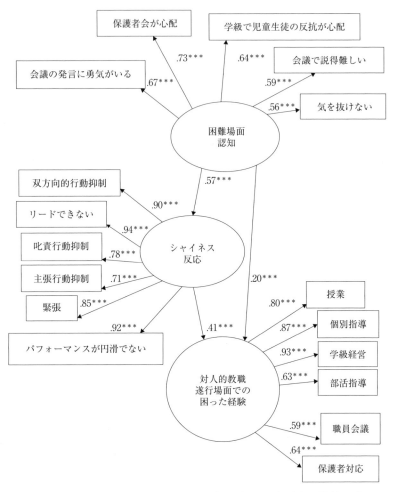

Fig. 9-2 困難場面認知とシャイネス反応及び困った経験との関係モデル
CFI = .951, RMSEA = .084, NFI = .923, RFI = .889, ***p < .001, 誤差変数は省略した.

(7) 対象サポート認知と対人的教職遂行場面での困った経験の関係モデル

単回帰分析の結果，自分が関わる相手が味方であると考える対象サポート認知も教職遂行過程における困った経験に影響することが示されたので，対象サポート認知が困った経験に影響するというモデルを構想した（Fig. 9-3）。共分散構造分析により，モデルの適合度はCFI = .939, RMSEA = .088,

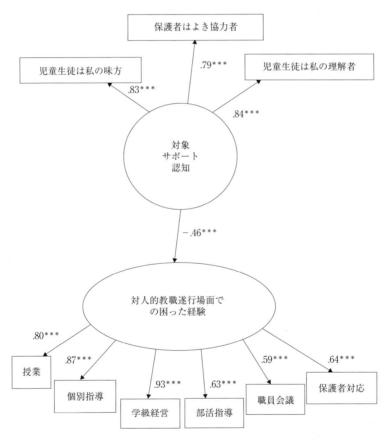

Fig. 9-3 対人評価と対人的教職遂行場面での困った経験との因果モデル
CFI = .939, RMSEA = .088, NFI = .907, RFI = .870, ***$p < .001$,
誤差変数は省略した．

NFI = .907, RFI = .870であり, 許容範囲内にあると考えられた。対象サポート認知から, 有意な負のパスが出ており, 自分が今, 関わっている児童生徒や保護者がサポーティブだと思えば困らないが, そうでないと認知することで, 困った経験につながると考えられる。

　次に, シャイネス反応を組み入れたモデルを構想した。困難場面に対する認知と同様に, 相手がサポーティブでないと考えられる状況は, 本人にとって脅威的であると考えられ, シャイネスを喚起されやすい状況であると考えられる。従って, シャイネス反応が対象サポート認知をもたらすと考えるより, 自分の目の前にいる相手からはサポートが得られないという認知が, シャイネス反応を喚起すると考えることが妥当であると考えられる。そこで, 対象サポート認知がシャイネス反応を喚起し, それが困った経験につながるモデルを構成した。共分散構造分析でモデルの適合度を確認したところ, CFI = .959, RMSEA = .077, NFI = .930, RFI = .900となり, モデルの適合度は概ね満足できる範囲内にあると考えられた (Fig. 9-4)。確認のため, シャイネス反応から対象サポート, 対象サポートから困った経験へとつながる逆向きのモデルも検討したが, 対象サポート認知から困った経験へのパスが有意でなく, モデルとして成立しないと考えられる結果となった。また, 対象サポートから, 困った経験へのパスを加えて検討したところ, このパスも有意でなく, Fig. 9-4に示すモデルが採用された。対象サポート認知からシャイネス反応に有意な負のパス, シャイネス反応から困った経験へ有意な正のパスが出ており, 自分が相手とする対象 (児童生徒, 保護者) は, 自分の味方である, いざとなったら助けてくれるサポーティブな存在であると評価できるとシャイネス反応は喚起されにくいが, そうでないと, すなわち, 対象をサポーティブであると認知できないと, 緊張, パフォーマンスの拙さ, 叱れないといったシャイネス反応が喚起され, 困った経験につながっていくと考えられる。

第9章 教職遂行場面評価及び対人評価が教職遂行に及ぼす影響【研究6】　211

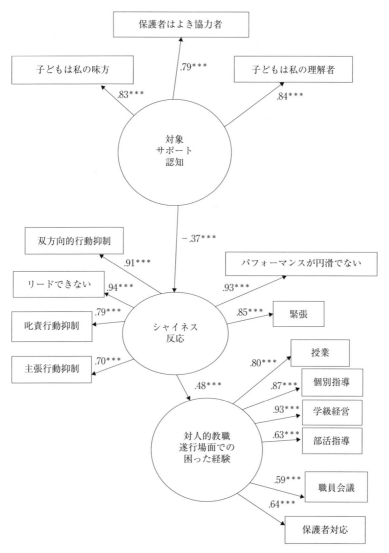

Fig. 9-4　対人評価とシャイネス反応及び困った経験との関係モデル
CFI = .959, RMSEA = .077, NFI = .930, RFI = .900, ***p < .001, 誤差変数は省略した.

(8) 困難場面認知及び対人評価と対人的教職遂行場面での困った経験の関係モデル

　以上の関係モデルの構想を踏まえ,「教職遂行場面評価(困難場面認知)」,「対人評価」,「シャイネス反応」,「対人的教職遂行場面での困った経験」の関係モデルを構想した(Fig. 9-5)。これまでの関係モデルを踏まえ,場面評価,対人評価がシャイネス反応を喚起し,シャイネス反応が喚起されることが困ったことにつながるというモデルである。

　モデル作成の過程で,はじめに設定した対象サポート認知から困った経験に至るパスは有意でなく削除した。また,困難場面認知から困った経験へのパスは,削除するとAICの値が294.8から299.7とわずかだが大きくなる(適合度が下がると考えられる)ので残した。対象サポート認知と困難場面認知の関係については,そこにいる人がサポーティブでない(味方でない)と思うことで,その場面が脅威的,統制が困難な場面であると認知されると考えるのが妥当であると考えたこと,また,それと逆向きのパス(困難場面認知から対象サポート認知へ出るパス)にするとAICの値が増加することから,対象サポート認知から困難場面認知へパスを通した。共分散構造分析によるモデルの適合度は,CFI = .944,RMSEA = .080,NFI = .909,RFI = .874となり,許容範囲内にあると考えられた。

　このモデルを要約すると,対象サポート認知から,シャイネス反応と困難場面認知に負のパスが通っていること,また,困難場面認知からシャイネス反応に正のパスが通っていることから,シャイな教師が,自分の向き合う相手をサポーティブであると認知するかどうかが,直接,間接にシャイネス喚起に影響する。それとともに,困難場面認知からシャイネス反応に正のパスが出ているので,その場面を統制困難な,脅威的な場面と考えてしまうと,緊張,パフォーマンスの拙さ,主張行動の抑制,叱れないといったシャイネス反応が喚起されやすくなり,対人場面で困ってしまうと考えられる。シャイな人は,同じ場面を否定的にとらえやすい(例えば,Fatis, 1983;Ishiyama,

第9章 教職遂行場面評価及び対人評価が教職遂行に及ぼす影響【研究6】

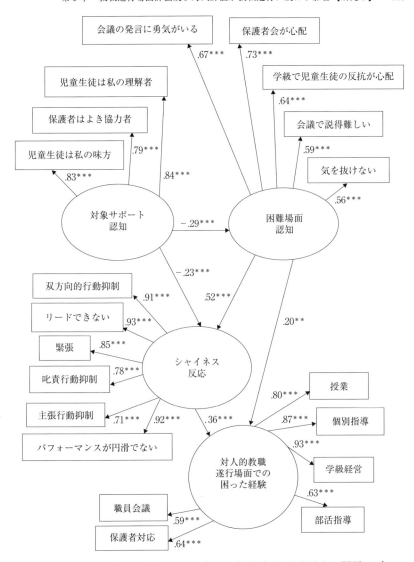

Fig. 9-5 場面及び対人評価とシャイネス反応及び困った経験との関係モデル
CFI = .944, RMSEA = .080, NFI = .909, RFI = .874, ***p < .001,
誤差変数は省略した.

1984）ことが報告されるように，教職遂行場面を困難な場面と認知したり，対人関係をサポーティブでないと認知する可能性があると考えられ，そうしたことが，シャイな教師に困った経験をもたらすことが考えられる。

4　考察

本研究では，シャイな教師の教職遂行場面や，そこで出会う人に対する評価と，教職遂行過程における困った経験との関係を検討した。シャイな教師は，シャイでない教師より，「困難場面認知尺度」得点が有意に高かった。また，サブタイプごとに分析すると，「ノンシャイサブタイプ」が，「シャイネスサブタイプ」よりも「対象サポート尺度」得点が有意に高かった。このことから，シャイな教師は，児童生徒と過ごす学級や，同僚との会議場面，また，保護者対応場面などの対人的教職遂行場面を困難な場面として評価していること，また，児童生徒や保護者は自分を助けてくれる味方であるとは認知していないことが示唆された。

シャイな教師と「今はシャイでない（シャイだと思ったことはある）」教師では，「困難場面認知尺度」得点に有意差が認められた。このことからも，シャイな教師は，教職遂行場面を困難と認知することが示唆されるが，同時に，今はシャイでないと思う教師が教職遂行場面を困難と認知していないことから，シャイな教師も，やがては教職遂行場面を困難場面と認知しなくなる可能性があると考えられる。

回帰分析の結果，教職遂行場面を困難な場面であると認知すること，及び，児童生徒や保護者をサポーティブでない（味方でない）と認知することが，教師に困った経験をもたらすこと，とりわけ，困難場面認知の影響が大きいことが示唆された。

これらの知見を踏まえ，教職遂行場面評価や対人評価と教職遂行過程における困った経験の関係モデルを構想し，更に，そこにシャイネス反応を組み

込んだ，あてはまりのよい要因相互の関係モデルを構想した。このモデルでは，対象サポート認知から，シャイネス反応と困難場面認知に負のパスが通り，困難場面認知からシャイネス反応に正のパスが通っている。このことから，シャイな教師が，自分の向き合う相手をサポーティブ（味方）であると認知するかどうかが，直接，間接にシャイネス喚起に影響すると考えられる。それとともに，困難場面認知からシャイネス反応に正のパスが出ているので，その場面を統制困難な場面と考えてしまうと，緊張，パフォーマンスの拙さ，主張行動の抑制，叱れないといったシャイネス反応が喚起されやすくなり，対人的教職遂行場面で困ってしまうと考えられる。シャイな人は，同じ場面を否定的にとらえやすい（例えば，Fatis, 1983；Ishiyama, 1984）と考えられることから，シャイでない教師に比べ，教職遂行場面を，何が起こるかわからない困難な場面と認知したり，相手をサポーティブでないと認知する可能性があると考えられ，そうした認知の特徴を有することが，シャイな教師に困った経験をもたらすと考えられよう。

第10章 シャイネスに対する評価が教職遂行に及ぼす影響【研究7】

1 問題と目的

研究5で明らかになった，教職遂行過程における困った経験と関連した認知的要因の一つである，教師のシャイネスに対する評価と対人行動の関連を明らかにする。まず，シャイネス評価尺度を作成し，次いで研究4で明らかになった，シャイな教師の困った経験との関係を検討する。

2 シャイネスに対する評価と教職遂行の関連（教師調査1）

2.1 問題と目的

研究5で見出されたシャイな教師の困った経験と関連した認知的要因のうち，シャイネスに対する評価と教職遂行過程における困った経験の関係を検討する。

2.2 方法

(1) **調査対象者と調査時期及び実施手続き**

調査対象者は，筆者も参加した大学公開講座，高校教師を対象とした文部省（当時。現文部科学省）主催の研修会の参加者，及び，筆者の知人や知人を介して紹介された全国の小中高校教師385名。調査時期は1996年8-9月である。研究の趣旨，調査結果は統計的に処理され，研究のためのみに利用され

ること，調査協力や回答は任意であることなどを依頼文に記載し，調査用紙に同封し，大学公開講座参加者と文部省研修会参加者には直接手渡し，当日，回収した。知人やその紹介者には郵送法で調査用紙を送付し，回収した。11月下旬までに250名の回答を得た（回収率64.9%）。

(2) 質問紙

シャイネスに対する評価を測定する項目を選定するに当たり，カウンセリングを専攻する大学院生3名の協力を得て，シャイな振る舞いやシャイな人に対する好悪感情，シャイネスが対人関係を形成する上で障害となるかといった観点から項目を挙げ，全員の賛同を得た18項目を1次候補とした。この18項目について，1996年5月から6月にかけて，関東地方の国立及び私立の高校教師35名を対象に予備調査を行った。その結果を受け，わかりにくいと思われた1項目については表現を改め，内容が重複すると考えられる1項目を削除し17項目とした後，1次候補を作成するときに協力を得た大学院生の協力を再び得て，シャイネスに対する好悪感情やシャイでも他者とうまく関われるかということに関する評価をより明確にするための3項目を追加し，全20項目の質問項目を作成した（Table 10-1）。「1 絶対そう思わない」から「7 絶対そう思う」の7件法で回答を求めた。高得点であるほど，シャイネスを否定的に評価していることを想定した。

2.3 結果

(1) シャイネス評価尺度

シャイネス評価尺度の構造を検討するため，記入漏れのない248名分の有効回答を用いて，主因子法プロマックス回転による因子分析を行った。スクリープロットの減衰状況，解釈可能性から2因子解が妥当と考えられ，因子負荷量.3未満，及び，2つの因子に対する因子負荷量の差が.1未満の項目を削除して得られた結果をTable 10-2に示す。

Table 10-1　シャイネスに対する評価を測定するための20項目

項　目
1．どんな人もシャイな面を持っている＊
2．シャイな人だと言われたい＊
3．シャイな人と一緒に行動したい＊
4．シャイな人は自分に自信がない
5．シャイな人は頼りない
6．シャイだと思われたくない
7．シャイネスはその人らしさの一つの表れである＊
8．シャイな人は他者を尊重する＊
9．シャイな人は周りの目を必要以上に気にする
10．シャイな振る舞いをしてみたい＊
11．シャイでも生徒とうまく接することができる＊
12．シャイな人は必要なことを主張できない
13．シャイな振る舞いは仕事に悪影響を及ぼす
14．シャイであることは恥ずかしい
15．シャイな振る舞いは人間関係を損なう
16．シャイな人は存在感が薄い
17．シャイだとその人らしさを発揮できない
18．シャイな人には好感が持てる＊
19．シャイな振る舞いは克服すべきである
20．シャイな人は人間関係を作りにくい

＊逆転項目．

　初期の固有値は，第1因子が5.04，第2因子が1.60，累積寄与率は51.14％であった。第1因子はシャイであったり，シャイな振る舞いをすると「その人らしさを発揮できない」，「仕事に悪影響を及ぼす」，「人間関係を作りにくい」，「必要なことを主張できない」といったシャイであることの影響やシャイネスの働きに関連した項目からなると考えられ，「シャイネスの働きに対する評価因子」と命名された。第2因子は，「シャイな人と言われたい」，「シャイな振る舞いをしてみたい」，「シャイな人と一緒に行動したい」（いずれも逆転項目）という，シャイな人やシャイネスに対する親和的な評価について言及した項目からなると考えられ，「シャイネスに対する親和

Table 10-2 シャイネス評価項目の因子分析結果（主因子法プロマックス回転）
N=248

	第1因子	第2因子
Ⅰ シャイネスの働きに対する評価（α=.883）		
17 シャイだとその人らしさを発揮できない	.787	.020
15 シャイな振る舞いは人間関係を損なう	.759	-.044
16 シャイな人は存在感が薄い	.715	-.041
14 シャイであることは恥ずかしい	.674	.042
13 シャイな振る舞いは仕事に悪影響をもたらす	.662	-.062
12 シャイな人は必要なことを主張できない	.659	.108
19 シャイな振る舞いは克服すべきである	.646	-.030
5 シャイな人は頼りない	.588	.030
20 シャイな人は人間関係を作りにくい	.559	-.104
4 シャイな人は自分に自信がない	.509	.066
Ⅱ シャイネスに対する親和的評価（α=.613）		
2 シャイな人と言われたい	.007	.820
10 シャイな振る舞いをしてみたい	.069	.601
3 シャイな人と一緒に行動したい	-.054	.374
因子間相関		-.303

的評価因子」と命名された。信頼性は，第1因子がα=.883，第2因子がα=.613である（Table 10-2）。いずれも一定の内的整合性を備えていると考えられ，それぞれを，「シャイネスの働き評価尺度」，「シャイネス親和的評価尺度」として利用することとした。

(2) 基礎統計量

「シャネスの働き評価尺度」の平均点は3.64，標準偏差が.919，「シャイネス親和的評価尺度」の平均点は3.32，標準偏差が.872であった（Table 10-3）。性，年齢，シャイかどうかという属性ごとの基礎統計量をTable 10-4，Table 10-5，Table 10-6に示す。t検定の結果，女性の方が男性よりもシャイネスの働きを否定的に評価していること，シャイでない人の方が，「シャイネス親和的評価」が低いことが示された（Table 10-4，Table 10-6）。

Table 10-3 シャイネス評価尺度の基礎統計量とα係数　N＝250

尺度	平均	SD	信頼性係数α
シャイネスの働き評価	3.64	.919	.883
シャイネス親和的評価	3.32	.872	.613

尺度得点は各尺度を構成する全項目の総得点を項目数で除した値.

Table 10-4 性別とシャイネス評価尺度得点及びt検定の結果　N＝232

尺度	性別	n	平均	SD	df	t値	有意確率	差の95%信頼区間 (下限 ― 上限)
シャイネスの働き評価	男性	67	3.36	.973	230	-2.98	$p<.05$	-.651 ― -.133
シャイネスの働き評価	女性	165	3.76	.879				
シャイネス親和度	男性	67	3.36	.973	230	.470	n.s.	-.192 ― -.313
シャイネス親和度	女性	165	3.30	.879				

Table 10-5 年齢とシャイネス評価尺度得点及び一元配置分散分析の結果　N＝245

尺度	年齢	n	平均	SD	F値(df)	有意確率
シャイネスの働き評価	20歳代	23	3.36	.973	$F(4,240)=.260$	n.s.
シャイネスの働き評価	30歳代	96	3.67	.926		
シャイネスの働き評価	40歳代	105	3.64	.920		
シャイネスの働き評価	50歳代	18	3.56	1.04		
シャイネスの働き評価	60歳代	3	3.64	.361		
シャイネス親和的評価	20歳代	23	3.39	.868	$F(4,241)=.358$	n.s.
シャイネス親和的評価	30歳代	97	3.38	.853		
シャイネス親和的評価	40歳代	105	3.25	.852		
シャイネス親和的評価	50歳代	18	3.31	1.06		
シャイネス親和的評価	60歳代	3	3.56	1.50		

年齢による差は認められず（Table 10-5），それぞれの属性の組み合わせについて，交互作用も検討したが，いずれも有意な差は認められなかった。

Table 10-6 シャイであることとシャイネス評価尺度得点及び t 検定の結果

評価尺度	属性	n	平均	SD	df	t値	有意確率	差の95%区間：下限 — 上限
シャイネスの働き	シャイ	154	3.67	.940	241	.611	n.s.	-.166 — .316
シャイネスの働き	ノンシャイ	89	3.60	.879				
シャイネス親和度	シャイ	155	3.45	.973	242	3.27	p<.01	.147 — .594
シャイネス親和度	ノンシャイ	89	3.08	.879				

Table 10-7 教職遂行上困った経験とシャイネスに対する評価

困った経験	n	評価尺度得点	SD	df	t値	有意確率	差の95%信頼区間：下限 — 上限
Ⅰ働き評価							
「あり」群	100	3.81	.907	151	2.62	p<.05	.101 — .721
「なし」群	53	3.40	.951				
Ⅱ親和的評価							
「あり」群	100	3.47	.871	152	.392	n.s.	-.228 — .341
「なし」群	54	3.41	.814				

(3) シャイな教師の困った経験とシャイネス評価の関連

　シャイなため困った経験とシャイネス評価との関係を検討するため，困った経験について，「困った経験あり」群と「困った経験なし」群に分け，シャイネス評価尺度得点を用いて，t 検定により平均値を比較した。困った経験については，「現在困っている」者と「困った経験のある」者が合計156名いるが，「現在困っている」者が19名とそのうちの1割強であり，単独で統計処理を行うには数が少ないと考え，「これまで困った経験がある」という回答と一緒に「困った経験あり」群とした。

　その結果，教職を遂行する上で困った経験を有する教師は，経験していない教師に比べ，「シャイネスの働きに対する評価」得点が有意に高く，シャイネスを否定的に評価していることが明らかになった ($t(151) = 2.62, p < .05$, Table 10-7)。一方，「シャイネス親和的評価尺度」については，有意な差が認められなかった ($t(152) = .392, n.s.$, Table 10-7)。

2.4 考察

「シャイな振る舞いは人間関係を損なう」,「シャイな振る舞いは仕事に悪影響を及ぼす」,「シャイな人は必要なことを主張できない」,「シャイな人は人間関係を作りにくい」といった項目を含む「シャイネスの働き評価尺度」得点が高いということは,シャイであることが対人関係に不利に働くと評価していることを示す。今回の調査では,シャイネスを否定的に評価する教師が,シャイなため困った経験を有することが示唆された。

3 シャイネスに対する評価と教職遂行の関連（教師調査2）

3.1 問題と目的

教師調査1で,シャイネスに対する評価と教職遂行過程における困った経験の関係を検討した。更に詳細な検討を行うため教師調査2を実施し,シャイなため教職遂行上,困った経験や,研究4で作成した「対人的教職遂行場面における困った経験測定尺度」得点との関係を検討する。

3.2 方法

(1) 調査対象者と調査時期及び実施手続き

2013年11月から2014年1月にかけ,著者の知人である全国の小中高校の教員66名,及び,著者の所属する複数の学術団体の会員434名,合計500名に郵送法で調査用紙を配布し,無記名で回収した。得られた215名の回答（男性135名,女性80名；20歳代6名,30歳代28名,40歳代59名,50歳代118名,60歳代4名；小学校勤務65名,中学校勤務29名,高等学校勤務110名,その他（特別支援学校,中高一貫校）11名；回収率43.0%）を分析対象とした。

尚,本研究は,びわこ成蹊スポーツ大学学術研究倫理委員会の承認を得て

行われた（2013年度，第4号）。

(2) 質問紙

本研究（教師調査1）で作成した「シャイネスの働きに対する評価尺度」，を「シャイネス評価尺度」として利用するとともに，研究4で作成した「対人的教職遂行場面における困った経験測定尺度」を利用し，シャイネス評価と対人的教職遂行場面での困った経験の関係を検討した。前者は高得点であるほどシャイネスを否定的に評価していること，後者も高得点者が教職遂行場面で困っていることを想定している。

3.3 結果

(1) シャイネス評価尺度

因子構造を確認するため，主因子法プロマックス回転による因子分析を行った結果，1因子構造が確認された（初期の固有値，第1因子5.12，第2因子.827，累積寄与率59.44%）。また，10項目の信頼性は，$\alpha = .893$であり，内的整合性も十分であると考えられたので，この尺度を分析に利用することとした。尺度の平均得点は35.93，標準偏差は10.44であった。

(2) シャイな教師とシャイネス評価

教師がシャイであるかどうかと，シャイネス評価の関係を一元配置分散分析で検討した結果，シャイだと思う（「ずっとそう思っている」者と「近頃，そう思う」者の合計）シャイな教師は，シャイネス評価尺度得点が有意に高く，シャイであることを否定的に評価していることが示唆された（Table 10-8）。

(3) シャイネス評価とシャイなため困った経験

シャイネス評価とシャイであるため困った経験の関係を一元配置分散分析で検討した結果，シャイなため今困っている教師（「現在困っている」者と「今

Table 10-8 シャイネスの自己報告とシャイネス評価尺度得点の関係　N=215

	n	平均	SD	一元配置分散分析	多重比較の結果
思う(ずっと,最近)	85	3.76	1.13	平方和　　9.08	思う＞思わない**
どちらともいえない	49	3.53	.915	平均平方　3.03	
今は思わない	50	3.66	.914	$F(3,211)=2.85$	
思わない	31	3.14	1.09	$p<.05$	

多重比較の**$p<.01$.

Table 10-9 シャイなため困った経験とシャイネス評価尺度得点の関係　N=215

	n	平均	SD	一元配置分散分析	多重比較の結果
今も困っている	54	3.94	1.05	平方和　　16.68	今も困る・今は困らない
今は困っていない	66	3.74	1.01	平均平方　 8.34	＞困ったことなし**
困ったことはない	95	3.29	.991	$F(2,212)=8.16$	
				$p<.001$	

多重比較の**$p<.01$.

も困ることがある」者の合計），及び，今は困っていない教師は，困ったことのない教師より，シャイネス評価尺度得点が有意に高かった。シャイなため困った経験を有する教師は，調査1の結果と同様に，シャイであることを否定的に評価していることが示唆された（Table 10-9）。

(4) シャイネス評価と対人的教職遂行場面での困った経験

シャイネス評価と「対人的教職遂行場面での困った経験の関係」を検討するため，研究4で作成した，「教職遂行場面での困った経験尺度」得点を従属変数，「シャイネス評価尺度」得点を説明変数として，単回帰分析を行ったところ，有意な影響は認められなかった（$\beta=.035, t=.509, n.s.$）。シャイネス評価と「シャイなため困った経験」は，弱い負の相関関係（$r=-.279, p<.01$）が認められることから，「シャイなため困った経験」と「対人的教職遂行場面での困った経験」（研究4）それぞれの尺度得点の相関を求めたが，

有意な相関関係は認められなかった（$r=.110$）。

3.4　考察

本研究では，教師を対象とした調査を2度行い，「シャイネスに対する評価」と「シャイなため困った経験」の関係を検討した。その結果，両調査ともに，シャイネスを否定的に評価する者は教職遂行上困った経験を有することを示唆する結果が得られた。シャイではうまくいかないと考える教師が困りやすいといえよう。逆にいうと，シャイであることを否定的に評価しないこと，例えば，シャイでも大丈夫であると考えることが，対人関係で困らないことにつながる可能性があると考えられた。

授業や保護者対応など具体的な対人的教職遂行場面における困った経験とシャイネス評価の間に，有意な相関関係は認められなかった。対人的教職遂行場面での困った経験には，子どもや保護者，同僚との関係など，シャイネスという教師の個人内要因以外の要因の影響も決して小さくないことが考えられ（研究4），シャイネス評価の影響を明確にできなかった可能性がある。従って，この結果から，シャイネス評価が困った経験と無関係であるということも，すぐにはいえないと考えられる。

第11章　教職対人行動効力感が教職遂行に及ぼす影響【研究8】

1　問題と目的

　研究5でシャイな教師の教職遂行と関連した要因として自己効力感が見出された。これまで，効力感と関連した教師の教職遂行に影響を及ぼす要因として，Bandura（1977，1978，1984，1986）の自己効力感（self-efficacy；「ある結果を達成するために求められる行動をうまく遂行できるという信念」）をモデルとした教師効力感（teacher efficacy）の研究が行われている。研究が始まった1980年代のアメリカで，「生徒の学習に肯定的な効果をもたらす教育的行為をとることができるという教師の信念」（Ashton, 1985）と定義され，Gibson & Dembo（1984）や Woolfolk & Hoy（1990）が作成した教師効力感測定尺度において，教師という立場や役割に関する一般的教育効力感と，教授能力に関する個人的教授効力感が見出されたことは，欧米での教師の職務が授業中心であること（例えば，佐久間，2007）を反映したものと考えられる。我が国でも，1990年代に，Woolfolk & Hoy（1990）の尺度日本語版の作成と教師の属性との関係に関する研究（前原ら，1991）や，Gibson & Dembo（1984）の尺度日本語版の作成と教育学部学生の学習理由との関係に関する研究（桜井，1992）が行われ，教師効力感の研究が始まった。一般的教育効力感と個人的教授効力感の枠組みを採用した研究はその後も続くが（例えば，西松，2005；丹藤，2004），我が国の教師が授業以外にもさまざまな領域の教育活動に従事していることや，他の教職員との協働関係の中で職務に取り組んでいることを踏まえた教師効力感の検討も行われている。宮本（1995）は，生徒指導や

教育相談に関する内容を加えた教師効力感尺度を作成し，植木・藤崎（1999）は，この尺度を用いて，人との関係を重視する教師は見守り，受け止め等の効力感が高いことを見出した。教師効力感の構成要素として，中西（1998）は，生徒指導，対人関係等の6因子を，松田（1998）は，授業設計，児童生徒との関わり等の5類型を，丹藤（2005）は，生きる力の指導力，生徒指導力，教科指導力という3因子を報告している。その後，淵上・西村（2004）は，教師間の協働に注目した協働的効力感尺度を開発し，同僚や管理職との支えあいや学校改善への意欲，日常のコミュニケーションに焦点を当てた領域があることを報告した。不登校対応に関する教師効力感の検討（山本，2010）も行われるなど，教師の職務に応じた効力感の存在が報告されている。

　教師効力感の高い教師は，生徒に期待し，学習に対する責任感があり，新しい指導法を採用する（Gibson & Dembo, 1984）など，よい学習指導との関係が指摘されるほか，同僚や児童生徒との関係を回避したり，児童生徒を否定的に認知しがちになる教師のバーン・アウトに教師効力感が負の影響を及ぼすこと（谷島，2013），児童・生徒との人間関係に不安の高い教師は個人的教授効力感と一般的教育効力感が低いこと（西松，2005）などが報告されており，教師が教職遂行過程における対人行動を円滑に進める上で，効力感が重要な役割を果たしていることが考えられる。これらのことから，シャイな教師の対人行動を効力感の観点から検討することに教育実践上の意義が認められよう。

　これまで日本の教師の職務の実態を反映した教師効力感尺度が開発されてきたが，教師が教職遂行過程で出会う児童生徒や同僚，管理職や上司，保護者のすべてを対象とした対人行動（以下，教職対人行動，とする）に関する効力感に焦点を当てた尺度はまだ開発されていない。本研究では，教職遂行過程において対人行動が重要な役割を果たしていることに注目し，児童・生徒の指導・援助場面，同僚教師との協働場面，保護者との連携場面といった対

人行動が重要な役割を果たす「教職遂行場面において，対人行動をうまく遂行できるという信念」を教職対人行動効力感と定義し，教職対人行動効力感を測定する尺度を作成することを第1の目的とする。また，その作成過程を通じて，教職対人効力感の構造を実証的に検討するとともに，教職対人行動効力感と教師の対人的教職遂行場面での困った経験との関係モデルを，シャイネス反応とも関連させて構築することを第2の目的とする。

2　方法

(1) 調査対象者と調査時期及び実施手続き

2013年11月から2014年1月にかけ，著者の知人である全国の小中高校の教員66名，及び，著者の所属する複数の学術団体の会員434名，合計500名に郵送法で調査用紙を配布し，無記名で回収した。得られた215名の回答（男性135名，女性80名；20歳代6名，30歳代28名，40歳代59名，50歳代118名，60歳代4名；小学校勤務65名，中学校勤務29名，高等学校勤務110名，その他（特別支援学校，中高一貫校）11名；回収率43.0％）を分析対象とした。

尚，本研究は，びわこ成蹊スポーツ大学学術研究倫理専門委員会の承認（2013年度，第4号）を得て実施された。

(2) 質問紙

教師の教職対人行動効力感を測定することを目的とした尺度を作成するため，先行研究（淵上・西村，2004；春原，2007；前原ら，1991；松田，1998；宮本，1995；中西，1998；桜井，1992；丹藤，2005；谷島，2013）の尺度構成項目を参考に，児童生徒，同僚，上司・管理職，保護者との関わりを反映させること，対人的コミュニケーションの要素として記号化（メッセージの伝達）と読解（メッセージの理解）の2側面があり（大坊，2003），シャイネスは記号化の未熟さと解読の歪みとして理解できる（後藤，2001）という指摘も踏まえ，記

第11章 教職対人行動効力感が教職遂行に及ぼす影響【研究8】

号化（例えば「自分の意見が言える」）と読解（例えば「理解できる」）の要素も取り入れた尺度を自作した。項目選定に当たり，教科教育学を専攻する大学助手とともに内容的妥当性の検討を行い，最終的に合計20項目の原尺度が作成された（Table 11-1）。各項目に自分がどの程度当てはまるか7件法（「1. 全くあてはまらない」から「7. よくあてはまる」）で回答を求めた。高得点者ほど教職対人行動効力感が高いことを想定した。また，この尺度の妥当性を検討するため，効力感と負の関係が認められると考えられる「自信のなさ」について，研究5で検討した5つの代表的対人的教職遂行場面（「授業」「個別指導」「学級・HR経営」「職員会議」「保護者対応」）での「うまくやりたいと思うが自信がない」経験を7件法（「1. 全くない」から「7. よくある」）で尋ねた。

Table 11-1 教職対人行動効力感尺度の項目

1 児童生徒の話を上手に聞ける
2 児童生徒に上手に教えることができる
3 児童生徒と過ごす時間を楽しめる
4 児童生徒の思いや行動を理解できる
5 児童生徒のやる気を引き出せる
6 学級集団作りは難しい*
7 児童生徒を上手に叱ることは難しい*
8 児童生徒の信頼を損ねることはない
9 児童生徒同士のトラブルに対応できる
10 自分の考えを保護者に伝えられる
11 保護者の願いを理解できる
12 保護者対応は難しい
13 同僚との意思疎通ができている
14 同僚とトラブルになることはない
15 同僚の協力を得ることは難しい*
16 同僚と歩調を合わせてやっていける
17 管理職や上司には相談しにくい*
18 管理職や上司の考えがわかる
19 管理職や上司に自分の意見を言える
20 周囲に敵を作らない

*逆転項目．

3 結果

(1) 教職対人行動効力感尺度

原尺度20項目について天井効果，フロア効果を検討したが該当項目はなく，全20項目について主因子法プロマックス回転による因子分析を行った。スクリープロットの減衰状況，解釈可能性から3因子構造が想定され，因子負荷量.40未満の項目を削除して分析を繰り返した結果，最終的に8項目からなる第1因子，6項目からなる第2因子，3項目からなる第3因子が抽出された（初期の固有値は第1因子5.58；第2因子2.33；第3因子1.79；累積寄与率57.06%，Table 11-2）。

第1因子は「子どものやる気を引き出せる」，「子ども同士のトラブルに対応できる」，「保護者に自分の考えを伝えられる」，「保護者の願いを理解できる」など，児童生徒や保護者に対する教育的関わりをうまく行えるという信念と関連した8項目からなり，「教育的教職対人行動効力感」（以下，教育的効力感）と命名された。第2因子は「同僚とトラブルになることはない」，「管理職や上司には相談しにくい（逆転項目）」など，同僚，管理職・上司との協働をうまく行えるという信念と関連した6項目からなり「協働的教職対人行動効力感」（以下，協働的効力感）と命名された。第3因子は「学級集団作りは難しい」，「保護者対応は難しい」，「子どもを上手に叱ることは難しい」（いずれも逆転項目）という，自分の対応によっては深刻な事態を招きかねない対人関係をうまく統制できるという信念と関連する3項目からなり，「統制的教職対人行動効力感」（以下，統制的効力感）と命名された。α係数は「教育的効力感尺度」が$\alpha = .872$，「協働的効力感尺度」が$\alpha = .754$，「統制的効力感尺度」が$\alpha = .823$，尺度全体の$\alpha = .846$であり，信頼性は十分であると考えられた（Table 11-2）。そこで，これらの因子を効力感尺度として利用することとした。

Table 11-2　教職自己効力感尺度の記述統計量と因子負荷量及びα係数

項　目	項目平均(SD)	I	II	III
I 教育的効力感(α=.872)				
5．児童生徒のやる気を引き出せる	5.07(0.99)	.840	-.145	-.093
4．児童生徒の思いや行動を理解できる	5.21(0.99)	.804	-.086	-.025
2．児童生徒に上手に教えることができ	4.93(1.14)	.796	-.174	-.086
1．児童生徒の話を上手に聞ける	5.23(1.15)	.747	.016	-.056
9．児童生徒同士のトラブルに対応できる	4.97(1.07)	.623	.167	.009
10．自分の考えを保護者に伝えられる	5.50(0.94)	.571	.147	.204
3．児童生徒と過ごす時間を楽しめる	5.38(1.07)	.481	.122	-.035
11．保護者の願いを理解できる	5.47(0.88)	.480	.198	.140
II 協働的効力感(α=.754)				
14．同僚とトラブルになることはない	4.73(1.42)	-.038	.652	.050
16．同僚と歩調を合わせてやっていける	5.40(1.02)	.180	.599	-.009
15．同僚の協力を得ることは難しい*	4.53(1.40)	.080	-.596	.339
20．周囲に敵を作らない	5.19(1.10)	-.134	.591	.136
13．同僚との意思疎通ができている	4.59(1.40)	.227	.576	.065
17．管理職や上司には相談しにくい*	4.49(1.52)	.003	-.471	.168
III 統制的効力感(α=.823)				
6．学級集団作りは難しい*	3.20(1.55)	.026	.034	.846
7．児童生徒を上手に叱ることは難しい*	2.93(1.42)	-.013	.026	.873
12．保護者対応は難しい*	3.13(1.55)	-.038	-.087	.640
因子間相関係数　I		―	.456	-.337
II			―	-.099

*は逆転項目（逆転項目の平均点は逆転処理した値）

各尺度得点平均の間に，場面ごと，及び，5場面平均との間で有意な正の相関が認められた（$r=.439\sim.769$，すべて$p<.01$）。妥当性を検討するため，5場面平均での「自信がない」経験得点（研究4）との相関を確認した結果，全てに有意な負の相関が認められた（Table 11-3）。また，5場面の認知反応（「自信がない」，「どう評価されるか気になる」など，研究4で検討した項目）4項目の平均点で各尺度をどの程度説明できるか重回帰分析を行ったところ，いずれも「自信がない」だけが有意な負の影響を与えており（βは，$-.299\sim-.733$，Table 11-4），これらのことから，本尺度の構成概念の妥当性が示されたと考えられる。

Table 11-3　場面ごとの「自信がない」経験と教職対人効力感との相関

場面	N	平均(SD)	教育的効力感	協働的効力感	統制的効力感	効力感全体
授業	213	3.64(1.43)	-.408**	-.236**	-.257**	-.415**
個別指導	213	3.04(1.34)	-.582**	-.281**	-.463**	-.600**
学級経営	211	3.33(1.46)	-.540**	-.202**	-.486**	-.549**
職員会議	214	3.20(1.31)	-.288**	-.260**	-.303**	-.380**
保護者対応	214	3.40(1.46)	-.624**	-.287**	-.480**	-.633**
5場面平均	211	3.33(1.13)	-.611**	-.331**	-.491**	-.648**

**$p<.01$.

Table 11-4　「自信がない」経験と教職対人行動効力感の重回帰分析結果　$N=211$

回帰	重決定係数	標準編回帰係数	有意確率
自信がない→教育的効力感	$R^2=.364$	$\beta=-.733$	$p<.001$
自信がない→協働的効力感	$R^2=.173$	$\beta=-.299$	$p<.05$
自信がない→統制的効力感	$R^2=.245$	$\beta=-.443$	$p<.001$
自信がない→効力感全体	$R^2=.441$	$\beta=-.647$	$p<.001$

(2) 基礎統計量

　逆転項目処理後の，教職対人行動効力感尺度の各項目の平均値は2.93～5.50，標準偏差は.88～1.55の範囲にあった（Table 11-2）。逆転処理後の各尺度の項目平均値（標準偏差）は，教育的効力感尺度が5.22（.749），協働的効力感尺度が4.82（.884），統制的効力感尺度が3.09（1.29），尺度全体では4.70（.661）であった。

(3) 回答者の属性と教職対人行動効力感の関係

　性，年齢，経験年数，校種と尺度全体，及び3つの下位尺度との関係をt検定（性）及び一元配置分散分析（年齢，経験年数，校種）により検討したが，いずれも有意差は認められなかった。各属性を組み合わせて二元配置分散分析を行った結果，教育的効力感で勤務年数と性の交互作用が有意であり（平方和=6.30, $df=4$, $F=2.89, p<.05$），勤務年数5年未満で男性の効力感が低

く（男性＝4.38, *SE*＝.330, 女性＝5.33, *SE*＝.330, 平均値の差.950, *SE*＝.467, *p*＜.05），5年以上10年未満で女性の効力感が低かった（男性＝5.43, *SE*＝.223, 女性＝4.17, *SE*＝.427, 平均値の差-1.27, *SE*＝.481, *p*＜.01）。統制的効力感では年齢と性，勤務年数と性の交互作用が有意であり（各々，平方和＝22.59, *df*＝4, *F*＝2.89, *p*＜.05；平方和＝20.28, *df*＝4, *F*＝3.13, *p*＜.05），30歳代で女性（男性＝3.86, *SE*＝.302, 女性＝2.24, *SE*＝.375, 平均値の差-1.62, *SE*＝.482, *p*＜.01），勤務年数5年以上10年未満で女性（男性＝3.73, *SE*＝.384, 女性＝-1.56, *SE*＝.735, 平均値の差-2.17, *SE*＝.829, *p*＜.01）の効力感が低かった。効力感全体でも勤務年数と性の交互作用が有意であり（平方和＝4.21, *df*＝4, *F*＝2.45, *p*＜.05），勤務年数5年以上10年未満の女性の効力感が低かった（男性＝5.00, *SE*＝.293, 女性平均＝3.94, *SD*＝.378, 平均値の差-1.05, *SE*＝.427, *p*＜.05）。協働的効力感では，交互作用は有意でなかった。

(4) シャイネスと教職対人行動効力感の関係

一元配置分散分析により，自分はシャイだと「1思う（ずっとそう思っている，近頃そう思っている），2どちらともいえない，3今は思わない（思ったことはある），4思わない（ずっと）」という回答区分ごとの得点（平均値）を比較した。いずれの尺度でも，シャイだと思うシャイな教師が，シャイでない教師に比べ，有意に教職対人行動効力感が低かった（Table 11-5）。効力感尺度全体について，シャイであることと性，年齢，勤務年，校種について二元配置分散分析を行ったが，いずれも交互作用は有意でなかった。

サブタイプごとの各尺度得点平均をTable 11-6に示す。いずれの尺度についても，ノンシャイサブタイプが，シャイネスサブタイプ（対人不安と行動抑制をともに経験しているタイプ）よりも得点が有意に高く，効力感が高いことが示された。また，教育的効力感と協働的効力感，尺度全体で，対人不安サブタイプがノンシャイタイプよりも得点が低く，効力感が低いことが示された。行動抑制サブタイプは「統制的効力感尺度」得点が，ノンシャイサブタ

Table 11-5 シャイネスと教職対人行動効力感との関係：得点(SD)と多重比較

N=215

効力感	自分はシャイだと				F	多重比較
	思う	どちらとも	今は思わない	思わない		
尺度全体	4.15(.703)	4.30(.633)	4.56(.705)	4.81(.754)	8.54***	1***・2**<4, 1**<3
教育的	4.92(.947)	5.07(.580)	5.26(.687)	5.60(.842)	7.00**	1***・2**<4
協働的	4.79(.795)	4.80(.692)	4.95(.819)	5.31(.803)	2.83*	1**<4
統制的	2.75(1.11)	3.02(1.14)	3.47(1.39)	3.51(1.59)	4.68**	1<3**・4*

*p<.05, **p<.01, ***p<.001. n：シャイだと思う85, どちらともいえない49, 今は思わない50, 思わない31. 多重比較 1：シャイだと思う, 2：どちらとも, 3：今は思わない, 4：思わない.

Table 11-6 シャイネスと教職対人行動効力感との関係：得点(SD)と多重比較

N=211

効力感	サブタイプ				F(3,207)	多重比較
	ノンシャイ	対人不安	行動抑制	シャイネス		
教育的	5.41(.675)	4.94(.633)	5.63(.487)	4.57(.732)	16.97***	1>2*・4***, 3>4**
協働的	5.02(.844)	4.40(.851)	4.64(.356)	4.42(.881)	7.45***	1>2**・4**
統制的	3.39(1.32)	2.78(1.04)	1.89(1.03)	2.32(.875)	10.08***	1>3*・4***
尺度全体	4.91(.591)	4.37(.568)	4.62(.393)	4.12(.601)	20.80***	1>2***・4***

*p<.05, **p<.01, ***p<.001. n：ノンシャイ145, 対人不安24, 行動抑制6, シャイネス36. 多重比較 1：ノンシャイ, 2：対人不安, 3：行動抑制, 4：シャイネスの各サブタイプ.

イプよりも低かったが，教育的効力感は，シャイネスサブタイプよりも高かった。

(5) 教職対人行動効力感と困った経験の関係

　場面ごとの困った経験と教職対人行動効力感の関係を検討するため，効力感4尺度の平均値を境に高群-低群を設定し，両群間の困った経験得点をt検定により検討した（Table 11-7）。その結果，統制的効力感については，すべての場面で有意な差が認められた。いざとなったら自分がその場の状況を統制できるという効力感が，対人的教職遂行場面で困らないことと強く関連

Table 11-7　各効力感の高低と困った経験得点:得点平均(SD)とt検定の結果

場　面	群	教育的(5.22)	協働的(4.82)	統制的(3.09)	尺度全体(4.70)
授業	低	4.58(1.42)	4.58(1.42)	4.77(1.43)**	4.70(1.42)
	高	4.45(1.52)	4.55(1.44)	4.17(1.48)	4.33(1.51)
		$t(213)=.678$	$t(213)=-.385$	$t(213)=3.00$	$t(213)=1.84$
個別指導	低	4.67(1.30)	4.58(1.42)	4.74(1.43)**	4.76(1.29)**
	高	4.32(1.58)	4.55(1.44)	4.17(1.45)	4.22(1.57)
		$t(212.0)=1.77$	$t(213)=.856$	$t(213)=2.91$	$t(207.3)=2.78$
学級・HR経営	低	4.82(1.31)*	4.71(1.40)	4.98(1.35)***	4.96(1.25)***
	高	4.43(1.52)	4.53(1.46)	4.13(1.40)	4.28(1.52)
		$t(212.8)=2.04$	$t(213)=.856$	$t(194.2)=2.91$	$t(207.2)=2.78$
部(クラブ)指導	低	4.66(1.59)	4.63(1.63)	4.69(1.58)*	4.75(1.47)*
	高	4.31(1.58)	4.34(1.54)	4.19(1.56)	4.21(1.66)
		$t(213)=1.65$	$t(213)=1.36$	$t(213)=2.29$	$t(213)=2.50$
職員会議	低	3.93(1.42)	3.99(1.42)	4.13(1.43)**	4.17(1.39)**
	高	3.77(1.47)	3.72(1.47)	3.47(1.39)	3.53(1.44)
		$t(213)=.802$	$t(213)=1.36$	$t(213)=3.38$	$t(213)=3.31$
保護者対応	低	4.71(1.24)**	4.45(1.42)	4.89(1.28)***	4.80(1.27)***
	高	4.21(1.48)	4.44(1.37)	3.86(1.32)	4.10(1.42)
		$t(213)=2.68$	$t(213)=.034$	$t(195.2)=5.78$	$t(211.5)=3.82$

低：低群，高：高群(平均値を境に区分)．n：教育的効力感(低101，高114)，協働的効力感(低100，高115)，統制的効力感(低122，高93)，尺度全体(低106，高109)．
*$p<.05$，**$p<.01$，***$p<.001$．

していると思われる。教育的効力感も，学級・HR経営場面や保護者対応場面で有意な差が認められ，この効力感が児童生徒や保護者といった教育対象と関わる際に一定の役割を果たしていると考えられた。

協働的効力感については，この6場面では，有意な差が認められなかった。この効力感の役割を明らかにするには，別の場面での困った経験との関係を検討する必要があるのかもしれない。

尺度全体では，授業以外の5場面で有意な差が認められ，教職対人行動効力感が対人的教職遂行場面で困る，困らないことと関連していることが示唆されたと考えられる。授業で有意差が認められなかったのは，授業で困る，困らないことに関しては，対人的側面以外の，例えば，本人に関していうと

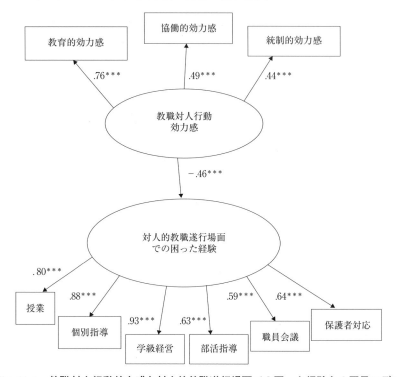

Fig. 11-1 教職対人行動効力感と対人的教職遂行場面での困った経験との因果モデル
CFI = .937, RMSEA = .099, NFI = .910, RFI = .875, ***p < .001,
誤差変数は省略した.

教材研究等の要素や，児童生徒の状況といった本人以外の要素も関与していることが考えられる。6つの項目間でr = .391〜.818と概ね中程度以上の相関関係が認められたことから，ある場面で困ることの多い教師は，他の場面でも困りやすいことが考えられた。

以上の結果を踏まえ，教職対人行動効力感と対人的教職遂行場面での困った経験の関係モデルを作成した（Fig. 11-1）。このモデルの適合度を確認するため，共分散構造分析を行った結果，モデルの適合度は，CFI = .937, RMSEA = .099, NFI = .910, RFI = .875であり，分析可能な範囲であると

考えられた。教職対人行動効力感から対人的教職遂行場面での困った経験に－.46の負のパスが出ていることから，教職対人行動効力感が高いと困りにくく，逆に低いと困りやすいことが考えられた。

(6) **教職対人行動効力感とシャイネス反応及び困った経験の関係モデル**

　本研究で取り上げてきた教職対人行動効力感，シャイネス反応，対人的教職遂行場面での困った経験の関係を検討する。本研究のこれまでの分析で，シャイな教師は教職対人行動効力感が低く，教職対人行動効力感の低い教師は対人的教職遂行場面で困った経験をしやすいこと，研究4で，シャイな教師はシャイネス反応を喚起されやすいことが明らかになっている。効力感とシャイネス反応の関係に関しては，うまくやれそうにない，自信がない（効力感が低い）ので緊張したり，臆して関われないといったシャイネス反応が喚起されるという関係も，緊張したり，パフォーマンスが円滑でない，関われないといったシャイネス反応を経験しやすいので効力感が低くなるという関係も，それぞれ解釈としては成り立つのではないかと考えられる。そこで，効力感の低さがシャイネス反応をもたらし，困った経験につながるというモデル（モデル1）と，シャイネス反応が効力感を低下させ，困った経験につながるというモデル（モデル2）を構想し，共分散構造分析を行い，適合度を確認した。

　その結果，モデル1の適合度は，CFI = .942，RMSEA = .082，NFI = .907，RFI = .873，AIC = 308.4であるのに対し，モデル2の適合度は，CFI = .943，RMSEA = .081，NFI = .908，RFI = .874，AIC = 305.5であり，より適合度が高いと考えられた。そこで，本研究では，モデル2の立場に立ち，シャイネス反応を予測変数，対人的教職遂行場面での困った経験を目的変数，教職対人行動効力感を媒介変数としたモデルを構想した。尚，シャイネス反応から直接，困った経験に至るパスを設定したが，このパスは有意でなく削除した。最終的に採用したモデルをFig. 11-2に示す。適合度は，モ

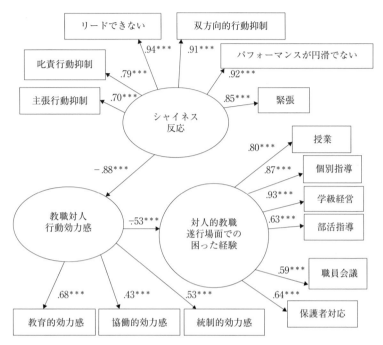

Fig. 11-2　教職対人行動効力感とシャイネス反応及び困った経験との関係モデル
CFI = .943, RMSEA = .081, NFI = .908, RFI = .874, ***p < .001, 誤差変数は省略した．

デル2と同じであり，許容範囲に収まっていると考えられた．

　このモデルから，シャイネス反応から教職対人行動効力感を媒介とする対人的教職遂行場面での困った経験への間接効果が示されたといえる．シャイネス反応から教職対人行動効力感に至るパス，教職対人行動行動効力感から困った経験に至るパスの係数は，ともに負であることから，教師がシャイネス反応を経験することが効力感を低下させ，その結果，対人的教職遂行場面での困った経験をもたらすことが示唆されたと考えられる．このモデルはシャイネス反応を経験しやすいシャイな教師の教職対人行動効力感が低いことや，教職対人行動効力感の低い教師は対人的教職遂行場面で困った経験を

しやすいといった,これまで得られた知見と適合的である。

4 考察

　本研究の目的は,教職対人行動効力感尺度を作成すること,及び,シャイネス反応との関連も含め,シャイな教師の教職対人行動効力感と対人的教職遂行場面での困った経験との関係を検討することであった。

　教職対人行動効力感には,児童生徒や保護者とうまく関われるという教育的効力感,同僚や管理職・上司とうまく協働できるという協働的効力感,難しい対人場面を統制できるという統制的効力感の3次元があることが示され,これらを測定する尺度が作成された。

　この尺度を用いて,属性ごとの効力感を比較した結果,勤務年数5年以上10年未満の女性教師の教育的効力感,統制的効力感,効力感全体の尺度得点が有意に低かった。この結果は,男性教師の方が女性教師より教師効力感が高い(中西,1998),若年教師や教職経験10年以下の教師の教師効力感が低い(丹藤,2001；2004)とする先行研究の知見と概ね合致しているといえよう。この時期の女性教師へのサポートの必要性が示唆されたと考えられる。シャイな教師は,全ての下位尺度及び尺度全体で,教職対人行動効力感が低いことが示された。

　教職対人行動効力感が困った経験に影響するというモデルを構想し,適合度を検討した結果,教職対人行動効力感が低いと対人的教職遂行場面での困った経験につながりやすいことが示された。そのメカニズムとして,シャイネス反応を経験することが教職対人行動効力感を低下させ,そのことが,対人的教職遂行場面での困った経験につながることが示唆された。対人的な教職遂行場面で困らないためには,高い教職対人行動効力感を持つことが重要だと考えられる。その具体的方策として,教育的効力感尺度を構成する,児童生徒の「話を上手に聞ける」,「思いや行動を理解できる」などの項目を

参考に考えると，生徒理解の力量を高めたり，傾聴技法を習得することが有効であると考えられる。すなわち，カウンセリングの学習を深めながら，教師がカウンセラーとしての資質を身に付けていき，対人関係に対する効力感を育んでいくことも有益であると思われる。

また，シャイネス反応が，教職対人行動効力感に影響すると考えられることから，シャイネス反応を緩和する方策を試みることも有効であると考えられる。これまで，認知行動療法の一技法であり，「うまく話せなくても大した問題ではない」，「全身の力を抜こう」（長江・根建・関口，1999）といった「自分自身に対処的なことばを言いきかせる」（関口・根建，1999）自己教示訓練（例えば，伊藤・大矢根・二木・根建，2001；長江ら，1999；関口・根建，1999）がシャイネス反応の低減に有効であることが報告されているが，そのような認知的介入も有効であると考えられる。

第12章 シャイな教師の認知と教職遂行の関係モデルの構成【研究9】

1 問題と目的

　研究6，研究7，研究8において，シャイな教師の教職遂行過程における困った経験を規定する認知的要因である，教職遂行場面評価，対人サポート認知，シャイネス評価，教職対人行動効力感について，シャイな教師との関係や，困った経験をもたらすメカニズムについて検討してきた。研究9では，これまで個別に検討してきた，それらの要因間の関係を検討し，シャイな教師の認知的要因と教職遂行過程における困った経験の総合的な関係モデルを構成する。

　モデルを作成するに当たり，従属変数として，研究6から研究8で示してきたように，対人的教職遂行過程における困った経験を取り上げる。第1章でも述べたように，教師にとって，教職遂行過程における困難な経験は，ストレッサーとして，バーン・アウトにもつながりかねない事態であると同時に，それを乗り越えることで，教師としての成長にもつながる経験ともなるものである。困った経験が生起されるメカニズムが明らかになることは，シャイな教師の支援策を考える上で有用な知見を提供してくれるものと思われる。

2　方法

(1)　調査対象者と調査時期及び実施手続き

2013年11月から2014年1月にかけ，著者の知人である全国の小，中，高等学校の教員66名，及び，著者の所属する複数の学術団体の会員434名，及び，合計500名に郵送法で調査用紙を配布し，無記名で回収した。得られた215名の回答（男性135名，女性80名；20歳代6名，30歳代28名，40歳代59名，50歳代118名，60歳代4名；小学校勤務65名，中学校勤務29名，高等学校勤務110名，その他（特別支援学校，中高一貫校）11名；回収率43.0％）を分析対象とした。

尚，この研究は，びわこ成蹊スポーツ大学学術研究倫理委員会の承認（2013年度，第4号）を得て行われた。

(2)　質問紙

「対人的教職遂行場面での困った経験測定尺度」及び「シャイネス経験測定尺度」（研究4），「困難場面認知尺度」及び「対象サポート認知尺度」（研究6），「シャイネス評価尺度」（研究7），「教職対人行動効力感尺度」（研究8）を利用し，いずれも7件法（「1. 全くあてはまらない」から「7. よくあてはまる」）で回答を求めた。

3　結果

(1)　シャイな教師の教職遂行を規定する認知的要因相互の関係

教職遂行過程における困った経験と関連した要因である「対象サポート認知」，「困難場面認知」，「シャイネス評価」，「教職対人行動効力感」相互の関係を検討するため，それぞれの尺度得点間，及び，それらの認知的要因と研究4で作成した「対人的教職遂行場面での困った経験測定尺度」得点，

第12章 シャイな教師の認知と教職遂行の関係モデルの構成【研究9】

Table 12-1 認知的諸要因とシャイネス経験，困った経験の相関関係　N=211

	困難場面認知	シャイネス評価	教職対人行動効力感	困った経験	シャイネス反応
対象サポート認知	-.288**	.122	.574**	-.173*	-.361**
困難場面認知	-	.268**	-.529**	.421**	.582**
シャイネス評価		-	-.068	.035	.150*
教職対人行動効力感			-	-.370**	-.642*
困った経験				-	.444**

*$p<.05$, **$p<.01$.

「シャイネス経験尺度」得点との相関係数を求めた（Table 12-1）。

「対象サポート認知」と「困難場面認知」，「困った経験」，「シャイネス経験」の間に有意な負の相関，「教職対人行動効力感」との間に有意な正の相関が認められたことから，相手がサポーティブである（ない）という認知と自分が関わる場面は困難場面でない（困難である）という認知，教職遂行過程で困らない（困る）こと，シャイネス反応が喚起されない（される）こと，対人行動をうまくとれる（とれない）と思うことが関係することが示唆された。「困難場面認知」と「シャイネス評価」，「困った経験」，「シャイネス経験」の間に有意な正の相関，「教職対人行動効力感」との間に有意な負の相関が認められたので，自分が関わる場面が困難である（困難でない）という認知とシャイではだめだと思う（思わない）こと，教職遂行過程で困る（困らない）こと，シャイネス反応が喚起される（されない）こと，対人行動をうまくとれない（とれる）と思うことが関係することが示唆された。また，「教職対人行動効力感」と「困った経験」，「シャイネス経験」との間に有意な負の相関が認められ，対人行動をうまくとれる（とれない）という認知と，教職遂行過程で困らない（困る）こと，シャイネス反応が喚起されない（される）ことが関係することが示唆された。また，「シャイネス評価」及び「困った経験」が，ともに，「シャイネス反応」と有意な正の相関が認められた。シャイではだめだと思う（思わない）ことや教職遂行過程で困る（困らない）

ことが，シャイネス反応を喚起させる（させない）ことと関係することが示唆された。

　ここで取り上げられた各認知的要因については，いずれも，「シャイネス経験」尺度得点と有意な相関関係が認められ，シャイネス経験（シャイネス喚起）と関係した要因であることが示唆された。これらの関係をもとに，研究6から研究8で検討した要因間の関係も考慮した，シャイな教師の困った経験を規定する認知的要因との因果モデルを構想し，その妥当性を検討する。

(2) シャイな教師の認知と教職遂行過程における困った経験の関係モデルの構成

　認知的要因間の関係では，研究6で「対象サポート認知」が，「困難場面認知」に影響することが示されており，このパスを設定した。研究7で取り上げた「シャイネス評価」は「困難場面認知」とのみ有意な関係にあることが本研究で示されている。シャイではうまくものごとが運ばないという認知が，自分の直面する場面を統制困難な，脅威的場面であると認知させる可能性が考えられ，「シャイネス評価」から「困難場面認知」へのパスを考えた。「対象サポート認知」，「困難場面認知」は，研究6で，いずれも「シャイネス反応」を喚起する要因であることが示されている。また，これらの認知的要因と「教職対人行動効力感」の間に中程度の有意な相関関係が認められる。このことから，相手はサポーティブでない（サポーティブである），困難な場面だから（困難場面でないから）うまくやれると思わない（うまくやれると思う）という関係が成り立つと考えられ，「対象サポート認知」，「困難場面認知」から「教職対人行動効力感」へのパスを考えた。また，研究8で示されたように，「シャイネス反応」が「教職対人行動効力感」に影響すると考えられるので，「シャイネス反応」から「教職対人行動効力感」へのパスを設定した。

第12章 シャイな教師の認知と教職遂行の関係モデルの構成【研究9】

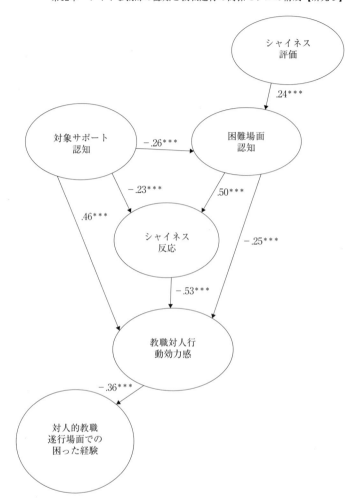

Fig. 12-1 シャイネス反応及び困った経験と認知的要因の関係モデル
CFI = .930, RMSEA = .079, NFI = .884, RFI = .847, ***p < .001, 潜在変数のみ記載した.

以上のことを考慮して，モデルを作成した（Fig. 12-1）。共分散構造分析で適合度を検討すると，CFI = .930，RMSEA = .079，NFI = .884，RFI = .847となり，許容範囲と考えられる結果が得られた。モデルの作成過程で，「困難場面認知」から「困った経験」へのパスは有意でなく削除した。削除するとAICの値も421.1から419.1となり，適合度が増すと考えられる結果となった。また，研究8と同様に「シャイネス反応」から「困った経験」にパスを設定した場合も適合度が下がる（AICの値が419.1から420.6になる）ので，このパスは設定しなかった。また，研究8で確認した，効力感からシャイネス反応に至る逆向きのパスを設定した場合も適合度が下がる（AICの値は419.1から438.1になる）ので，最終的にFig. 12-1に示すモデルを採用することとした。

その結果，要因間の関係は，研究6で得られた，「困難場面認知」から「困った経験」に至るパスが削除されたものの，それ以外の関係は，研究6から研究8で検討した，各認知的要因と「教職遂行場面での困った経験」の関係モデルの関係を組み合わせたものとなった。

4 考察

本研究では，研究5で探索的に見出された，シャイな教師が困る，困らないということに関連した認知的要因である「困難場面認知」，「対象サポート認知」，「シャイネス評価」，「教職対人行動効力感」相互の関係を考慮した，認知的要因と教師の「対人的教職遂行場面における困った経験」の関係モデルを作成し，その妥当性を検討した。

本研究で検討した関係モデルから以下のことがいえよう。尚，このモデルの中で，シャイな教師は，シャイネス反応を経験しやすい人として理解できる。研究4で，シャイな教師は困った経験をしやすいことが示唆されたが，シャイな教師が経験しやすいシャイネス反応は，教職対人行動効力感を介し

て間接的に，対人的教職遂行場面における困った経験に正の影響を及ぼすことが示唆された。教職対人行動効力感へのパス係数の値が中程度である背景には，他の要因の存在が考えられよう。例えば，今日，学級崩壊や学びからの逃走という言説で語られるような，児童生徒たちの状況や，モンスターペアレントと称される保護者の状況など，教師個人の要因を超えた，環境要因（他者要因）が効力感に及ぼす影響も無視できないと考えられる。とはいえ，このモデルが一定の適合度を持つと考えられることから，シャイネス反応が生じることで困っている，シャイな教師が存在することが示唆されたと考えられる。

シャイネス反応を直接規定する認知的要因として，対象サポート認知や困難場面認知がある。特に，困難場面認知のパス係数は.50となっており，この要因が，シャイネス喚起に大きな影響を及ぼしていることが考えられた。また，対象サポート認知，及び，困難場面認知はシャイネス反応を規定するとともに，シャイネス反応とともに，教職対人効力感に影響していることが示唆された。また，これまで，教師効力感が，教師の教職遂行やバーン・アウトなどに関係していることが報告されているが（例えば，西松，2005；谷島，2013），本研究でも，教職対人行動効力感が，教職遂行過程の困った経験を規定することが示された。

モデルを構成するに際しては，例えば，本研究で示した認知的要因間の関係を逆転させること，例えば，うまくやれそうにない（うまくやれそう）という教職対人行動効力感が低いこと（高いこと）が，教師が直面する場面を困難な場面である（ない）と認知することをもたらすのかもしれない，或いは，効力感が低い（高い）から，緊張する（しない）のではないか，といった解釈もできなくはないと考えられたが，共分散構造分析の適合度指標（AIC値）を用いて因果関係を検討した結果から，最適と考えられるモデルを提示できたと考えられる。この方法に一定の妥当性もあると考えられるし，時間的検討がなされていないという点では，限界もあるといえるのかもしれな

い。

　研究7では，シャイな人はシャイネスを否定的に評価しており，シャイネスを否定的に評価している人は，シャイなため困った経験をしやすいことが示されたが，対人的教職遂行場面との有意な関係は見出されなかった。このモデルでは，シャイネス評価が，困難場面認知に影響し，困難場面認知がシャイネス反応，教職対人行動効力感を経由して，「対人的教職遂行場面における困った経験」に至るモデルとして構想されている。このモデルが一定の適合度を示しているので，シャイネス評価は，間接的に，困った経験をもたらす要因となっているといえるのかもしれない。本研究から，「困難場面認知」，「対象サポート認知」，「シャイネス評価」という認知的要因が相互に関連しあって「シャイネス反応」を喚起し，それらが直接的，間接的に「教職対人行動効力感」に影響を及ぼすことで，授業，学級・HR経営，個別指導場面，職員会議，保護者対応といった対人的教職遂行場面での困った経験をもたらすことが示唆されたといえよう。

　これまで，シャイな人は自分のことや状況を否定的に認知しやすいこと（例えば，Cheek & Melchior, 1990；Jones & Briggs, 1984；栗林・相川, 1995；van der Molen, 1990）や，自己効力感が低いこと（例えば，Hill, 1989；葛生, 1994）が報告されている。今回取り上げた認知的要因である，「教職遂行場面評価」や「対人評価」，「シャイネス評価」，「教職対人行動効力感」に関する知見は，それらの知見とも合致したものだが，認知的要因間の因果関係や，対人的教職遂行場面におけるシャイな教師の困った経験に及ぼす影響まで解明できた点に，意義が認められよう。

第Ⅳ部　総括

第13章　総合的考察
第14章　本研究の限界と今後の課題

第Ⅳ部　総括

　第Ⅳ部では，本論文の各研究を総括し，本論文としての結論を述べるとともに，本論文がなし得た成果について議論する。また，それととともに，本論文の限界や，今後の課題について総合的な考察を行う。

第13章　総合的考察

　はじめに，第Ⅰ部の理論的研究，第Ⅱ部，第Ⅲ部で行った実証研究の成果を踏まえ，本論文の目的や実証された成果について概要をまとめる。また，そのことを踏まえ，本論文の結論や本論文が貢献できたことについて，総合的な考察を行う。また，第Ⅱ部における実証研究で得られたシャイな教師の実態やシャイな教師の困った経験，及び，第Ⅲ部における実証研究で得られた，シャイな教師の認知と「対人的教職遂行過程における困った経験」の関係を説明するモデルの構成から得られた知見をもとに，教職遂行過程で困っているシャイな教師の支援策について提案する。

第14章　本研究の限界と今後の課題

　本論文では，教職遂行過程で「困りやすい教師」としてシャイな教師が該当すること，また，シャイな教師の認知が，「教職遂行過程における困った経験」をもたらすという仮説を立て，教師及び大学生を対象とした調査を行い，その実証を試みたものである。その結果，一定の成果を挙げることができたと考えられるが，その結論に至る過程や結論については一定の限界も存在する。本章では，その限界についてのべるとともに，本研究を踏まえた今後の研究課題について整理する。

第13章　総合的考察

1　本論文の概略

　本論文では，わが国に相当数存在すると考えられるシャイな教師が，教職遂行過程で困っていることを実証するとともに，教職遂行過程において，シャイな教師に困った経験をもたらす認知的要因を明らかにし，その認知的要因が，シャイな教師に困った経験をもたらすメカニズムを解明することを目的として行われた。研究で得られた知見を踏まえ，総合的な考察を行うに当たり，先ずは，第Ⅰ部から第Ⅲ部までの研究1から研究9で明らかになった成果を概観する。

1.1　各章の概略

(1)　第Ⅰ部（第1章～第3章）
　第Ⅰ部は，第1章から第3章までで構成されている。文献研究により，本論文の理論的背景に関する議論を行った。問題を提起した後，シャイな教師の教職遂行に関する先行研究の実施状況を明らかにしながら，本論文で取り組む実証研究を行うことの意義や，論文全体の研究計画の構成について，その必然性にもふれながら述べるとともに，本研究で取り上げる主要な概念について定義を行った。
　第1章では，問題提起を行った。我が国の教師にとって，学校における対人関係が，主要なストレッサーの一つとなっており，それによってストレス反応が生じるのみならず，場合によっては，バーン・アウトや病気休職といった重篤な事態につながりかねない状況にあることが報告されている。対

人関係がストレッサーとなる背景として，教職が本質的には対人的な職業であること，対人行動をとることが苦手な教師が存在することが考えられる。対人行動と関連した要因として，シャイネスが存在することが知られている。我が国には，シャイな人が多いという報告があり，我が国の教師の中にも，シャイな教師が一定数存在すると考えられる。どの教師も同じくストレッサーの影響を受けるというよりも，こうしたシャイな教師が，対人関係で困りやすいのではないかと考えられ，本論文で，このことを実証することを述べた。このことが実証されると，支援をなすべき，対人関係に悩む教師を絞り込むことができると考えられる。教師が教職遂行過程における対人関係で悩むことは，教職遂行の質保障という観点からも，また，教師個人のメンタル・ヘルス・サポートという観点からも，重要な検討課題となると考えられる。また，危機を乗り越えることが，教師の一層の成長につながるという報告もあり，教師の悩みや危機，困っていることに焦点を当て，そのメカニズムを明らかにすることに，教育実践上の意義が認められると考えられた。

今日，感情や行動が認知の影響を受けるとする認知行動療法（例えば，Beck, 1970；Beck, 1995）や論理療法（例えば，Ellis & Harper, 1975）の考え方が支持され，教師の認知の変容が成長の契機になるという指摘もある（例えば，都丸・庄司，2005）。このことを踏まえ，本論文では，シャイな教師に困った経験をもたらす認知的要因を取り上げ，それがシャイな教師の困った経験とどのように関係しているのかを検討することを目的とした。

第2章では，シャイネスやシャイな教師の教職遂行に関する先行研究を概観した。シャイネス研究は，海外では1980年代以降，我が国では1990年代以降，盛んに行われ，現在も研究が蓄積されている。特性シャネス論を踏まえると，シャイな人が存在すると考えられること，また，シャイな人はシャイネスを経験しやすい人として理解できると考えられる。従って，シャイネス反応を経験しやすいシャイな教師が存在することが考えられる。今日では，

認知，情動，行動の3要素のいずれか1つかそれ以上の反応を示す人をシャイな人と考える3要素モデルが一定の支持を得ている（例えば，相川，2009；後藤，2001）が，本論文では，「自分はシャイだと思う」という自己報告によってシャイネスを定義できるという論（例えば，Alm & Frodi, 2008；Cheek & Melchior, 1990；岸本，1990）を踏まえて，シャイネスを定義する。シャイネスの研究テーマとして，シャイな人の認知や行動上の特徴，社交性など，他のパーソナリティ特性との関連に関する研究は充実しているが，要因相互の関係を検討した研究はそう多くない。シャイネス研究のうち，成人を対象とした研究のほとんどが，大学生を対象としたものであり，シャイな人の職業遂行との関係については，まだ十分な検討がなされておらず，今後の更なる検討が期待される状況にある。

　教師研究は，我が国においても海外においても，それぞれ数万件規模の研究成果の蓄積がある。教師研究のなかで，対人行動や対人関係をキーワードとする研究は多く，教師研究においても関心が持たれている重要な分野であると考えられる。また，職務の多忙さ，同僚性といった環境要因と教職遂行の関係の検討は一定数行われており，ビリーフなどの教師内要因に注目した研究も行われているが，シャイな教師の教職遂行に関する研究は，ほとんどなされていない。そもそも，シャイな教師を対象とした研究自体もほとんど行われておらず，シャイな教師の実態解明や支援策の提案についても，検討する意義は認められると考えられるものの，今後の検討が待たれる状況となっている。

　第3章では，本論文で取り組む研究の構造を提示した。第Ⅰ部の理論的検討に続き，第Ⅱ部では，シャイな教師が，教職を遂行する上で困っていることを解明することを含む，シャイな教師の実態を解明することを目的としている。具体的には，シャイな教師の存在割合や，シャイネスを喚起されやすい学校場面，教職遂行場面でどのような経験をし，どのようなことに困っているのかについて解明することを目的としている。第Ⅲ部では，シャイな教

師の困った経験をもたらす認知的要因を抽出し，シャイな教師の認知と教職遂行過程における困った経験の関係を説明するモデルを作成し，その妥当性を検討する。このような本論文の目的と構成について述べた。

(2) 第Ⅱ部（第4章～第7章）

第Ⅱ部では，学校におけるシャイな教師の実態を実証的に解明することを目的としており，第4章から第7章までで構成されている。

第4章（研究1）では，まず，シャイな教師の実態を解明するに先立ち，自己報告を利用することで，シャイな教師をスクリーニングできるか検討した。自分はシャイであるという自己報告と，特性シャイネス尺度（相川，1991）得点を利用した検討の結果，自己報告を利用することで，シャイな教師をスクリーニングできることが示唆された。本論文ではシャイな教師であるかどうかを判断する際，自己報告を利用することとした。シャイな教師の存在割合や，シャイネスが喚起されやすい状況を検討するため教師調査を2回行った。教師調査1では，シャイな教師が，授業や職員会議などの学校場面で，また，上司，同僚，生徒，保護者といった学校場面で出会う人と一緒の時，シャイネスを喚起される者が一定数存在することが示された。教師調査2では，シャイな教師が4割と，相当数存在することが明らかになった。教員調査2では，教員志望動機についても尋ねたが，シャイな教師もシャイでない教師と同様に，子ども志向性につながる，「教育志向動機」を有することが見出された。

第5章（研究2）では，シャイな教師の対人行動の実際を，教師及び大学生を対象とした調査から検討した。同僚からみた，また，大学生の回想による小中高校時代に出会ったシャイな教師の対人行動の特徴を解明しようとしたものである。いずれの調査からも，対人行動が消極的，回避的な「行動抑制」，及び，対人不安を反映し，緊張やあがりに関連している「情動混乱」の2つの要素が見出された。大学生調査から，「行動抑制」には，自分から

生徒と関わろうとしない「関係回避」や，ひたすら黒板に字を書くような「双方向性の回避」といった「関わり行動の抑制」としてまとめられる特徴，生徒を叱らない「叱責行動の抑制」や，生徒に遠慮するような「指導行動の抑制」といった「役割行動の抑制」という，より具体的な特徴が見出された。また，「情動混乱」として，声が小さい，早口などの「話し方の混乱」と，おどおどしたり，赤面するなどの「態度の混乱」という，より具体的な特徴が見出された。「行動抑制」は，コミュニケーションの問題として，「情動混乱」はパフォーマンスの問題として理解することができると考えられた。すなわち，シャイな教師は，コミュニケーションとパフォーマンスという2つの次元での困難さを抱える可能性があると考えられる。また，シャイな人に，こうした行動的な特徴がみられる背景を検討するため，パーソナリティ理論における「ビッグ・ファイブ（性格5因子説）」の観点から，5因子性格検査短縮版（藤島ら，2005）を利用して，特性シャイネスを把握することを試みた。その結果，「行動抑制」は，ビッグ・ファイブの外向性と愛着性から，「対人不安（情動混乱）」は，外向性と情動性から説明できること，「行動抑制」と「情動混乱」をともに伴うシャイネスは，外向性，情動性，愛着性で説明されることが示唆された。シャイな人に特徴的な行動は，関連するパーソナリティ特性を反映したものと解することができると考えられた。

　第6章（研究3）では，大学生を対象とした回想法による調査を実施し，第5章（研究2）で明らかになった行動特徴を持つシャイな教師を，大学生が児童・生徒だった時に，どのように評価していたのかということを，教職遂行評価，及び，教師評価という2つの観点から検討した。シャイな人は，自己否定的認知をしやすいことが知られている（例えば, Cheek & Melchior, 1990；栗林・相川，1995；van der Molen, 1990）。しかし，その一方で，我が国では，シャイな人は否定的に評価されない，肯定的に評価されているという報告もある（例えば，相川・藤井，2011；羽下・篠田，2001；長江，2005）。従って，

シャイな教師や，その対人行動が，児童・生徒から否定的に評価されていない可能性も考えられる。そうだとすれば，自己認知と他者からの評価の差異に着目した認知的介入を行うことができる可能性がある。そこで，調査を行い，結果を分析した結果，教職遂行に関しては，「遂行していた」という反応と「遂行していない」という反応が，それぞれ，同程度見出されるという結果が得られた。行動特徴との関係を検討したところ，児童・生徒に関わろうとしなかったり，叱れないなどの「行動抑制」に対して教職を「遂行していない」という評価がなされていること，「情動混乱」と関連した行動の多くは教職を「遂行していない」という評価と関連がないことが示唆された。また，教職を遂行していないと評価される教師は，子どもからネガティブに評価されることが示唆された。

　第7章（研究4）では，教師を対象とした調査を2度実施し，シャイな教師の困った経験を明らかにした。教師調査1では，シャイなため教職を遂行する上で困った経験を有するシャイな教師が約64％いること，その一方，シャイでも，教職遂行上困ったことのない者が約36％いることが示された。教師調査2では，質問の仕方を変えているが，シャイな教師の約76％がシャイなため教職を遂行する上で困った経験を有していると考えられる結果が得られた。シャイネス経験の深刻さの度合いについて，約3分の2の教師は「深刻でない」，「あまり深刻でない」と回答したが，「やや深刻」より深刻な者も約10％いることが示された。また，授業，個別指導，学級・HR経営，職員会議，保護者対応場面などの対人的な教職遂行場面でシャイな教師が困っていること，シャイなため困っている教師は，問題と向き合わない，我慢して受け入れるといった不合理な対処法をとっている一方，シャイでない教師は，周囲の力を借りたり，問題と向き合うなど合理的対処をしていることが示された。

(3) 第Ⅲ部（第8章〜第11章）

　第Ⅲ部も実証的研究を行い，シャイな教師の認知と困った経験の関係を検討した。第8章から第11章までで構成されている。

　第8章（研究5）では，教師を対象とした調査を実施し，シャイなため困っている教師，シャイでも困っていない教師の特徴を収集し，得られた結果に対して因子分析を行い，因子の抽出を行った。その結果，シャイなため困った経験をもたらす認知的要因として，自分が関わる場面を困難場面であると認知したり，そこで出会う人が味方でないと認知する「教職遂行場面評価及び対人評価」，シャイではだめであるといった「シャイネスに対する評価」，対人行動を伴う教職遂行に対する「自己効力感」という3つの因子が抽出された。これら3つの因子を，シャイな教師の教職遂行と関連する認知的要因として取り上げ，以下の章で，「教職遂行場面における困った経験」との関係を検討することとした。

　第9章（研究6）では，教師を対象とした調査を行い，第8章（研究5）で見出された認知的要因のうち，教職遂行場面評価及び対人評価と教職遂行との関係を検討した。教職遂行場面やそこで出会う人に対する認知を測定する項目を作成し，得られた回答に因子分析を実施した結果，教職遂行場面を困難な場面と認知しているかどうか（「困難場面認知」），教職遂行場面を力量が必要な場面と認知しているかどうか（「力量必要認知」），教職遂行過程で出会う児童・生徒や保護者（教育対象）をサポーティブな存在と認知しているか（「対象サポート認知」），同僚をサポーティブな存在と認知しているか（「同僚サポート認知」）という4因子が抽出された。各因子を尺度として利用し，教職遂行過程での困った経験との関係を検討した。その結果，自分が関わる相手がサポーティブである（味方である）と認知するかどうかという「対象サポート認知」，及び，自分が関わる場面が困難な場面であると認知するかどうかという「困難場面認知」が，「シャイネス反応」の喚起に影響し，「シャイネス反応」が喚起されることが「困った経験」をもたらすというモデル

が，適合的であることが示唆された。

　第10章（研究7）では，自作の「シャイネス評価尺度」を作成して，教師を対象とした調査を2度行い，教師の「シャイネス評価」と「教職遂行過程の困った経験」との関係を検討した。その結果，シャイな教師はシャイネスを否定的に評価していること，シャイネスを否定的に評価している教師は，シャイなため困った経験をしていることが示唆された。但し，「シャイネス評価」が肯定的か否定的かということと，具体的な「教職遂行場面での困った経験」の関係については，有意差は認められなかった。「教職遂行場面での困った経験」には，教師内要因以外の環境要因（児童生徒，保護者，同僚との関係，等）も影響していることが，その原因として考えられた。

　第11章（研究8）では，教職遂行過程における対人行動をうまく遂行できるという信念として定義された「教職対人行動効力感」を測定する尺度を作成し，教師を対象とした調査を行い，「教職対人行動効力感」と「教職遂行場面での困った経験」との関係を検討した。その結果，シャイな教師はこの効力感が低く，また「教職対人行動効力感」の低い教師は，「授業」，「個別指導」，「学級・HR経営」，「部（クラブ）指導」，「職員会議」，「保護者対応」というすべての対人的教職遂行場面で困った経験をしやすいことが示唆された。また，シャイネス反応を経験しやすいことが「教職対人行動効力感」の低下をもたらし，それが困った経験につながるというモデルが適合的であることが示唆された。

　第12章（研究9）では，第9章（研究6）から第11章（研究8）で取り上げた認知的要因相互の関係を検討し，それらの関係を踏まえた，認知とシャイネス反応，困った経験の関係を説明する関係モデルを構想し，その適合度を確認した。その結果，「困難場面認知」や「対人サポート認知」が「シャイネス反応」をもたらし，それら3要因が「教職対人行動効力感」に影響を及ぼし，「対人的教職遂行場面での困った経験」につながっていくというモデルが構想され，そのモデルが一定程度，適合的であることが示された。本研

究で取り上げた認知的要因が，直接的，あるいは，シャイネス反応を介して間接的に教職対人行動効力感に影響し，それが，シャイな教師に困った経験をもたらすと考えられた。

1.2 シャイな教師の困った経験

我が国では，対人関係がストレッサーとなり，教師が種々のストレス反応を呈したり，場合によっては，バーン・アウトに陥ることもあることが報告されている（例えば，赤岡・谷口，2009；田中・高木，2008；栃沢・中野，2010）。筆者は，教師の円滑な教職遂行に関心があり，研究を進めるに当たり，従属変数として，ストレス反応やバーン・アウトではなく，「対人行動を伴う教職遂行場面で教師が困ること」を選択した。また，対人的な教職遂行場面で「困りやすい教師」と「困りにくい教師」がおり，シャイな教師が「困りやすい教師」であるという仮説を立て，第Ⅱ部で，シャイな教師の困った経験の実態を解明することを試みた。

研究8で，教師を対象とした調査を行った結果，「授業」，「個別指導」，「学級・HR経営」，「部活動指導」，「職員会議」，「保護者対応」といった対人的な教職遂行場面で教師が困っていることが示された。「シャイなため現在困っている教師」が「シャイでない教師」よりも，「困った経験尺度」得点が有意に高かった。また，シャイネス反応が，それらの教職遂行場面における困った経験をもたらすという説明モデルを作成し，共分散構造分析を行った結果，そのモデルが適合的であることが示された。このことは，職遂行場面における困った経験にシャイネス反応が影響していることを意味している。シャイな教師は，シャイネスを経験しやすく，このモデルが適合的であることから，シャイな教師が対人行動を伴う教職遂行場面で困った経験をしやすいことが考えられる。また，質問の仕方は違うが，シャイなため教職を遂行する上で困った経験を有するシャイな教師が，2度の教師調査で，それぞれ約64％，76％と多く存在し，シャイでない教師よりも，困っている者が

多いことが示された。これらのことから,シャイな教師が,そうでない教師に比べ,対人行動を伴う教職遂行過程で困りやすいことが考えられ,シャイな教師が,「困りやすい教師である」という仮説が支持されたといえよう。そうしたシャイな教師が,約4割と,相当数存在することが研究1で示され,シャイな教師の支援を検討することの重要性もあると考えられた。

また,教職遂行過程で困りやすいと考えられるシャイな教師は,コミュニケーション行動(関わり)が表現されにくい「行動抑制」や,対人不安を反映し,パフォーマンス(発信,自己表現)の拙さと関連する「情動混乱」という行動特徴を有していることも研究2で明らかになった。シャイな教師の中には,これらの行動特徴をともに伴うタイプや,いずれか一方の行動が特徴的なサブタイプが存在することも明らかになったが,両方の特徴を有する教師が最も困りやすいことも研究8で示唆された。また,「情動混乱」のみを示す「対人不安サブタイプ」も,困りやすいが,大学生の振り返り調査では,「情動混乱」を反映した行動は,「声が小さい」こと以外は,否定的に評価されていないことも研究3で示された。これらの知見は,シャイな教師の支援策を検討する上で有用であると考えられる。

1.3 シャイな教師の教職遂行を規定する認知的要因

第Ⅲ部では,シャイな教師の教職遂行と関連した認知的要因を抽出し,その要因と「教職遂行過程におけるシャイな教師の困った経験」を明らかにすることを試みた。シャイな人は,自己否定的な認知や不合理な認知をしやすいこと(例えば,栗林・相川,1995;van der Molen, 1990),評価懸念(例えば,Cheek & Melchior, 1990)や自己効力感の低さ(例えば,Hill, 1989;葛生,1994)といった特徴を有することが報告されている。本研究では,教師を対象とした調査を行い,研究5で,シャイな教師の教職遂行と関連した認知的要因として「教職遂行場面評価」及び「対人評価」,「シャイネス評価」,「自己効力感」の3因子4要素を見出した。研究6〜8で,これらの認知的要因が,い

ずれも「教職遂行過程における困った経験」をもたらすこと，「困難場面認知」（「教職遂行場面評価」の1つ）及び「対象サポート認知（「対人評価」の1つ）」が「シャイネス反応」の喚起に影響していること，「困難場面認知」，「対象サポート認知」，「シャイネス反応」が「教職対人行動効力感」に影響し，「教職遂行場面での困った経験」をもたらすというモデルが適合的であるという結果が得られた（研究9）。

　シャイな人は，状況を否定的に受け取りやすいという報告があるが（例えば，Fatis, 1983；Ishiyama, 1984），シャイな教師の場合も，授業や学級・HR経営，職員会議，保護者対応場面など，対人的な教職遂行場面を，何が起こるかわからない，困難な場面として認知したり，自分が関わる児童生徒や保護者をサポーティブ（味方）でないと認知しやすく，そうした認知がシャイネスを喚起させることが示唆された。シャイネスを喚起されやすい人がシャイな人と考えられるので，シャイな人は状況を否定的に認知しやすいという，これまでの報告とも合致した結果が得られた。「シャイネス反応」（「行動抑制」と「情動混乱」）は，これらの認知の影響を受けることが示唆された。

　これまで，教師効力感の研究も進められ，教師効力感が，バーン・アウトに負の影響を及ぼすことが報告されている（谷島，2013）。教師効力感の対人行動に関する側面に焦点を合わせた「教職対人行動効力感」も，「教職遂行場面における困った経験」に負の影響をもたらすことが示された。本研究では，その効力感に影響する要因として，「教職遂行場面評価」，「対象サポート認知」，「シャイネス反応」が存在することが解明できた。このことも，シャイな教師の支援策を検討する上で有用な知見となると思われる。

2 本論文の意義

2.1 「シャイな教師」という視点の導入

　本研究では，これまで注目されてこなかったシャイな教師に注目したところに独自性がある。これまで，対人関係に悩む教師が少なくないことは報告されてきたが，どの教師も同じように困っているのではなく，対人関係を伴う，「授業」，「学級・HR経営」，「同僚との連携」，「保護者対応」などといった教職遂行場面で，「困りやすい教師」，「困りにくい教師」がいるという仮説を立て，シャイな教師は，シャイでない教師に比べ，対人的教職遂行場面で困っているという仮説を，本論文で実証した。これまで，シャイネス研究，教師研究において，「シャイな教師」という視点は導入されてこなかったが，全国の小中高校の教師を対象とした調査から，約4割の教師がシャイだと考えられる結果が得られ，その存在は無視できないと考えられる。

　また，教師一般でなく，「シャイな教師」という視点を導入することで，問題の解明や支援策を検討すべき対象（の特性）が絞られ，その特性に応じた実態の解明や，それを踏まえた支援策の検討が進む可能性がある。例えば，対人関係が教師のストレッサーになっているということが解明されても，それだけでは，まだ困っている教師の実態は見えてこない。対人関係の「何が」ストレッサーになっているのかということを特定することが大切であり，そこが特定化されると，その特性に応じたより適合的な支援策を検討できる可能性が高まるといえよう。例えば，「モンスターペアレント」（例えば，小坂ら，2011）との関係というように特定されると，傾聴やアサーティブな関わり，法的な知識といった視点からの支援が思い浮かぶし，「シャイな教師」と特定できれば，その特有の反応に焦点を合わせた支援策を検討するということが考えられる。本論文で，教師全体の中から，困っている，悩ん

でいる教師を,「シャイな教師」という特定のグループに切り分ける視点を提供できたのではないかと考えている。

2.2 シャイな人の職業行動の解明

シャイな人の職業遂行については，第2章で概観したように，これまで，あまり報告がなされていない。また，シャイであることが不利であるという報告がある（例えば，Caspi et al., 1988）一方，不利とはいえないという報告もあり（Kerr et al., 1996），結論が一定していない。本研究でも，シャイな教師が児童生徒からどのように評価されているかという調査を行った。その結果，シャイであっても「教職を遂行している」と評価される教師が「遂行していない」と評価される教師と同程度存在し，「どちらともいえない」と合わせると，約6割の教師は，教職を「遂行していない」とは評価されていないことが示された。すなわち，シャイであることが必ずしも教師にとって否定的な意味を持つとは限らないことが考えられた。しかし，研究2で明らかになったシャイな教師に特徴的な行動のうち，児童生徒に関わろうとしないとか，叱ったり，注意できないとか，場を仕切れないなどの行動はネガティブに評価されることが示唆された（研究3）。本論文では，こうした知見を，シャイな教師の是非を論じるためではなく，教職遂行場面で困っているシャイな教師の支援策につなげることが大切であると考えている。

また，欧米の教師と我が国の教師の職務の違いを考慮し，我が国での教師の悩みや教職遂行の困難さに関する研究を概観すると，多忙さなどの職務特性や職場の人間関係（例えば，伊藤，2000；川瀬，2013；杉若・伊藤，2004；高木・田中，2003；田中ら，2003；都丸・庄司，2005）といった環境要因を独立変数や媒介変数とする研究が多い。教師内要因に関しては，経験年数や校種（例えば，伊藤，2000；苅間澤・大河原，1999），対処方式（例えば，中川ら，2000）や教師効力感（例えば，春原，2010；西松，2005；谷島，2013）を独立変数とする研究がなされているが，シャイな教師やシャイな教師に特有の認知を取り

上げた研究は見当たらない。本論文では，我が国に，一定数存在する（研究1），シャイな教師が，対人的な教職遂行場面で困っていることや，困った経験をもたらす背景に，認知的要因が存在することを実証した。このように，シャイな教師の教職遂行の実際を解明した点は，シャイネス研究においても教師研究においても独自性が認められるものといえよう。

2.3 シャイな人の実態の解明

研究1で，シャイネスの自己報告と，特性シャイネス尺度（相川，1991）得点の関係を検討し，自分を「シャイだと思う」という自己報告を利用して，シャイな人をスクリーニングすることが可能であることを示した。すなわち，シャイな人は自分をシャイだと思っていることを確認した。また，シャイな人は対人的な教職遂行場面で，シャイネス反応を経験しやすいことが確かめられたが，このことから，シャイな人はシャイネス反応を経験しやすい人であることが示唆されたといえよう。今日，シャイネスを「認知」，「感情」，「行動」の3側面から定義する3要素モデル（Cheek & Watson, 1989；van der Molen, 1990）が一定の支持を得ている（例えば，相川，2009）が，今日でも，尚，「行動抑制」と「対人不安」という2因子に基づく定義や尺度を利用した研究も行われている（例えば，福田・寺崎，2012；徳永ら，2013）。そうしたなかで，本論文は，シャイネスの定義における自己報告の有用性や，特性シャイネスと状態シャイネスの関係を再確認するという意味があると考えられる。

これまで，シャイな人は社交的でないといった，シャイな人の特性に関する研究は多くなされてきた（例えば，Pilkonis, 1977a；Schmidt & Buss, 2010）。近年でも，例えば，シャイな人のオンライン行動に関する研究がよく行われている（例えば，Ozturk & Kaymak, 2011）。しかし，シャイな人（特性シャイネス）と他の特性との相関研究が多く，シャイな人をパーソナリティ特性の観点から包括的に理解しようとする検討は，あまりなされていない。今回，

第13章 総合的考察 265

シャイな教師の行動特徴を検討し,「行動抑制」と対人不安を反映した「情動混乱」の2要素を見出した(研究2)。こうした特徴を示すシャイな人を包括的に理解すべく,ビッグ・ファイブの観点からシャイな人,更には,その行動特徴を理解することを試みた(研究2)。その結果,「行動抑制」が負の外向性と負の愛着性で,「対人不安」(情動混乱)が負の外向性と情動性で,シャイネスが,負の外向性と負の愛着性,情動性で説明できることを示すことができた。

また,研究4で,シャイネス反応に基づき,シャイネスのサブタイプを分類し,その違いを検討した。「対人不安サブタイプ」,「行動抑制サブタイプ」,その両要素を示す「シャイネスサブタイプ」,両要素とも示さない(シャイでない)「ノンシャイサブタイプ」に4分類された。このうち,「シャイネスサブタイプ」が最も困りやすいことや,「対人不安サブタイプ」や「シャイネスサブタイプ」に共通する,緊張したり,パフォーマンスが円滑でないといった反応を示しやすいシャイな人が多いことが明らかになった。

また,シャイな教師も,子ども志向性(「子どもが好き」)に通じる「教育志望動機」を有していることや,困った時に,我慢してその状況を受け入れたり,問題と向き合わないような「非合理的対処」をしており,教職遂行場面で困っていることなども明らかになった。

シャイな教師に関する研究はこれまでほとんど行われてこなかったが,シャイな教師の実態解明をめざして様々な調査を進めたことで,シャイな教師に関する新しい知見を提供できたといえよう。

3　シャイな教師に対する支援策の提案

本論文では,シャイな教師の認知的要因に焦点を当て,困った経験との関係を検討した。第Ⅱ部研究4では,シャイネス反応が困った経験をもたらすことや,勤務年数15年以上20年未満の教師が,勤務年数5年以上10年未満の

教師,及び,勤務年数20年以上の教師に比べシャイネスを喚起されやすいことが示唆された。また,研究4でシャイな教師が困った時の対処法として,「合理的対処」を行わず,「非合理的な対処」を行うことが示された。また,第Ⅲ部の研究6～研究9で,シャイな教師に「対人的教職遂行過程での困った経験」をもたらす認知的要因として,「対象サポート認知」,「困難場面認知」,「シャイネス評価」,「教職対人行動効力感」の4つが見出された。第Ⅱ部,第Ⅲ部で得られた知見を踏まえ,シャイなため,教職遂行場面で困っている教師の支援策を提案する。

3.1 教職遂行場面評価及び対人評価と教職遂行の関係に関する知見から

研究6で,シャイな教師は,シャイでない教師に比べ,自分が担当する「授業」,「学級・HR経営」,「個別指導」,「職員会議」,「保護者対応」といった教職遂行場面を,何が起こるかわからない,困難な場面と認知しやすく,自分が関わる子どもや保護者（対象）をサポーティブ（味方）でないと認知しやすいことが示された。研究9で,こうした認知が出発点となってシャイネス反応が喚起され,それが効力感の低下をもたらし,困った経験へとつながることが示されている。シャイな教師の援助策として,こうした否定的な認知への介入をすることが考えられる。

これまでも,栗林・相川 (1995) が,シャイな人は,会話の相手が自分のことをポジティブには評価していないだろうと推測していることを報告するように,シャイな人が状況を否定的に認知する傾向を示すことが報告されてきた（他にも,例えば,Fatis, 1983；Ishiyama, 1984）。その一方で,シャイでない教師は,教職遂行場面を困難な場面であるとは考えておらず,相手をサポーティブ（味方）であると考えていることが示されている（研究6）。また,研究3の学生調査で,これまで出会ったことのあるシャイな教師を否定的に評価する学生は22.3％に過ぎなかった。シャイな教師をポジティブに評

価する者が27.3%,「そういう人もいる」,「特になんとも思わない」といったニュートラルに評価する者が50.4%であり,合計77.7%の者は,シャイな教師をネガティブに評価していないことが明らかになっている。こうした認知のズレに気づかせるという認知的な介入が考えられよう。シャイでない教師の認知とシャイである自分の認知が異なっていることや,児童生徒のシャイな教師に対する評価を知ることから,「困難場面認知」や「対象サポート認知」の変容が期待できると考えられる。

3.2 シャイネス評価と教職遂行の関係に関する知見から

シャイな教師は,シャイネスを否定的に評価しており,シャイネスを否定的に評価する者は,教職を遂行する上で困った経験を有することが明らかになっている（研究7）。また,シャイネスを否定的に評価すること,すなわち,シャイではものごとがうまく運ばないと考えることが,自分が関わる場面が「困難場面」であるという認知をもたらすことが示唆されている（研究9）。これらのことから,シャイネスに対する評価が否定的でなくなること,或いは,肯定的になることが支援策になると考えられる。シャイでは,ものごとがうまく運ばないと考えると,その場面が困難な場面と感じられるであろうし,シャイでも,ものごとはうまく運ぶだろうと考えることができれば,自分が関わる場面が,困難な場面であるという認知は起きにくいと考えられる。

ここでも,一つには,シャイな振る舞いに対するシャイでない教師の認知や,児童生徒のシャイな教師に対する評価とのズレを認識させる介入が考えられる。また,その教師が,その時まで,教職生活を続けてきた積み重ねがあるはずで,その事実に目を向けさせるような介入も考えられよう。対人行動を求められる教職を,これまで,シャイな自分が大きな破綻もなく遂行してきたという事実に目を向けさせるような介入である。更に,リフレーミング（Bandler & Grinder, 1982）の技法を利用して,シャイであることのよさ

(例えば，穏やかであるとか，強引でない，相手のペースを尊重する，など）を見出すことができることも効果的であると考えられる。

3.3　シャイネス反応と教職遂行の関係に関する知見から

　研究9で，シャイネス反応が，「教職対人行動効力感」に負の影響をもたらし，それが「困った経験」に負の影響を及ぼすことが示された。従って，シャイネス反応を低減させることも，支援策として有効である。シャイネス反応を低減させるためには，「困難場面認知」を緩和させたり，「対象サポート認知」を上昇させるような介入を行うことはすでに述べたとおりである。その他にも，これまで，シャイネス反応を低減させる試みがなされてきた。認知的介入として，「自分自身に対処的な言葉を言いきかせる」（関口・根建,1999）自己教示訓練が効果をもたらしていることが報告されている（例えば，金築ら，2002；増田・根建・長江，2001；長江ら，1999；関口・根建，1999）。「他人から拒否されてもそれは恥ずかしいことではない」，「意思の疎通を図るために目と目を合わせよう」（長江ら，1999）とか，「すべての人に好かれなくてもいい」，「ちゃんと聞いていることを相手に伝えよう」（伊藤ら，2000）といった自己教示文を利用する方法である。また，社会スキル訓練の立場からのアプローチ（相川，1998；相川，2000a）もある。週1回のペースで「会話スキル」と関連した3種のスキルを3週間にわたって訓練したが，効果が認められなかった事例（相川，1998）も報告されているものの，「会話の維持」，「意思決定」，「葛藤の処理」などに関する13スキルを訓練するプログラムを実施した訓練では，協力者2名のうち1名にシャイネス反応の低減効果が認められたことが報告されている（相川，2000b）。相川（2000b）は，こうしたスキル訓練を行う場合にも，認知的介入を組み合わせることがより効果的であるとも述べているが，こうした，シャイネス反応を低減させる介入技法を利用することも有効であろう。

3.4 教職対人行動効力感と教職遂行の関係に関する知見から

　教職対人行動効力感が向上する方策も，支援策として有用であると考えられる。研究9から，「困難場面認知」の緩和，「対人サポート認知」の上昇，「シャイネス反応」の低減が，「教職対人行動効力感」を上昇させることはすでに述べたとおりである。「教職対人行動効力感」尺度の内容には，「子どもの話を上手に聞ける」，「子どもの思いや行動を理解できる」，「自分の考えを保護者に伝えられる」といった「傾聴」，「生徒理解」，「サポーティブな自己表現」などの，カウンセリング技法と関連した項目が含まれている。カウンセリング理論を学習したり，事例検討を経験していく中で，様々な行動の背景にある子どもの願いや思いを理解できるようになり，それが，「教職対人行動効力感」の向上につながる可能性もある。近藤(1994)が紹介する事例に，次のようなものがある。ある養護教諭が，「痛い」とか「つらい」と言って保健室にやってくる児童にイライラし，「がまんしなさい」とか「たいしたことないでしょ」と言っていた。しかし，カウンセリング研修会に参加し，児童の行動の背景がわかるようになると，「本当に痛そうだね。大丈夫？」と対応が変わり，それに伴って子どもたちの対応も変わり，子どもたちがかわいくなった，という事例である。相手の表面的な行動の意味や背景がわかると，教師も，ゆとりを持てるようになり，対応が軟らかくなるなど関係性が変わることは考えられることであり，児童・生徒理解や関係形成の力量形成のための支援も大きな意味を持って来よう。また，自分の思いを相手に上手に伝えるアサーショントレーニングや対人スキル訓練を実施することも，「教職対人行動効力感」を向上させる上で有用であると考えられる。

3.5 シャイな教師の実態から

　研究4で得られた知見の一つに，経験を積んで，緊張などのシャイネス反応が起こりにくくなるのではないかと考えられる勤務年数15年以上20年未満

の教師が，勤務年数5年以上10年未満の教師よりもシャイネス反応を喚起されやすいことが示された。その理由として，学年主任や校務分掌主任などの新たな役割を担うことが考えられる。その後，勤務年数20年以上になると，また，シャイネス反応は喚起されにくくなることが示唆された。シャイな人は，新奇な状況を苦手とするとされる（例えば，Asendorpf, 1987；Buss, 1984）ことを踏まえ，教師のライフコースに沿った形で，それぞれの時期に新たに与えられるであろう役割を遂行する上で有効な研修の機会を設けることが考えられる。教師に対しては，教育委員会や地域の大学などが開設する教員研修の機会が用意されている。その際，各教科等に関する研修に加えて，学年主任や校務分掌主任としての組織マネジメントに関する研修や，説得，交渉，リーダーシップの発揮などに関する研修の機会が一層充実することも求められるのではないかと考えられる。同様に，研究4で，シャイな教師が困った時の対処法として，「合理的対処」を行わず，「非合理的な対処」をしていることが明らかになったが，「同僚性」や「チーム支援」の重要性がいわれる今日，例えば，教師が一人で問題を抱え込まずに対処する危機管理の在り方や，合理的な課題解決に関する研修の機会が増えることも必要になってこよう。

　ここで取り上げたような，シャイな教師に困った経験をもたらすいずれかの要因に対する介入を試みることで，教職遂行場面で困ることが緩和されることが期待できよう。

第14章 本研究の限界と今後の課題

1 本研究の限界

1.1 調査対象者の特性による限界

　本論文を作成するに当たり，教師を対象とした調査を2度実施した。1996年に実施された最初の教師調査（教師調査1）では，250名の回答を得て，シャイネスが喚起される場面，シャイな人に特徴的な行動，対人関係がうまくいっている教師，うまくいっていない教師の特徴など，本論文第Ⅱ部を構成する研究のもととなる，シャイな教師の実態を解明するための調査や，第Ⅲ部研究7で取り上げたシャイネス評価に関する調査を実施した。2013年〜2014年にかけて実施された2度目の教師調査（教師調査2）では，215名の回答を得て，教員志望動機や，困った時の対処法，主たる対人的教職遂行場面におけるシャイネス反応経験など，第Ⅱ部で取り上げた，教師の実態解明に関する研究をより深めるための調査を実施している。また，第Ⅲ部で解明しようとした，教師の認知と困った経験の関係を検討するための，教職遂行場面や対人関係に対する認知，シャイネス評価，教職対人行動効力感についての調査も実施した。このように，教師調査1では，シャイな教師の実態を明らかにし，そこで得られた結果に触発され，さらに解明すべき点や，認知的要因との関係を解明する上で必要な項目に関して調査を行ったのが，教師調査2である。従って，2つの調査は，テーマ的には，つながっている。また，対象となるシャイな教師の定義（自己報告の利用）等は一貫しており，認知的要因と教職遂行の関係については，教師調査2のみを利用して行ってい

ること，教師調査1で作成したシャイネス評価尺度が，教師調査2の対象者においても有効に利用できたことなどを併せて考えてみると，時期的に離れたデータを用いた研究ではあるが，これらの調査を踏まえて，シャイな教師について論ずることは可能であると考えられる。また，保護者との対応に苦慮する教師が多いなど，学校を取り巻く環境は変化しているのは事実だが，「教員採用状況に関係なく，教員養成大学・学部学生の教職意識はそれほど変動していないとみてよい」(秦，1998)という指摘もあるように，教員志望者や教師のありようが，2つの調査の間に大きく変動しているとは限らないといえよう。とはいえ，近い時期に行われたものでない2つのデータを用いて，一つのテーマを論じる限界はあると考えられる。

　また，それぞれの調査において，年齢，性別など，回答者の属性に偏りが見られた。1度目の教師調査では，男性と50歳代以降の回答者が少なく，女性と30歳，40歳代の回答者が多かったが，2度目の教師調査では，50歳代の男性の回答者が多かった。また，調査対象者はほとんど重複していないと思われるが，調査の時期が離れていたため，結果を1つにまとめて分析することは避け，それぞれの調査結果ごとに分析したので，各調査結果の年齢や教員経験年数がバランスよく分布しているとはいえず，年齢や教員経験年数を踏まえて考察したかった，シャイな教師の成長や変容の視点を取り込んだ考察が十分とは言えない面がある。2度の調査結果をそれぞれにまとめて，共通した主題のもとに構成している章もあるが，その際に，同一対象による結果でないことも考慮する必要があるのかもしれない。

　また，1度目の調査で，自分はシャイだと回答した教師が155名，2度目の調査では85名であった。それぞれの調査実施時には，できるだけ多くのデータが得られるようにと考え，直接手渡しで依頼したり，知人を介したり，多めに郵送したりといった工夫をしたつもりではあったが，得られたデータ数には限りがあり，その中でのシャイな教師のデータは，更に，限定された数になってしまった。2度の調査で得られた標本数は，いずれも分析

可能な人数とは考えられるものの,可能な限り,より多くのデータを入手できるに越したことはなかったといえよう。

　また,大学生を対象とした調査も2度実施した。2011年～2012年にかけて実施された学生調査1では,195名の回答を得て,シャイネスの自己報告及び,特性シャイネスとビッグ・ファイブの測定が行われた。研究の前提ともなる,シャイな人を自己報告でスクリーニングできるかということの確認(研究1)及び,シャイな人は,ビッグ・ファイブの観点からどう説明され,対人行動とどのように関わっているのかということを確認するために行われた(研究2)。2011年～2012年に実施された学生調査2では,403名の回答を得,そのうち,小中高校時代にシャイな教師に出会ったことのある121名の回答を利用して,シャイな教師の行動特徴(研究2)やシャイな教師に対する評価を尋ねた(研究3)。2度の学生調査は時期的に重なってはいるものの,対象者は別である。学生対象の調査なので,「シャイな教師」についてのコメントも添えるなど,配慮はしたが,関西の2つの単科大学の学生を対象にしているという点で,サンプルに偏りがないとはいえないかもしれない。

1.2　因果関係の検討の限界

　第Ⅲ部では,困った経験を目的変数として,シャイネス反応や認知的要因を変数として用いた因果モデルを構想した。その際,因果関係の構想に当たっては,理論的な考察と共分散構造分析の適合度指標を根拠としている点に限界があると考えられる。因果関係があることが確かにいえるためには,独立変数が従属変数よりも時間的に先行していること,理論的に因果関係に必然性と整合性があること,他の変数の影響を除いても,変数間に共変関係があることとされている(例えば,小塩,2004)。本研究では,理論的な検討はしており,共分散構造分析を利用するなど,できる範囲では検討を進めているが,同一の教師を対象とする複数回の調査を実施しておらず,時系列的

観点からの検証ができていない。また，他の変数の影響を除いた検討についても十分に行えていないない点に限界がある。

1.3 取り上げた認知的変数についての限界

先行研究では，シャイな人の認知的特徴として，評価懸念，効力感の低さ，自己否定的認知，状況の読み誤り，などの存在が指摘されている（例えば，Caina et al., 2013；Cheek & Melchior, 1900；栗林・相川, 1995；鈴木, 1997；van der Molen, 1990）。本論文では，高校教員35名を対象として行った，予備調査の結果から抽出された，シャイな教師に困った経験をもたらすと考えられる認知的要因を取り上げている。すなわち，教職遂行場面に対する「困難場面認知」，「対人サポート認知」，「シャイネス評価」，「教職対人行動効力感」という，状況や場面，シャイネスというパーソナリティ特性，自己に関する3領域に属する4つの認知的要因を取り上げることとし（研究5），それぞれの認知的要因と「シャイネス反応」，及び，「教職遂行過程における困った経験」との関係を検討し，最終的には，それらの認知的要因をすべて含んだ関係モデルを作成し，その妥当性を検討した（研究6～研究9）。

本論文で取り上げた認知的要因は予備調査をもとに構成された項目から探索的に得られたものである。いずれも，先行研究が指摘するシャイな人に見られる認知的特徴と合致しており，一定の妥当性は認められると考えられる。但し，予備調査の対象者を増やすなどの工夫をすることで，本論文で取り上げた要因以外にも，シャイな教師に特有の認的特徴が見出される可能性がないとも限らず，シャイな教師の教職遂行を規定する認知的要因のすべてについて検討できた，と言い切れないところに限界がある。

1.4 シャイな教師の定義に関する限界

本論文では，学生調査では，シャイネスの定義について説明をしているが，教師調査においては，第4章の脚注[5]に示したように，シャイ，シャイ

ネスという言葉をそのまま利用している。岸本（1988）は，我が国の大学生を対象にして行った調査で，シャイ，シャイネスの意味が分からなかった者が1割程度であったという報告をしている。それを受け，教師調査1に先立って行われた，高校教師35名を対象とする予備調査において，シャイ，シャイネスという語について，コメントをすることなく使用したが，意味のわからない者はいなかった。すなわち，予備調査で，自由記述によるシャイ，シャイネスに相当する日本語の記述を求めた際に，一人当たり平均1.8個の回答が挙げられ，「はずかしがり」（45.7%），「照れや」（31.4%），「内気」（20.0%），「引っ込み思案」（17.1%），「はにかみや」（17.1%）など，岸本（1988）や相川（1991）が報告するシャイネスの概念の範疇に収まる回答が収集された。このことから，シャイ，シャイネスという言葉の意味をわからない教師はいないと考えられたこと，また，羞恥や行動抑制と関連した回答がなされ，そこから外れた回答がないことから，意味のぶれも大きくないのではないかと考えられたことから，教師を対象とする調査では，シャイ，シャイネスという語を定義したり，説明したりせずに，質問紙に使用した。

　シャイネスに「行動抑制」と「対人不安」（本論文での「情動混乱」）の要素があることが考えられている（例えば，相川，1991；Leary, 1986；菅原1998）。我が国で使われてきた「引っ込み思案」や「内気」は「行動抑制」と，「照れ屋」や「はずかしがり」は「対人不安」（情動混乱）と関係していると考えられるが，いずれも，対人行動を円滑に遂行することに対して不利に働く可能性がある。教職遂行に際して不利になるという点で両者は，ひとまとまりに括れると考えたということも定義をしない理由の一つであった。

　とはいえ，回答者によっては，シャイ，シャイネスのイメージや語義に差がある可能性も否定できず，サブタイプによる反応の違いも認められることを考慮すると，そこにもひとつの限界が認められよう。

2 今後の課題

　今後の課題としては，ソーシャル・スキルや対処行動といった，認知的要因以外の要因を含んだ，総合的な観点からの，シャイな教師の教職遂行を説明することが挙げられる。そのためには，上記の限界を解決するような調査方法の再検討や，行動的な側面を含む調査内容について，更なる検討が必要になってこよう。また，その際に，シャイなため困っている教師と困っていない教師との違いを明らかにすることができるとよいと考えている。認知的要因との関係を検討するために行った教師調査2で得られたシャイな教師は85名で，そのうち，困った経験のない者は17名（20.0%）であった。17名のデータから一般的な結論を導き出すことは難しいと考え，今回は困った経験をしているシャイな教師についての検討が中心となったが，今後，より多くのデータを収集し，シャイであって教職遂行過程で困っている教師，困っていない教師の違いが明確になることで，実態解明や支援策の検討が一層進むと考えられる。

　また，シャイな教師が，シャイな自分とどのように付き合いながら成長していくのかというライフコースの視点を踏まえた検討を行うことも，今後の課題として考えられる。シャイな教師が，シャイである自分を否定するのではなく，どう生かしていけるのか，非常に興味深いテーマであると考えている。「治す」，「克服する」という観点を超えて，その人の人格的成長に，シャイネス傾向をどう取り込んでいけるのか，といったことも検討に値する課題であると思われる。

　シャイな人に対する支援として，自己教示訓練や対人スキル訓練などの取り組みも行われているが，シャイな教師の1割程度が「やや深刻」な程度の困った経験をしている（研究4）ことを考えると，現実的な支援プログラムの開発も求められていると考えられる。現在のところ，傾聴訓練やアサー

ショントレーニングなどの，カウンセリングと関連した学習を提案したいが，具体的に，どのような内容の学習をどのように進めていけばよいのかということを検討することも，今後の検討課題である。

　また，本論文では，シャイな教師に焦点を合わせて検討してきたが，最終的には，シャイな教師に限らず，すべての教師の円滑な教職遂行を念頭に置きながら，円滑な教職遂行をもたらす要因や，困った経験につながる要因の分析，更には，そのメカニズムの解明に取り組むことも大切な検討課題となると考えている。

引用文献

相川充 (1991). 特性シャイネス尺度の作成および信頼性と妥当性の検討に関する研究　心理学研究, 62(3), 149-155.

相川充 (1998). シャイネス低減に及ぼす社会的スキル訓練の効果に関する実験的検討　東京学芸大学紀要（第1部門），教育科学, 49, 39-49.

相川充 (2000a). シャイネスの低減に及ぼす社会的スキル訓練の効果に関するケース研究　東京学芸大学紀要（第1部門），教育科学, 51, 49-59.

相川充 (2000b). 人づきあいの技術―社会的スキルの心理学―　サイエンス社：東京.

相川充 (2009). シャイネス　日本社会心理学会（編）　社会心理学事典　丸善：東京, pp.116-117.

相川充・藤井勉 (2011). 潜在連合テスト（IAT）を用いた潜在的シャイネス測定の試み　心理学研究, 82(1), 41-48.

赤岡玲子・谷口明子 (2009). 教師の対人ストレスに関する基礎的研究―ストレス経験に関する教師の語り―　教育実践学研究（山梨大学）, 14, 159-166.

秋田喜代美 (2008). はじめに　秋田喜代美・キャサリン・ルイス（編著）　授業の研究　教師の学習―レッスンスタディへのいざない　明石書店：東京, p. 3.

Alfano, M.S., Joiner, JR. T. E., & Perry, M. (1994). Attribution style: A mediator of the shyness-depression relationship? *Journal of Research in Personality*, 28, 287-300.

Alm, C. (2007). The role of shyness and self-focused attention for attribution of reactions in social situations to internal and external causes. *Scandinavian Journal of Psychology*, 48, 519-527.

Alm, C. & Frodi, A. (2008). Tales from the shy: Interviews with self-and peer-rated, shy and non-shy individuals concerning their thoughts, emotions, and behaviors in social situations. *Qualitative Research in Psychology*, 5(2), 127-153.

American Psychiatric Association (1980). *Diagnostical and Statistical Manual of Mental Disorders, 3rd ed.* Washington D.C.: American Psychiatric Association.

American Psychiatric Association (1994). *Diagnostical and Statistical Manual of Mental Disorders. Fourth edition.* Washington D.C.: American Psychiatric Association.

(高橋三郎・大野裕・染矢俊幸（訳）(1996). *DSM-IV* 精神疾患の診断・統計マニュアル 医学書院：東京, pp.418-424.）

American Psychiatric Association (2013). Highlights of changes from DSM-IV-TR to DSM-V. www. dsm5.org.6.

Amico, K. R., Bruch, M. A., Hasse, R. F., & Sturmer, P. J. (2004). Trait shyness, actual-ought self-discrepancy and discomfort in social situation. *Personality and Individual Differences*, 36, 1597-1610.

網谷綾香（2001）. 不登校児と関わる教師の苦悩と成長の様相 カウンセリング研究, 34, 160-166.

安藤知子（2002）. 教師の葛藤と発達 教師の条件［第2版］─授業と学校を作る力 学文社：東京, pp.137-158.

André, C. et Légeron, P. (1995). *La peur des autres — tarc, timidité et phobic social —* （高野優（監訳), 野田嘉秀・田中裕子（訳） 他人がこわい─あがり症・内気・社会恐怖の心理学 紀伊國屋書店：東京）

新井肇（2010）. 教師への支援 伊藤美奈子・相馬誠一（編著） グラフィック学校臨床心理学 サイエンス社：東京, pp.116-125.

浅田匡（1998）. 教師の自己理解 浅田匡・生田孝至・藤岡完治（編） 成長する教師─教師学への誘い 金子書房：東京, pp.244-255.

Asendorpf, J.B. (1987). Videotape reconstruction of emotions and cognitions related to shyness. *Journal of Personality and Social Psychology*, 53, 542-549.

Asendorpf, J. B., Banse, R., & Mucke, D. (2002). Double dissociation between implicit and expelicit personality self-concept: The case of shy behavior. *Journal of Personality and Social Psychology*, 83, 380-393.

Ashton, P. T. (1985). Motivation and teacher sense of efficacy. In C. Ames & R. Ames (Eds.), *Research on Motivation in Education. Vol.2.* Academic press, 141-171.

Bandler, R. & Grinder, J. (1982). *Reframing Neuro-Linguistic Programming and the Transformation of Meaning.* Moab, UT: Real People Press. （吉本武史・越川弘吉（訳）(1988). リフレーミング 心理的枠組みの変換をもたらすもの 星和書店：東京）

Bandura, A. (1977). Self-efficacy: Toward a Unifying Theory of Behavioral Change. *Psychological Review*, 84(2), 191-215.

Bandura, A. (1978). Reflections on self-efficacy. *Advance in Behavior Research and Therapy*, 1, 237-269.

Bandura, A. (1984). Recycling Misconceptions of Perceived Self-Efficacy. *Cognitive Therapy and Research*, 8(3), 231-255.

Bandura, A. (1986) *Social foundations of thought and action: A social cognitive theory.* New York: Prentice-Hall.

Beck, A. T. (1970). Cognitive Therapy: Nature and Relation to Behavior Therapy. *Behavior Therapy*, 1, 184-200.

Beck, A. T., Rush, A. J., Shaw, B. F., & Emery, G. (1979). *Cognitive Therapy on Depression.* New York: Guilford. (坂野雄二（監訳） 神村栄一・清水里美・前田基成（訳）(1992). うつ病の認知療法 岩崎学術出版社：東京)

Beck, J. S. (1995). *Cognitive therapy: Basics and beyond.* New York: Guilford. (伊藤絵美・神村栄一・藤澤大介（訳）(2004). 認知療法実践ガイド 基礎から応用まで ―ジュディス・ベックの認知療法テキスト― 星和書店：東京)

Bem, D. J. (1972). Self-perception theory. In L. Berkowitz (Ed.) *Advances in experimental social psychology.* Vol.6. New York: John Wiley. Pp.73-78.

Bratko, D., Vukosav, Z., Zarevski, P., & Vrani, A. (2002). The relations of shyness and assertiveness traits with the dimensions of the five factor model in adolescence. *Review of Psychology*, 9(1-2), 17-23.

Briggs, S. R. & Smith, T. G. (1986). The Measurement of Shyness. In W. H. Jones, J.M. Cheek, & S.R. Briggs (Eds.), *Shyness: Perspectives on research and treatment.* New York: Plenum Press. 47-60.

Bruch, M.A., Giordano, S., & Pearl, L. (1986). Differences between fearful and self-conscious shy subtypes in background and current adjustment. *Journal of Research in Personality*, 20, 172-186.

Bruch, M.A., Gorsky, J.M., Collins, T.M., & Berger, P.A. (1989). Shyness and sociability reexamined: A multicomponent analysis. *Journal of Personality & Social Psychology*, 57, 904-915.

Buss, A. H. (1980). *Self-consciousness and social anxiety.* San Francisco: Freeman and Company.

Buss, A.H. (1984). A Conception of shyness. In Daly, J. & McCroskey, J. C. (Eds.), *Avoiding communication: Shyness, reticence, and communication apprehension.* Beverly Hills, CA: Sage.

Buss, A. H. (1986). A Theory of Shyness. In Jones, W. H., Cheek, J.M. & Briggs, S.R. (Eds.), *Shyness: Perspectives on research and treatment.* New York: Plenum Press.

pp.39-46.
Caina, L., Jianning, D., Shanshan, H., & Hongmei, L. (2013). Shyness and loneliness: The multiple mediating effects of self-efficacy. *Acta Psychologica Sinica*, 45 (11), 1251-1260.
Caspi, A., Elder, G. H., & Bem, D. J. (1988). Moving away from the world: Life-course patternes of shy children. *Developmental Psychology*, 24(6), 824-831.
Cheek, J. M. & Buss, A.H. (1981). Shyness & sociability. *Journal of Personality and Social psychology*, 41(2), 330-339.
Cheek, J. M. & Briggs, S. R. (1990). Shyness and personality trait. In Crozier, W.R. (Ed.), *Shyness and embarrassment: Perspectives from social psychology*. Cambridge: Cambridge University Press. pp.315-337.
Cheek, J. M. & Melchior, L. A. (1985). 20- Item Shyness Scale. http://www.wellesley.edu/Psychology/Cheek/howshy20 text.html.
Cheek, J. M. & Melchior, L.A. (1990). Shyness, self-esteem, and self-consciousness. In Leitenberg, H. (Ed.), *Handbook of social and evaluation anxiety*. Plenum Press: New York. pp.47-82.
Cheek, J. M. & Watson,K.A. (1989). The definition of shyness: Psychological imperialism or construct validity? *Journal of Social Behavior & Personality*, 4(1), 85-95.
茅野理恵（2010）．中学校教師の生徒認知の多様性を規定する教師の要因の検討　筑波学院大学紀要, 5, 81-91.
崔京姫・新井邦二郎（2000）．感情表出の制御と親和動機及びシャイネスの関連について　筑波大学心理学研究, 22, 161-166.
Christoff, K. A., Scott, W. O. N., Kelly, M.L., Schlundt, D., Baer, G., & Kelley, J. A. (1985). Social Skills and Social Problem Solving Training for Shy Young Adolescents. *Behavior Therapy*, 16, 468-477.
Coplan, R.J., Ooi, L.L., Rose-Krasnor, L., & Nocita, G. (2014). 'I want play alone': Assessment and correlates of self-reported preference for solitary play in young children. *Infant and Child Development*, 23(3), 229-238.
Crozier, W. R. (1979). Shyness as a dimension of personality. *British Journal of Social and Clinical psychology*, 18, 121-128.
Crozier, W.R. (1981) Shyness and self-esteem. *British Journal of Social Psychology*, 20, 220-222.
Crozier, W.R. (1990). Introduction. In Crozier, W.R. (Ed.), *Shyness and Embarrass-*

ment. Cambridge: Cambridge University Press. p.1.

Crozier, W.R. (1999). 幼少期のシャイネスの個人差　恐怖シャイネスと自意識シャイネスの違い（林恵美（訳））In Schmidt, L. A. & Schulkin, J. (Eds.). *Extreme Fear, Shyness and Social Phobia Origins, Biological Mechanisms and Clinical Outcomes.* Oxford: Oxford University Press.（貝谷久宣・不安・抑うつ臨床研究会（監訳）社会不安障害とシャイネス　発達心理学と神経科学アプローチ　日本評論社：東京，pp.17-36.）

Crozier, W. R. (2005). Measuring shyness: Analysis of the Revised Cheek and Buss Shyness Scale. *Personality and Individual Differences,* **38,** 1947-1956.

Crozier, W. R. (2010). Shyness and the development of the self-conscious emotions. In K.H. Rubin & R. J. Coplan (Eds.) *The Development of Shyness and Withdrawal.* The Guilford Press: New York, pp.42-63.

大坊郁夫（2003）. 社会心理学から見たコミュニケーション研究―対人関係を読み解く―　社会言語科学，**6(1),** 122-137.

Dryden, W. & DiGiuseppe, R. (1990). *A primer on rational-emotive therapy.* Champign, IL: Research Press.（菅沼憲治（訳）（1997）. 実践論理療法入門―カウンセリングを学ぶ人のために―　岩崎学術出版社：東京）

Dryden, W. & Rentoul, R. (1991). *Adult Clinical Problems: A cognitive-behavioral approach.* London: Routlede.（丹野義彦（監訳）（1996）. 認知臨床心理学入門―認知行動アプローチの実践的理解のために―　東京大学出版会：東京）

Dzwonkowska, I. (2002). Relation of shyness and sociability to self-esteem and loneliness. *Polish Psychological Bulletin,* **33(39),** 39-42.

Eisenberg, N., Fabes, R. A., & Merphy, B.C. (1995). Relations of shyness and low sociability to reguration and emotionality. *Journal of Personality and Social Psychology,* **68,** 505-517.

Ellis, A. & Harper, A.H. (1975). *A New Guide to Rational Living.* New Jersey: Prentice-hall.（北見芳雄（監修）　国分康孝・伊藤順康（訳）（1981）. 論理療法　川島書店：東京）

Fatis, M. (1983). Degree of shyness and self-reported psychological, behavioral, and cognitive reactions. *Psychological Reports,* **52,** 351-354.

淵上克義・西村一生（2004）. 教師の協働的効力感に関する実証的研究　日本教師教育学会誌，**56,** 1-12.

藤岡完治（1998）. プロローグ　成長する教師　浅田匡・生田孝至・藤岡完治（編）

成長する教師―教師学への誘い　金子書房：東京，pp.1-6.
藤島寛・山田尚子・辻平治郎（2005）．5因子性格検査短縮版（FFPQ-50）の作成，パーソナリティ研究, 13(2), 231-241.
福田正人・寺崎正治（2012）．シャイネスが日常生活および主観的幸福感に及ぼす影響　川崎医療福祉学会誌, 21(2), 226-233.
福本昌之（2011）．教師の仕事（一）授業　曽余田浩史・岡東壽隆（編著）　新・ティーチング・プロフェッション―教師を目指す人のための教職入門　明治図書：東京, p.65.
福岡欣治（2001）．コーピング　堀洋道（監修）　松井豊（編）　心理測定尺度集Ⅲ　心の健康をはかる〈適応・臨床〉　サイエンス社：東京, pp. 20-39.
Gerbino, M., Cannistraro, S., & Steca, B. (2000). The measurement of shyness and sociability in adolescence. *Ricerche di Psicologia*, 24(1), 7-21.
Ghasemian, D., D'Souza, L., & Ebrahimi, S. (2012). Effectiveness of Rational Emotive Therapy on Shyness: Influence of Gender. *Journal of the Indian Academy of Applied Psychology*, 38(1), 169-173.
Gibson, S. & Dembo, M.H. (1984). Teacher efficacy A construct validation. *Journal of Educational Psychology*, 76, 569-582.
Glass, C.R. & Shea, C. A. (1986). Cognitive Therapy for Shyness and Social Anxiety. In W. H. Jones, J.M. Cheek, & S.R. Briggs (Eds.), S*hyness: Perspectives on research and treatment*. New York: Plenum Press. pp.315-327.
後藤学（2001）．シャイネスに関する社会心理学的研究とその展望　対人社会心理学研究, 1, 81-92.
Gowan, J.C. & Bruch, C. (1967). What makes a creative person a creative teacher? *Gifted Child Quarterly*, 11(3), 157-159.
羽下飛鳥・篠田美紀（2001）．シャイネス（Shyness）に関する一研究―質問紙WSSによる多角的アプローチ―　児童・家族相談所紀要, 18, 53-63.
Hamer, R. & Bruch, M. A. (1997). Personality factors and inhibited career development: Testing the unique contribution of shyness. *Journal of Vocational Behavior*, 50(3), 382-400.
春原淑雄（2007）．教育学部生の教師効力感に関する研究―尺度の作成と教育実習に伴う変化―　日本教師教育学会年報, 16, 98-108.
秦政春（1998）．人とのつきあいが苦手な教師たち　児童心理, 703, 10月号, 65-71.
林智幸（2002）．発達的視点からのビッグ・ファイブ研究の展望. 広島大学大学院教

育学研究科紀要 第三部, 51, 271-277.

Heiser, N. A., Turner, S, M., & Beidel, D. C. (2003). Shyness: relationship to social phobia and other psychiatric disorders. *Behavior Research and Therapy*, 41, 209-221.

Henderson, L. & Zimbaro, P. (1998). Shyness. In Freedman, H.S. (Ed.), *Encyclopedia of MentalHealth Vol.3*, London: Academic Press. pp. 497-509.

Henderson, L. & Zimbaro, P. (1999). 発達的転帰と臨床的展望（宮谷裕実・貝谷久宣訳) In Schmidt, L. A. & Schulkin, J. (Eds.), *Extreme Fear, Shyness and Social Phobia*. Oxford University press. (貝谷久宣・不安・抑うつ臨床研究会監訳 社会不安障害とシャイネス (2006). 日本評論社：東京, pp.371-385.)

疋田武史（2003）．自己提示とシャイネスの関係についての一考察　臨床教育心理学研究, 29(1), 15.

Hill, G. J. (1989). Unwillingness to Act: Behavioral Appropriateness, Situational Constraint, and Self-efficacy in Shyness: *Journal of Personality*, 57(4), 871-890.

平井秀幸（2003）．「学級崩壊」言説をめぐる一考察—背景・原因論及び「三層構造メカニズム」を中心に—　東京大学大学院教育学研究科紀要, 42, 199-210.

平井貴美代（2006）．教師の職務　教師の条件［第2版］—授業と学校を作る力　学文社：東京, pp.103-136.

Hofmann, S. G., Moscovitch, D., A., & Kim, H. (2006) Autonomic correlates of social anxiety and embarrassment in shy and non-shy individuals. *International Journal of Psycophysiology*, 61, 134-142.

Horsch, L. M. (2006). Shyness and informal help-seeking behavior. *Psychological Reports*, 98(1), 199-204.

飯塚雄一（1995）．視線とシャイネスとの関連性について　心理学研究, 66, 277-282.

今井明雄・押見輝男（1987）．シャイネス尺度の検討　日本社会心理学会第28回大会発表論文集, 66.

石田靖彦（1998）．友人関係の親密化に及ぼすシャイネスの影響と孤独感　社会心理学研究, 14(1), 43-52.

石田靖彦（2003）．友人関係の形成過程におけるシャイネスの影響—大学新入生の縦断的研究—　対人社会心理学研究, 3, 15-22.

石隈利紀（1999）．学校心理学　誠心書房：東京．

Ishiyama, F.I. (1984). Shyness: Anxious social sensitivity and self-isolating tendency. *Adolescence*, 19, 903-911.

伊藤美奈子（2000）．教師のバーン・アウト傾向を規定する諸要因に関する探索的研

究―経験年数・教育観タイプに注目して　教育心理学研究, 48(1), 12-20.
伊藤義徳・大矢根子・二木富美子・根建金男 (2001). イメージによって喚起されるシャイネスに及ぼす自己教示訓練の効果―教示内容による影響の比較―　ヒューマンサイエンスリサーチ, 10, 41-55.
Jones, W. H. & Briggs, S. R. (1984). The self-other discrepancy in social shyness. In R. Schwarzer (Ed.), *The self in anxiety stress and depression*. Amsterdam: N. H.
Jones, W. H., Briggs, S. R., & Smith, T.G. (1986). Shyness: Conceptualization and measurement. *Journal of Personarity and Social Psychology*, 51, 629-639.
Jones, W.H. & Russell, D. (1982). The social reticence scale: An objective instrument to measure shyness. *Journal of Personality Assessment*, 46, 629-631.
Jupp, J.J. & Griffiths, M. D. (1990). Self-concept changes in shy, socially isolated adolescents following social skills training emphasizing role plays. *Australian Psychologist*, 25(2), 165-177.
Kagan, J. K., Reznick, S., & Snidman, N. (1988). Biological bases of childhood shyness. *Science*, 240, 167-171.
貝川直子・鈴木眞雄 (2006). 教師バーン・アウトと関連する学校組織特性、教師自己効力感　愛知教育大学研究報告 (教育科学編), 55, 61-69.
貝谷久宣・宮前義和・山中学・林恵美 (2002). 社会不安障害の評価尺度と鑑別診断　樋口輝彦・久保木富房・不安・抑うつ臨床研究会 (編)　社会不安障害　日本評論社：東京, pp.83-112.
加藤諦三 (1995). マルチメディア時代における恥ずかしさの心理について　こころの健康, 10(2), 15-31.
金築優・関口由香・増田智美・根建金男 (2002). シャイネスの変容に対する自己教示訓練の効果とその効果に及ぼす反応パターンの影響　早稲田大学人間科学研究, 15(1), 17-29.
苅間澤勇人・大河原清 (1999). 学習指導における教師と生徒の対人関係 (校種による教師の対人意識の違いについて)　日本教育心理学会第41回総会発表論文集, 355.
河合隼雄 (1995). 臨床教育学入門　岩波書店：東京.
河村茂雄 (2006). 学級経営に生かすカウンセリングワークブック　金子書房：東京.
川瀬隆千 (2013). 教師バーン・アウトの要因と予防　宮崎公立大学人文学部紀要, 20(1), 223-232.
風間雅江 (2009). 大学生におけるコミュニケーション手段の選好とシャイネスとの

関係　人間福祉研究, 12, 51-60.

Kerr, M., Lambert, W., & Bem, D. J. (1996). Life course sequelae of childhood shyness in Sweden: Comparison with the United States. *Developmental Psychology*, 32(6), 1100-1105.

木村育恵・中澤智恵・佐久間亜紀（2006）．国立教員養成系大学の学生像と教職観—東京学芸大学における教員養成課程と新課程の比較—　東京学芸大学紀要（総合教育科学系），57, 403-414.

岸恵理子・藤田尚文（2004）．性格特性5因子論（FFM）とエゴグラム，親子関係，社会的スキルの関係について　高知大学教育学部研究報告, 64, 103-123.

岸本陽一（1988）．シャイネス（Shyness）に関する予備調査　日本心理学会第52回総会発表論文集, 803.

岸本陽一（1994）．シャイネスの経験　磯博行・杉岡幸三（編）情動・知能・脳　二瓶社：大阪，pp.151-164.

岸本陽一（1999）．シャイネスの3要素理論とサブタイプ　行動科学, 38(1・2), 81-87.

岸本陽一（2000）．シャイネス経験の頻度と強度が生理的，認知的反応および行動に及ぼす影響　近畿大学教養部紀要, 31(3), 1-15.

岸本陽一（2008）．対人相互作用の予期における私的シャイと公的シャイサブタイプの差異　近畿大学文芸学部論集, 20(1), 98-116.

小林正幸（2000）．関係の問題に悩む教師たち　教育と情報, 503, 2-19.

Kokko, K., Bergman, L.R., & Pulkkinen, L. (2003). Child personality characteristics and selection into long-term unemployment in Finnish and Swedish longitudinal samples. *International Journal of Behavioral Development*, 27(2), 134-144.

近藤邦夫（1994）．教師と子どもの関係づくり　東京大学出版会：東京

小坂浩嗣・佐藤亨・木内佳代・山下一夫（2011）．教師と保護者との連携に関する学校臨床心理学的考察—いわゆる「モンスターペアレント」との対応—　鳴門教育大学研究紀要, 26, 160-169.

久保真人（2004）．バーン・アウトの心理学—燃え尽き症候群とは—　サイエンス社：東京

栗林克匡（2002）．恋愛における告白の状況と個人差（シャイネス・社会的スキル）に関する研究　北星論集（社会科学）北星学園大学, 39, 11-19.

栗林克匡（2005）．シャイな人は自分の顔をどう捉えているか　北星論集（社会科学）北星学園大学, 42, 25-31.

栗林克匡（2012）．シャイネスが作り笑いに及ぼす影響　北星論集（社会科学）北星

学園大学, **49**, 171-178.
栗林克匡・相川充（1995）. シャイネスが対人認知に及ぼす影響 実験社会心理学研究, **35**(1), 49-56.
葛生聡（1994）. 自己観察がシャイな学生のセルフ・エフィカシーに及ぼす効果 カウンセリング研究, **27**, 97-104.
Leary, M.R. (1986). Affective and Behavioral Components of Shyness: Implications for Theory, Measurement, and Research. In W. H. Jones, J.M. Cheek, & S.R. Briggs (Eds.), *Shyness: Perspectives on research and treatment*. New York: Plenum Press. 27-38.
前原武子・赤嶺智郎・瀬名波栄啓・新田義明・松下悦子・大嶺和男・金城毅（1991）. 教師用自己有効性測定尺度の検討 沖縄心理学研究, **14**, 31-34.
Marshall, J.R. & Lipsett, S. (1994). *Social Phobia: From shyness to stage fright*. New York : Basicbooks.
増田知美・根建金男・長江信和（2001）. 自己教示訓練がシャイネスの変容に及ぼす効果―教示選択の自由度の影響― ヒューマンサイエンスリサーチ, **10**, 143-159.
松島るみ（1999）. シャイネスに関する研究の動向と今後の課題 応用教育心理学研究, **16**(22), 47-53.
松島るみ・塩見邦雄（2000）. シャイネスと社会スキルの関連が自己開示に及ぼす影響 教育実践学研究, **2**(1), 11-19.
松田惺（1998）. 教師の自己効力感の類型 愛知教育大学教育実践総合センター紀要, **創刊号**, 23-28.
三輪雅子・三浦正江・上里一郎（1999）. 大学生のシャイネスと信頼感, 及び精神的健康の関連性の検討 ヒューマンサイエンスリサーチ, **8**, 121-137.
宮本正一（1995）. 教師効力感に関する研究 日本教育心理学会第37回総会発表論文集, 581.
文部科学省（2014）. 平成26年度学校基本調査（速報値）の公表について
http://www.mext.go.jp/component/b menu/houdou.
文部科学省初等中等教育局児童生徒課（2014）. 平成25年度「児童生徒の問題行動等生徒指導上の諸問題に関する調査」について
http://www.mext.go.jp/b menu/houdou/26/.
森優貴・西本武彦・嶋田洋徳（2009）. 中学校教師の職場環境への認知がコーピングとストレス反応に及ぼす影響 日本行動療法学会大会発表論文集, **35**, 374-375.

森下恭光（2009）．教育と教職　森田恭光（編）　第2版 教師論―教職とその背景―　明星大学出版部：東京，pp. 1-19.

長江信和（2005）．大学生のシャイネスに対する構成主義的な認知療法の効果とその要因　早稲田大学大学院人間科学研究科博士（人間科学）学位論文　早稲田大学：東京．

長江信和・根建金男・関口由香（1999）．シャイネスに対する自己教示訓練の効果―対処の自己陳述の焦点の違いによる変容の相違―　カウンセリング研究，**32**，32-42.

名古屋大学附属図書館（2013）．PsycARTICLESを検索してみましょう 心理学分野．http://www.nul.nagoya-u.ac.jp/guide/gsheets/4, 2.

中川剛太・小谷英文・西村馨・井上直子・西川昌弘・能幸夫（2000）．教師の対人ストレス方略の臨床心理学的研究(1)―実態調査に基づく基礎研究―　教育研究（国際基督教大学），**42**，101-123.

中西良文（1998）．教師有能感についての探索的研究―尺度構成の検討―　学校カウンセリング研究，**1**，17-26.

中野明徳・昼田源四郎・松崎博文・飛田操・初澤敏生（2008）．中学校教師のストレスに関する日米比較―日本の教師は大変なのか―　福島大学総合教育研究センター紀要，**4**，41-48.

成田健一（1994）．データベースを用いた「羞恥」研究の分類　磯博行・杉岡幸三（編）情動・知能・脳　二瓶社：大阪，pp.165-185.

成田健一・嶋崎恒雄（1994）．心理学における二次情報データベースの利用に関して―PA（PsycINFO）を用いて―　性格心理学研究，**2(1)**，23-37.

Nelson-Jones, R. (1990). *Human Relationship Skills: Training and Self-help* 2nd *Edition*, London: Cassell Publishers Limited.（相川充（訳）　思いやりの人間関係スキル　一人でできるトレーニング　誠信書房：東京）

Neto, F. (1995). Correlates of Portuguese college students' shyness and sociability. *Psychological Reports*, **78(1)**, 79-82.

西松秀樹（2005）教師効力感と不安に関する研究　滋賀大学教育学部紀要（教育科学），**55**，31-38.

西村馨・小谷英文・井上直子・西川昌弘・石黒裕美子・中川剛太・能幸夫（2001-2003）．教師の対人ストレス対処方略に関する臨床心理学的研究(4)―児童・生徒との関係におけるストレスと対処方略の類型化の試み―　教育研究（国際基督教大学），**43**，69-79.

荻野達史（2007）.「Shynessの社会学」序説　静岡大学人文論集, 57(2), 25-60.
荻島美枝子（2000）. 大学生のシャイネス傾向と悩み解決のための工夫・努力　立正社会福祉研究, 1, 89-95.
小島弘道（2006）. 教師の専門性と力量　教師の条件［第2版］―授業と学校を作る力　学文社：東京, pp.159-197.
小塩真司（2004）. SPSSとAmosによる心理・調査データ解析［第2版］　東京図書：東京
奥野洋子（2013）. 教師のメンタルヘルス　近畿大学臨床心理センター紀要, 6, 33-41.
大野木裕明（2004）. 主要5因子性格検査3種間の相関的資料　パーソナリティ研究, 12(2), 82-89.
折出健二（2001）.「学級崩壊」問題の教育学的検討　愛知教育大学研究報告（教育科学）, 50, 67-75.
大城房美・島袋恒夫（2009）. 高校教師の成長に関する心理学的研究　琉球大学教育学部紀要, 75, 183-193.
尾鷲登志美・上島国利（2005）. 社会不安障害の分類と鑑別診断　小山司編（著）　社会不安障害治療のストラテジー　先端医学社：東京, pp.54-62.
尾関友佳子（1993）. 大学生用ストレス自己評価尺度の改定：トランスアクショナルな分析に向けて　久留米大学大学院比較文化研究科年報, 1, 95-114.
Ozturk, E. & Kaymak, U.S. (2011). An investigation of the problematic internet use of teacher candidates based on personality types, shyness and demographic factors. *Kuram ve Uygulamada Egitim Bilimleri*, 11(4), 1799-1808.
Perger, M. (2001). Preprofessional self-concept of teacher training college students in Hungary. *Review of Psychology*, 8(1-2), 69-78.
Phillips, S. D. & Bruch, M. A. (1988). Shyness and dysfunction in career development. *Journal of Counseling Psychology*, 35(2), 159-165.
Pilkonis, P. A. (1977a). The behavioral consequences of shyness. *Journal of Personality*, 45, 596-611.
Pilkonis, P. A. (1977b). Shyness, public and private, and its relationship to other measures of social behavior. *Journal of Personality*, 45, 585-595.
Rapee, R. M. (2010). Temperament and the Ethiology of Social Phobia. In Rubin, K. H. & Coplan, R.J. (Eds.) *The Development of Shyness and Social Withdrawal*. New York: A Division of Guilford Publications. pp. 277-299.

Rapee, R. M., Kim, J., Wang, J., Liu, X., Hofmann, S. G., Chen, J., Oh, K. Y., Bogels, S. M., Arman, S., Heinrichs, & N., Alden, L. E. (2011). Perceived impact of socially anxious behaviors on individuals' lives in Western and East Asian countries. *Behavior Therapy*, 42(3), 485-492.

Rudasill, K. M. & Kaltsuskaya, I. (2014). Being Shy at School. *Sex Roles*, 70(7-8), 267-273.

Russell, D., Cutrona, C. E., & Jones, W.H. (1986). A trait-situational analysis of shyness. In W. H. Jones, J. M. Cheek & S. R. Briggs (Eds.), *Shyness: Perspective on research and treatment*. New York: Plenum Press. pp. 239-249.

齋原浩（2010）．「モンスターペアレント」の対応策に関するパラダイム転換　佛教大学教育学部学会紀要，9, 111-122.

斎藤喜博（1969）．授業入門　国土社：東京．

斉藤浩一（2004）．中学校教師ストレスの構造的循環に関する実証的研究　東京情報大学研究論集，8(1), 21-28.

坂本美紀（2006）．教職生活における困難と成長に関する現職教員の意識　兵庫教育大学研究紀要，28, 35-42.

坂本真士（2009）．対人不安　社会心理学事典　丸善出版：東京，pp.114-115.

佐久間亜紀（2007）．教職とはどんな職業か　BRE. 10. ベネッセ教育総合研究所，1-5.

桜井茂男・桜井登世子（1991）．大学生用シャイネス（Shyness）尺度の日本語版の作成と妥当性の検討　奈良教育大学紀要，40, 235-243.

桜井茂男（1992）．教育学部生の教師効力感と学習理由　奈良教育大学教育研究所紀要，28, 91-101.

佐藤学（1997）．教師というアポリア　世織書房：東京．

佐藤学（2009）．教師花伝書—専門家として成長するために　小学館：東京．

佐藤真・前原裕樹（2013）．初任教師が抱える困難さの変容過程に関する研究　兵庫教育大学研究紀要，42, 77-82.

佐藤正二（1996）．引っ込み思案と社会的スキル　相川充・津村俊充（編）　社会的スキルと対人関係—自己表現を援助する　誠信書房：東京，pp.93-110.

澤本和子（1998）．子どもと共に成長する教師　浅田匡・生田孝至・藤岡完治（編）成長する教師—教師学への誘い　金子書房：東京，pp.256-270.

Schmidt, L.A. & Buss, A. H. (2010). Understanding Shyness. In Rubin, K.H. & Coplan, R. C. (Eds.) The Development of Shyness and Social Withdrawal, A Davidson of

Guilford Publications: New York. pp.23-43.

生和秀敏（1990）．不安と認知的評価　訳者解説⑯　Leary. M. R.（1983）．Understanding Social Anxiety, SAGE Publications.（生和秀敏監訳（1990）．対人不安　北大路書房：京都，p.45.）

関口由香・長江信和・伊藤義徳・宮田証・根建金男（1999）．シャイネスの定義と測定法　カウンセリング研究，32，212-226．

関口由香・根建金男（1999）．自己教示訓練が大学生の変容に及ぼす効果―考え方の偏りの影響と認知変容のプロセスの検討―　行動療法研究，25(1)，23-36．

Sheeks, M. S. & Birchmeier, Z.P. (2007). Shyness, Sociability, and the Use of Computer-Mediated Communication in Relationship Development. *CyberPsychology & Behavior*, 10(1), 64-70.

城月健太郎・笹川智子・野村忍（2009）．スピーチに対する見積もりが社会不安に与える影響　心理学研究，79(6)，490-497．

菅原健介（1996）．対人不安と社会的スキル　相川充・津村俊充（編）社会的スキルと対人関係―自己表現を援助する　誠信書房：東京，pp.111-128．

菅原健介（1998）．シャイネスにおける対人不安傾向と対人消極傾向　性格心理学研究，7(1)，22-32．

杉山成（2004）．孤独感の類型とシャイネス　人文研究（小樽商科大学），108，37-47．

杉若弘子・伊藤佳代子（2004）．小・中学校教員のストレス経験―尺度の開発と現状分析―　奈良教育大学紀要（人文・社会），53(1)，55-62．

祐宗省三（1978）．行動の定義　東洋・大山正・詫摩武俊・藤永保（編）心理用語の基礎知識　有斐閣：東京，p.38．

鈴木公啓・冨重健一（2004）．身体意識とシャイネスの関連　武蔵野大学人間関係学部紀要，1，123-135．

鈴木公基（2010）．認知的完結欲求と対人積極性－消極性との関連―シャイネス及び社会的スキルとの関連―　人間環境学会『紀要』，13，19-28．

鈴木由美・箭本佳己（2012）．大学生の対人ゲームとシャイネスとの関連　都留文科大学紀要，76，67-76．

鈴木裕子・山口創・根建金男（1997）．シャイネス尺度（Waseda Shyness Scale）の作成とその信頼性・妥当性の検討　カウンセリング研究，30，245-254．

太幡直也・押見輝男（2004）．行動の解釈が被透視感を感じる側面に与える影響―シャイネスとの関連―　対人社会心理学研究，4，134-139．

高木亮（2003）．教師のストレス過程メカニズムに関する比較研究―小・中学校教師

のストレス過程モデルの比較を中心に―　日本教育経営学会紀要，**45**，50-62.
高木亮・田中宏二（2003）．教師の職業ストレッサーに関する研究―教師の職業ストレッサーとバーン・アウトの関係を中心に―　教育心理学研究，**51**(2)，165-174.
高木亮・渕上克義・田中宏二（2008）．教師の職務葛藤とキャリア適応力が教師のストレス反応に与える影響の検討―年代ごとの影響の比較を中心に―　教育心理学研究，**56**(2)，230-242.
高橋悟（2013）．教師の成長の諸側面の検討　学校教育学研究論集（東京学芸大学），**27**，1-10.
高柳真人（2006a）．シャイな教師に対する同僚教師の認知と評価に関する研究　高知大学教育学部研究報告，**66**，39-48.
高柳真人（2006b）．シャイな教師の対人行動円滑化に関する一考察　高知大学教育実践研究，**20**，67-78.
高柳真人（2007）．教員養成課程進学者に対する進路指導に関する一考察　高知大学教育実践研究，**21**，1-14.
高柳真人・藤生英行（2014）．シャイな教師の対人行動と教職遂行の関連について　びわこ成蹊スポーツ大学研究紀要，**11**，41-53.
高柳真人・田上不二夫・藤生英行（1998）．教師のシャイネスに対する評価と対人行動の関連について　カウンセリング研究，**31**，27-33.
高柳真人・田上不二夫・藤生英行（2005）．シャイな教師がシャイネスを喚起される学校場面に関する研究　カウンセリング研究，**38**，109-118.
田中宏二・高木亮（2008）．教師の職業ストレッサーの類型化に関する研究―職場環境・職務自体・個人的ストレッサー要因に基づいた類型化とバーン・アウトの関連―　岡山大学教育学部研究収録，**137**，133-141.
田中輝美・杉江征・勝倉孝治（2003）．教師用ストレッサー尺度の開発　筑波大学心理学研究，**25**，141-148.
丹藤進（2001）．教師効力感についての探索的研究―教職への満足感，教育的信念，PMリーダーシップ行動との関連―　弘前大学教育学部研究紀要クロスロード，**3**，5-17.
丹藤進（2004）．教師効力感の形成に関わる要因分析―循環モデル試案―　青森中央学院大学研究紀要，**6**，49-69.
丹藤進（2005）．教師効力感の研究―循環モデルに向けて―　青森中央学院大学研究紀要，**7**，21-44.

坪田吉巨・赤木和重・松浦均（2011）．小学校高学年における学級集団の形成過程―他者受容感を育てる子どもどうしの「支え合い」―　三重大学教育学部研究紀要（教育科学），62，235-256．

栃沢多佳子・中野敬子（2010）．教師における職場ストレスの認知行動モデルの検討―対人関係スキルとローカス・オブ・コントロールの役割―　日本行動療法学会大会発表論文集，36，332-333．

徳永沙智・稲畑陽子・原田素美礼・境泉洋（2013）．シャイネスと被受容感・被拒絶感が社会的スキルに及ぼす影響　人間科学研究（徳島大学），21，23-34．

泊真児（2001）．一般的性格　堀洋道（監修）山本眞理子（編）　心理測定尺度集Ⅰ―人間の内面を探る〈自己・個人内過程〉―　サイエンス社：東京，pp.110-112．

都丸けい子・庄司一子（2005）．生徒との人間関係における中学教師の悩みと変容に関する研究　教育心理学研究，53，467-478．

東京大学（2006）．文部科学省委託研究　教員勤務実態調査　Benesse：岡山．

土屋明夫（1990）．パーソナリティ　国分康孝（編）　カウンセリング辞典　誠信書房：東京，pp.450-451．

筑波大学附属大塚図書館（2012）．外国論文の探し方 PsycINFOを中心に https://www.tulips.tsukuba.ac.jp/otsuka/ori/PsycINFO2012.pdf. 11.

Turner, S.M., Beidel, D.C., & Townsley, R. M.（1990）. Social Phobia: Relationship to shyness. *Behavior Research and Therapy*, 28, 497-505.

Tyszkowa, M.（1985）. The personality foundations of the shyness syndrome. *Polish Psychological Bulletin*, 16, 113-121.

植木尚子・藤崎眞知代（1999）．教師効力感を規定する要因―校種と経験年数を中心として―　群馬大学教育学部紀要（人文・社会科学編），48，361-381．

植木節子（1992）．教員養成課程における職業選択と学生の意識の4年間の変化　千葉大学教育学部研究紀要，40，291-308．

van der Molen, H. T.（1990）. A definition of shyness and its implications for clinical practice. In Crozier, W.R.（Ed.）, *Shyness and embarrassment: Perspectives from social psychology*. Cambridge: Cambridge University Press, pp.255-285.

和田秀樹（2005）．パーソナリティと適応　中島義明・繁桝算男・箱田裕司（編）新・心理学の基礎知識　有斐閣：東京，p.285．

渡邊芳之（2005a）．パーソナリティの定義とパーソナリティ研究の意義　中島義明・繁桝算男・箱田裕司（編）新・心理学の基礎知識　有斐閣：東京，pp.278-279．

渡邊芳之（2005b）．パーソナリティの一貫性　中島義明・繁桝算男・箱田裕司（編）

新・心理学の基礎知識　有斐閣：東京，p.283.

Watson, A. K. & Cheek, J.M. (1986). Shyness situations; Perspectives of a diverse sample of shy females. *Psychological Reports*, **59**, 1040-1042.

Woolfolk, A. & Hoy, W. (1990). Perspective teacher's sense of efficacy and Beliefs about control. *Educational Psychology*, **82**, 81-91.

谷島弘仁（2013）．教師の自己効力感がバーン・アウトに及ぼす影響　生活科学研究，**35**，85-92.

山田浩之（2004）．マンガが語る教師像　昭和堂：東京．

山本獎（2010）．不登校対応教師効力感に関する基礎的研究　岩手大学教育学部附属教育実践総合センター研究紀要，**9**，163-174.

吉江路子・繁桝算男（2007）．対人不安傾向と完全主義認知が演奏状態不安に及ぼす影響　パーソナリティ研究，**15**(3)，335-346.

Zimbardo, P. G. (1977) *Shyness; What it is, what to do about it*. Massachusetts: Addison-Wesley.（木村駿・小川和彦（訳）（1982）　シャイネス　Ⅰ内気な人々　Ⅱ内気を克服するために　勁草書房：東京）

Zimbardo, P. G., Pilkonis, P. A., & Norwood, R. M. (1975). The Social Disease Called Shyness. *Psychological Today*, **8**, 69-72.

各研究の発表状況（2014年12月現在）

学術雑誌における発表〔査読あり〕

高柳真人・田上不二夫・藤生英行　(1998)　教師のシャイネスに対する評価と対人行動の関連について　カウンセリング研究, 31, 27-33.

高柳真人・田上不二夫・藤生英行　(2005)　シャイな教師がシャイネスを喚起される学校場面に関する研究　カウンセリング研究, 38, 109-118.

学術雑誌における発表〔査読なし〕

高柳真人　(2006)　シャイな教師に対する同僚教師の認知と評価に関する研究　高知大学教育学部研究報告, 66, 39-48.

高柳真人　(2006)　シャイな教師の対人行動円滑化に関する一考察　高知大学教育実践研究　20, 67-78.

高柳真人・藤生英行　(2014)　シャイな教師の対人行動と教職遂行の関連について　びわこ成蹊スポーツ大学研究紀要, 11, 41-53.

高柳真人・藤生英行　(2014)　特性シャイネスとシャイであることの自己報告，困った経験，ビッグ・ファイブとの関係　びわこ成蹊スポーツ大学研究紀要, 11, 89-103.

国内学会における発表〔査読なし〕

高柳真人　(1997)　シャイな教師に関する調査　日本カウンセリング学会第30回大会発表論文集　138-139.

高柳真人・藤生英行　(2014)　教師の対人的教職遂行場面評価と対人評価を測定する尺度の開発　日本カウンセリング学会第47回大会発表論文集　146.

あ と が き

　筆者がシャイな教師の研究に取り組もうと思ったのは，筑波大学大学院教育研究科カウンセリング専攻カウンセリングコースでの，修士論文のテーマを決めるゼミでのやり取りがきっかけとなっている。
　その当時，筑波大学附属坂戸高校に勤務していた。高校における，普通科，専門学科に次ぐ第3の学科といわれた総合学科を全国で初めて設置した7校のうちの1校であった。総合学科は，カリキュラムを生徒自身がデザインできるところに大きな特徴があるが，その際，生徒にどのような情報を提供し，どのような相談をしながら進めていけばよいのか，生徒自身が自己決定する力を育むためにどのような支援が必要なのか，といったことについて，教職員は手探りで取り組んでいた。生徒たちは，自分だけの時間割を作成し，ユニークな授業での学びや，さまざまな啓発的経験を積み重ねながら，自分の個性と出会い，将来の生き方を模索していた。自分の興味・関心や将来の進路選択を視野に入れ，160人の生徒が150通りの時間割を作成したことは，今でも強い印象を伴う思い出となっている。総合学科1期生の担任をしていたこともあり（持ち上がりで，3年間連続で担任を務めることになっていた），彼らの役に立つような進路指導やキャリア・カウンセリングができたらという思いで大学院に入学した。
　高校教師になってしばらくの間は，授業を進める上での困難さを感じていて，生徒を授業にどう動機づけるかということに関心があった。しかし，高校生活を通じて，生徒がその子らしく成長していき，自分に自信を持つようになったり，自分の進む道を見つけたり，といった姿を見ているうちに，「教える」ことよりも，生徒が「育つ」，「自分になる」ということに関心が移っていった。ちょうど，そのような頃でもあった。

カウンセリングコースの学びはとても充実していて，よき仲間にも恵まれ，勤務を終えて通学するのが楽しみだった。学ぶことのあれこれがとても新鮮で，吸収することばかりを心がけていたためか，授業の折りに，「大学院はカルチャーセンターではない」とお話し下さった田上不二夫先生の一言がなぜか心に強く残り，田上先生のゼミ生となった。幸運なことに，我々の時は，藤生英行先生もゼミにご一緒して下さって，ご指導戴くことができた。修士論文のテーマを決める際，「何をやりたいか持っておいで」といわれ，あれこれ持って行くのだが，毎週のように「やっぱり，もう少し考えます」といっては，書いてきたものを引っ込めるということを繰り返していた。そのように，覚悟が定まらない状態にも関わらず，田上先生も藤生先生も，根気強くお付き合い下さっていた。3か月くらいかかったろうか，自分の中で，総合学科の進路指導を取り上げることも大切だが，自分のテーマに取り組んでみたいという思いが少しずつ膨らんでいったのであった。そうして選んだのが「シャイな教師のシャイネスに対する評価と対人行動の関連について」というテーマである。今でこそ，「高柳さんは絶対シャイじゃない！」と同級生から言われることもあるものの，当時は，引っ込み思案なところがあり，緊張しやすく，遠慮がちで，授業をしていても何かよくないことが起こりそうな気がしてドキドキしていた自分と向き合ってみたいと思ったのである。自分は，まぎれもなくシャイだと思っていた。シャイであるように思われる同僚たちが時折見せる，少し困ったような笑顔も念頭にあった。

興味深いことに，シャイな教師の研究をまとめていくうちに，「シャイでも大丈夫」と思い始め，シャイな自分とどう付き合うかということが大切であるなどと考えていくうちに，自分の意見を出したりすることが段々と楽になってくるように思われた。また，この時に行った調査で，シャイな教師，シャイなため困った経験を有する教師が一定数存在することが明らかになり，そのことが，今回の調査や研究につながっている。研究を進める際に

は、ご自身を「ぼくは堂々たるシャイなんだ」とおっしゃる田上先生や，研究の枠組みが定まらず，何でもかんでもやろうとして研究の本筋から外れそうになる度に，「それは研究158でやりましょう」と仰って，軌道修正をして下さる藤生先生とともに，ゼミで一緒だった國澤尚子さん，鈴木由美さん，松田孝志さんからも，いろいろな知恵を拝借したり，あれこれ支えてもらった日々だった。本当に得難い時間を過ごせたものだと，あの頃を今でも大切に思っている。

　その後，子どもの居場所や，進路指導に関する論文を書いたりしていた。自分の中では，「自分になること」，「自分らしく生きること」が実生活でも研究の上でもテーマになっていて，その枠組みの中で，「居場所」や「進路指導」というキーワードが出てきたのだと思う。やがて，高知大学教育学部に移ることになり，教員養成に携わることになった。このことは，改めて，教師の在り方やよい教師について考える機会を与えられたということなのだと思った。そのようにして過ごしているうちに，縁あって，筑波大学大学院の博士課程人間総合科学研究科に入学することができた。改めて，教師をテーマに，研究を深めたいと考え，シャイな教師を取り上げることを考えた。今でも，入試の面接で，先生方が，受験生の私に対しても，同じく研究に取り組む者に対するという柔らかい雰囲気の中で，親しく接して下さったことが強く印象に残っている。面接を受けながら，面接官の先生方の謦咳に接しながら研究を深めていきたいと強く願ったものである。入学後の発表会で戴くコメントにも，的確なご指摘とともに，励まして下さる思いを毎回感じ取ることができて，ありがたく思っていた。戴いたコメントを読み返すと，いつも同じことを繰り返しご指摘戴いていたことは，汗顔の至りではあるのだが。

　入学する前年に，滋賀大学の大学院で「総合学習特論」と「同演習」を担当する機会を得た。そこでは，受講生である院生と一緒に「総合学習」のあり方についてあれこれ考えたものだった。その結果，他者から与えられた問

題を解くのではなく，自分が取り組みたいと思う課題を自ら設定すること（リサーチ・クエスチョンの設定），また，定まった正解を探求するのではなく，正解が一つとは限らない，或いは，正解があるとは限らない課題に対し，一定の妥当性のある解を主体的に探究し，その成果をまとめ，発表する過程を経験することに「総合学習」の特色があるのではないかと考えられた。そう考えた時に，この学びは，論文の作成とも共通すると考えられ，これから修士論文を作成しようとしていた院生たちには，そのことを伝えたりしていた。にもかかわらず，自分の博士論文に取組む際に，こうした経験をなかなか生かすことができなかった。シャイな教師の実態に関しては，まだ明らかになっていないことが多く，あれも知りたい，これも知りたいという「調べ学習」の発想で取り組む時間が長かった。我が国における「総合学習」の一形態と考えられる小中高校の「総合的な学習の時間」でも，インターネットなどを活用して「調べ学習」をすることで，「総合学習」の実践であると考える向きもあるけれど，それは，あくまで「総合学習」の1つの過程に過ぎない，などと説いておきながら，論文とは何かということを十分に自覚しきれずに過ごす時間も少なくなかった。その後，博士論文が，"dissertation"であることを意識して取り組もうとしたのだが，「一つの物語」を書きあげることの難しさをつくづく感じさせられた経験でもあった。

　入学後は，様々な方に励まして戴きながら筆を進めることができました。とりわけ，指導教員である藤生先生は，修士課程修了後も気にかけて下さり，声もかけて下さって，修士修了17年目に改めてご指導戴けることになりました。いつも的確で心温まるご指導を戴き，感謝しきれないほどのご恩を賜りました。副指導教員の大川先生も20歳代前半からのお付き合いですが，よりよい論文になるようにと，気づきにつながるたくさんのコメントをお寄せ下さり，丁寧にご指導戴きました。副査をお引き受け下さった安藤先生からも，発表会の度に視野が広がるようなご指導や温かいストロークを戴きました。田上先生からも，学会などでお目にかかる度に声をかけて戴きまし

た。藤生先生と同様，修士以来，私がどれほど成長できたのかご存知な方だけに，副査をお願いすることには気恥ずかしさもありましたが，ご快諾下さり，含蓄溢れるコメントを戴きました。石隈先生も，修士課程修了以来，附属学校教育局や大塚の相談室，学校心理士会等でご縁がありましたが，研究全体を見通すコメントをお寄せ下さり，握手とともに励まして戴きました。岡田先生からも，発表会の折りなどに，「段々，面白くなってきたよ」と励まして戴きました。ご指導戴きました先生方に心より感謝申し上げます。

　博論執筆当時の職場（びわこ成蹊スポーツ大学）の同僚にも随分と助けて戴きました。宮尾夏姫さんには，質問紙の作成の際に，貴重なご意見を戴きました。武井哲郎さんからも，研究や博士論文をまとめることについてのあれこれについて，示唆に富む話を伺うことができました。新井博先生，金森雅夫先生，新宅幸憲先生からも，それぞれの博士号取得までのお取り組みや，心構えなどのお話を伺うことができました。飯田稔先生や菅井京子先生も，論文の進捗状況に関心を持ってくださり，よく声をかけて下さり，励まして戴きました。また，図書課の中山亮さん，田中千晶さん，澤田俊和さん，谷川真有美さんも，文献収集等にお力添え下さいました。教務課の田中里香さんや入試課の荒木初廣さんにも，学内業務に関して配慮して戴きました。皆さんに感謝致します。

　本論文を作成するに当たり，統計処理を行っていますが，高知大学在職時代に大学院の統計の授業に参加させて下さり，改めて統計の基礎から教えて下さった藤田尚文先生にも感謝いたします。

　藤生ゼミや田上ゼミの皆さんにもお世話になりました。特に，直近の先輩としてお手本とさせて戴き，多くのことをご教示下った工藤浩二さん，論文のチェックをはじめとして応援して下さった中村恵子さん，浦口真奈美さん，あれこれお話しさせて戴いた勝野美江さん，宮道力さんをはじめ，ゼミの皆さんと知り合いになれたことは大きな喜びでした。

　博士課程同期の赤松裕介さん，大澤彩さん，君島菜菜さん，小菅律さん，

小林麻衣子さん，藤井茂子さん，細井匠さんの7名には，入学式以来，親しくお付き合い戴くとともに，それぞれの頑張る姿を見せて戴きました。みんなの発表する姿やおしゃべりを通じて，研究の参考となるたくさんのヒントを戴きました。論文を作成する過程でも，苦しいなと思うとみんなの顔が浮かんできて，みんなも頑張っているのだろうなと思うと不思議に力が湧いてくる，そんな得難い，ありがたい存在でした。

　また，調査に協力して戴いた全国の先生方や学生諸君にも感謝いたします。とりわけ，教師対象調査の折りには，旧知の方や懐かしい方から，一筆添えて励まして戴けたことも大きな喜びでした。中には，便せん3枚に渡り，近況報告ともども意見を寄せて下さった友人もおりました。その他にも，お会いしたことのない少なからぬ方々から，暖かい励ましのお言葉を書き添えて戴き，大きな心の支えとなりました。

　本当に，みなさん，ありがとうございました。

　本書は，2015（平成27）年3月に，筑波大学大学院人間総合科学研究科より博士（カウンセリング科学）の学位を授与された博士学位論文である。出版に当たり，日本学術振興会の平成30年度科学研究費助成事業による科学研究費補助金，研究成果公開促進費の助成を受けた（課題番号18HP5185）。

　出版に際し，「刊行によせて」をご寄稿下さいました藤生英行先生，お世話になりました風間書房の風間敬子氏に感謝申し上げます。

2018年12月

高　柳　真　人

資　　料

質問紙1　シャイネスに関するアンケート（予備調査用）
質問紙2　教師のシャイネスに関するアンケート（教師調査1）
質問紙3　教師のシャイネスに関するアンケート（教師調査2）
質問紙4　シャイネスに関する調査（学生調査1）
質問紙5　シャイな教師に関する調査（学生調査2）

調査協力依頼文

資料1　シャイネスに関するアンケート　（予備調査用）

高柳真人

　このアンケートは，シャイな人やシャイネスについて皆さんがどのような考えを持っているかをお尋ねするものです。アンケートの結果はすべて統計的に処理しますので，皆さんに迷惑をお掛けすることは決してありません。ありのままにお答えください。

Q1 年齢（　　　）歳
Q2 性別（　　　）
Q3 教員経験年数（　　　）年
Q4 所属（　　　　　　　　）

Q5 あなたは自分がどの程度シャイであると思っていますか。次のうち，あてはまるところに丸をつけて下さい。

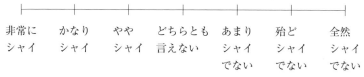

Q6 シャイなため，教職遂行上困った経験はありますか（あればその経験も）。

Q7 シャイ，シャイネスを日本語で言うと，どんな語がぴったりすると思いますか。

Q8 あなたの職場にシャイな人はいますか。いるとしたらどれくらいいますか。
　　いる（　　　人または　　　％位），いない

Q9 あなたのまわりに入るシャイな人を思い浮かべてください。その人がシャイな振る舞いをするのはどんな時ですか。当てはまれば，（　）に丸を書いてください。
　　大勢の前（　），小人数の時（　），一対一の時（　），自分一人の時（　），年上と一緒（　），同年代と一緒（　），年下と一緒（　），よく知っている人と一緒

（　　），少し知っている人と一緒（　　），知らない人と一緒（　　），同性と一緒（　　），異性と一緒（　　），一人で行動する時（　　），グループで行動する時（　　），好きな人と一緒（　　），嫌な人と一緒（　　），自分が話題になる時（　　），聴き手を話題にする時（　　），家族が話題になる時（　　），雑談の時（　　），仕事の話をする時（　　），知らないことが話題になる時（　　），よく知っていることを話題にする時（　　），仕事の時（　　），プライベートな時（　　），その他（　　　　　　）

Q10 シャイな人によくみられる行動を挙げて下さい（例：視線を合わせない）。

Q11 シャイな振る舞いや，シャイな人が得をする点があれば挙げて下さい。

Q12 シャイな振る舞いや，シャイな人が，損をしたり，困る点があれば挙げて下さい。

Q13 あなたの考えに最も近いものに丸をつけて下さい。但し，数字の意味は次の通りです。

1 絶対そう思わない　2 そう強く思わない　3 ややそう思わない　4 どちらともいえない　5 ややそう思う　6 かなりそう思う　7 絶対そう思う

①どんな人もシャイな面を持っている
　　　1　　2　　3　　4　　5　　6　　7
　　　├──┼──┼──┼──┼──┼──┤

②シャイな人と言われたい
　　　1　　2　　3　　4　　5　　6　　7
　　　├──┼──┼──┼──┼──┼──┤

③シャイな人と一緒に行動したい
　　　1　　2　　3　　4　　5　　6　　7
　　　├──┼──┼──┼──┼──┼──┤

④シャイな人は自分に自信がない
　　　1　　2　　3　　4　　5　　6　　7
　　　├──┼──┼──┼──┼──┼──┤

⑤シャイな人は頼りない
　　　1　　2　　3　　4　　5　　6　　7
　　　├──┼──┼──┼──┼──┼──┤

⑥シャイだと思われたくない
　　　1　　　2　　　3　　　4　　　5　　　6　　　7
　　　├───┼───┼───┼───┼───┼───┤

⑦シャイネスはその人らしさの一つの表れである
　　　1　　　2　　　3　　　4　　　5　　　6　　　7
　　　├───┼───┼───┼───┼───┼───┤

⑧シャイな人は他者を尊重する
　　　1　　　2　　　3　　　4　　　5　　　6　　　7
　　　├───┼───┼───┼───┼───┼───┤

⑨シャイな人は周りの目を必要以上に気にする
　　　1　　　2　　　3　　　4　　　5　　　6　　　7
　　　├───┼───┼───┼───┼───┼───┤

⑩シャイな振る舞いをしてみたい
　　　1　　　2　　　3　　　4　　　5　　　6　　　7
　　　├───┼───┼───┼───┼───┼───┤

⑪シャイでも生徒とうまく接することができる
　　　1　　　2　　　3　　　4　　　5　　　6　　　7
　　　├───┼───┼───┼───┼───┼───┤

⑫シャイな人は必要なことを主張できない
　　　1　　　2　　　3　　　4　　　5　　　6　　　7
　　　├───┼───┼───┼───┼───┼───┤

⑬シャイな振る舞いは仕事に悪影響を及ぼす
　　　1　　　2　　　3　　　4　　　5　　　6　　　7
　　　├───┼───┼───┼───┼───┼───┤

⑭シャイであることは恥ずかしい
　　　1　　　2　　　3　　　4　　　5　　　6　　　7
　　　├───┼───┼───┼───┼───┼───┤

⑮シャイな振る舞いは人間関係を損なう
　　　1　　　2　　　3　　　4　　　5　　　6　　　7
　　　├───┼───┼───┼───┼───┼───┤

⑯シャイな人は存在感が薄い
　　　1　　　2　　　3　　　4　　　5　　　6　　　7
　　　├───┼───┼───┼───┼───┼───┤

⑰シャイなふるまいはその人らしさを殺してしまう

    1   2   3   4   5   6   7

⑱自分がシャイだと思われてもいい

    1   2   3   4   5   6   7

Q14 シャイでも，対人関係がうまくいっている人の特徴はどんなところだと思いますか。

Q15 シャイなため対人関係がうまくいかない人が捉われやすそうな考えがありましたら，書いて下さい（例：他者を楽しませなければならない，ぎこちない振る舞いは許されない）。

ご協力ありがとうございました

資料2　教師のシャイネスに関するアンケート

高柳真人

　このアンケートは，シャイな教師について，その実態や，皆さんの考えをお尋ねするもので，得られた結果は，私の「シャイな教師の対人行動」に関する修士論文の作成に利用させて戴きます。回答は統計的に処理いたしますので，回答者にご迷惑をお掛けすることはありません。貴方の考えるシャイネスについて，ありのままにお答えください。

Q1　性別（　　　）
　　年齢（　20代　30代　40代　50代　60代　）

Q2　あなたは自分がシャイだと思いますか。当てはまるものに丸をつけてください。
　　1. 思う
　　2. 思わない

Q3　その程度はどの位ですか。当てはまる数字に丸をつけてください。
　　1. 全然シャイでない
　　2. ほとんどシャイでない
　　3. あまりシャイでない
　　4. どちらともいえない
　　5. ややシャイである
　　6. かなりシャイである
　　7. 非常にシャイである

Q4　（Q2で，「1. はい」と答えた方）シャイであるため，教職遂行上，困ったことがありましたか。当てはまるものに丸をつけてください。
　　1. 現在困っていることがある
　　2. これまで困った経験がある
　　3. 困ったことはない

Q5 あなたからみて，シャイな教員は，学校にどれ位いますか。丸で囲んで下さい。
　　1. 0%　　　3. 10～20%　　5. 30～40%　　7. 50～80%
　　2. 0～10%　4. 20～30%　　6. 40～50%　　8. 80～100%

Q6 シャイネスが出やすい状況として当てはまるものに，幾つでも丸をつけて下さい。

(場面)
　1. 授業　2. 部活動　3. 職員会議　4. 休み時間や放課後　5. プライベート
(その場にいる人)
　1. 上司　2. 同僚　3. 生徒　4. 保護者　5. 家族　6. 友人
(話題の対象や内容)
　1. 自分　2. 自分以外　3. 仕事の話　4. 仕事以外の話
　5. よく知った内容　6. 知らない内容
(状況)
　1. 自己主張が必要な場面　2. 自分が評価される場面
　3. 大勢の前　4. 小グループ　5. 一対一　6. 自分一人
(人間関係)
　1. よく知っている人　2. 少し知っている人　3. 初対面の人
　4. 年上　5. 同年代　6. 年下　7. 同性　8. 異性
　9. 好きな人　10. 苦手な人　11. 嫌いな人　12. 権威を感じる人
(その他　　　　　　　　　　　　　　　　　　　　　　　)

Q7 シャイな人の行動上の特徴としてみられる傾向に，幾つでも丸をつけて下さい。
　1. 赤面　2. 動作が落ち着かない　3. 視線を合わせない　4. 早口
　5. 後ろの方に引っ込んでいる　6. 沈黙，言葉少な　7. 人の輪に入れない　8. 自分から話しかけない　9. 行動や発言のタイミングが悪い　10. まとまりの悪い話をする　11. 話せる人が限られる　12. 打ち解けにくい
　13. その他（　　　　　　　　　　　　　　　　　　　　　　　）

Q8 シャイであっても生徒や同僚との対人関係がうまくいっている教師の特徴として考えられるものに，いくつでも丸をつけて下さい。
　1. 仕事など何かに自信を持っている
　2. 相手を大切にしている

3. 愛敬があったり，何らかの魅力がある
4. 自分を受け入れている
5. 言うべき時に言ったり，いざという時には自己主張できる
6. 対人関係を作ったり，続けるための努力をしている
7. 周囲の人に理解され，受け入れられている
8. シャイな振る舞いに対する肯定的感情を持っている
9. その他（   ）

Q9 シャイなため，生徒や同僚との対人関係がうまくいかない教師の持っている特徴として考えられるものに，幾つでも丸をつけて下さい。
1. 自分が否定的に評価されるのではないかという懸念
2. 自分が受け入れられないことを怖れる気持ち
3. 他者に対する苦手意識
4. 一人でいることを好むこと
5. 理想自己と現実自己とのズレ
6. 自分が注目を浴びることを避けたい気持ち
7. 相手の気持ちや行動が読めないこと
8. 自分の知られていない面を他者に知られたくない気持ち
9. 完全主義者
10. リーダーでいるよりフォロワーでいたい気持ち
11. 対人関係を結んだり，自己表現をする技能の欠如
12. 自信の欠如
13. その他（   ）

Q10 あなたの考えに最も近いものに丸をつけて下さい。数字の意味は次の通りです。
例）学校に居場所のある生徒は学校への適応感が高い

絶対そう思わない	かなりそう思わない	ややそう思わない	どちらともいえない	ややそう思う	かなりそう思う	絶対そう思う
1	2	3	4	5	⑥	7

①どんな人もシャイな面を持っている
　　1　　　2　　　3　　　4　　　5　　　6　　　7
②シャイな人と言われたい
　　1　　　2　　　3　　　4　　　5　　　6　　　7
③シャイな人と一緒に行動したい
　　1　　　2　　　3　　　4　　　5　　　6　　　7
④シャイな人は自分に自信がない
　　1　　　2　　　3　　　4　　　5　　　6　　　7
⑤シャイな人は頼りない
　　1　　　2　　　3　　　4　　　5　　　6　　　7
⑥シャイだと思われたくない
　　1　　　2　　　3　　　4　　　5　　　6　　　7
⑦シャイネスはその人らしさの一つの表れである
　　1　　　2　　　3　　　4　　　5　　　6　　　7
⑧シャイな人は他者を尊重する
　　1　　　2　　　3　　　4　　　5　　　6　　　7
⑨シャイな人は周りの目を必要以上に気にする
　　1　　　2　　　3　　　4　　　5　　　6　　　7
⑩シャイな振る舞いをしてみたい
　　1　　　2　　　3　　　4　　　5　　　6　　　7
⑪シャイでも生徒とうまく接することができる
　　1　　　2　　　3　　　4　　　5　　　6　　　7
⑫シャイな人は必要なことを主張できない
　　1　　　2　　　3　　　4　　　5　　　6　　　7
⑬シャイな振る舞いは人間関係を損なう
　　1　　　2　　　3　　　4　　　5　　　6　　　7
⑭シャイであることは恥ずかしい
　　1　　　2　　　3　　　4　　　5　　　6　　　7
⑮シャイな振る舞いは人間関係を損なう
　　1　　　2　　　3　　　4　　　5　　　6　　　7
⑯シャイな人は存在感が薄い
　　1　　　2　　　3　　　4　　　5　　　6　　　7

⑰ シャイだとその人らしさを発揮できない
　　　1　　　2　　　3　　　4　　　5　　　6　　　7
⑱ シャイな人には好感が持てる
　　　1　　　2　　　3　　　4　　　5　　　6　　　7
⑲ シャイな振る舞いは克服すべきである
　　　1　　　2　　　3　　　4　　　5　　　6　　　7
⑳ シャイな人は人間関係を作りにくい
　　　1　　　2　　　3　　　4　　　5　　　6　　　7

Q11 シャイ，シャイネスを日本語で言うとどんな語がぴったりすると思いますか

　　　　　　　　　　　　　　　　　　　　ご協力ありがとうございました
＊シャイで困ることがあり，対策を考えたいと思っておられる方で，私（高柳）が実施します，「書記的方法を用いたシャイネスの受容プログラム」にご協力戴ける方は，お名前と連絡先をお教え下さい。追って，連絡を差し上げます。
（　　　　　　　　　　　　　　　　　　　　　　　　　　　　　　　　　）

資料 315

資料3 教師のシャイネスに関するアンケート

びわこ成蹊スポーツ大学教授　高柳真人

　この調査では，教師のよりよい教職遂行について検討するため，皆さんの経験や考えをお尋ねし，その結果を，「教師のシャイネスと教職遂行」に関する私の論文に利用させて戴きます。回答は目的外には使用しないこと，統計的に処理され回答者が特定されることはないこと，等，皆さんにご迷惑をおかけしないように致します。尚，ご回答戴くことで，調査協力に同意戴けたものと判断させて戴きます。お手数をおかけしますが，ご回答戴ける範囲でご協力下さいますよう，よろしくお願い申し上げます。

Q1　あなたの属性を教えて下さい。該当する数字を1つだけ選んで○で囲んで下さい。

性別	1. 女性　　2. 男性
年齢	1. 20歳代　　2. 30歳代　　3. 40歳代　　4. 50歳代　　5. 60歳代
勤務年数	1. 5年未満　2. 5－10年未満　3. 10－15年未満　4. 15－20年未満　5. 20年以上
勤務校種等	1. 小学校　　2. 中学校　　3. 高等学校　　4. 特別支援学校　　5. 他
担当教科 （中高の方）	1. 国語　2. 数学　3. 理科　4. 社会（地歴公民）　5. 英語　6. 保健体育　7. 美術 8. 音楽　9. 技術・家庭　10. 他

Q2　次の教員志望の動機がどの程度当てはまるか教えて下さい。該当する数字を1つだけ選んで○で囲んで下さい。

	全くあてはまらない	あてはまらない	あまりあてはまらない	どちらともいえない	ややあてはまる	あてはまる	よくあてはまる
（例)教員免許状を活かしたい	1	2	3	4	5	⑥	7
1 子どもが好き	1	2	3	4	5	6	7
2 大学で学んだ専門を活かしたい	1	2	3	4	5	6	7
3 教えることに魅力を感じる	1	2	3	4	5	6	7
4 学校に親近感がある	1	2	3	4	5	6	7
5 子どもとふれあう仕事がしたい	1	2	3	4	5	6	7
6 教員以外の仕事になじみが薄い	1	2	3	4	5	6	7
7 自分の専門分野の勉強を続けたい	1	2	3	4	5	6	7
8 子どもの成長を支援したい	1	2	3	4	5	6	7
9 自分に向いていると思った	1	2	3	4	5	6	7
10 恩師や周囲の影響から	1	2	3	4	5	6	7

Q3 あなたとシャイネスの関係について教えてください。該当する数字を1つだけ選んで○で囲んで下さい。

1 ご自身をシャイだと思いますか	1. 思う（ずっとそう思っている）　2. 思う（近頃そう思っている） 3. どちらともいえない　4. 今は思わない（思ったことはある） 5. 思わない（ずっとそう思っている）
2 シャイな教師だと思われていると思いますか	1. 思う　2. どちらともいえない　3. 思わない
3 ご自身のシャイネスの程度はどの程度だと思いますか	1. 全然シャイでない　2. ほとんどシャイでない 3. あまりシャイでない　4. どちらともいえない 5. ややシャイ　6. かなりシャイ　7. 非常にシャイ
4 シャイなため，教職を遂行する上で困った経験がありますか	1. 現在困っている　2. 困った経験がある（今も困ることがある） 3. 困った経験がある（今は困っていない）　4. 困ったことはない
5 （困った経験のある方）その程度はどれ位ですか	1. 深刻でない　2. あまり深刻でない　3. どちらともいえない 4. やや深刻　5. 深刻

Q4 次の考えをどう思いますか。該当する数字を1つだけ選んで○で囲んで下さい。

	全くあてはまらない	あてはまらない	あまりあてはまらない	どちらともいえない	ややあてはまる	あてはまる	よくあてはまる
（例）シャイな人には好感が持てる	1	2	3	4	5	⑥	7
1 シャイだとその人らしさを発揮できない	1	2	3	4	5	6	7
2 シャイな振る舞いは人間関係を損なう	1	2	3	4	5	6	7
3 シャイな人は存在感が薄い	1	2	3	4	5	6	7
4 シャイであることは恥ずかしい	1	2	3	4	5	6	7
5 シャイな振る舞いは仕事に悪影響を及ぼす	1	2	3	4	5	6	7
6 シャイな人は必要なことを主張しない	1	2	3	4	5	6	7
7 シャイな振る舞いは克服すべきである	1	2	3	4	5	6	7
8 シャイな人は頼りない	1	2	3	4	5	6	7
9 シャイな人は人間関係を作りにくい	1	2	3	4	5	6	7
10 シャイな人は自分に自信がない	1	2	3	4	5	6	7

Q5 次のような行動をとる教師のシャイネスの程度はどれくらいと思いますか。該当する数字を1つだけ選んで○で囲んで下さい。

	全く シャイで ない	ほとんど シャイで ない	あまり シャイで ない	どちらと もいえな い	やや シャイ である	かなり シャイ である	とても シャイ である
(例)まじめに仕事に取り組んでいる	1	2	3	④	5	6	7
1 自分から話しかけない	1	2	3	4	5	6	7
2 もじもじしたり，動作が落ち着かない	1	2	3	4	5	6	7
3 話す時，声が小さい	1	2	3	4	5	6	7
4 相手をほめたり，注意したりしない	1	2	3	4	5	6	7
5 話す時，視線を合わせない	1	2	3	4	5	6	7
6 会議では指名されるまで発言しない	1	2	3	4	5	6	7
7 打ち解けにくい	1	2	3	4	5	6	7
8 その場を仕切るのが苦手である	1	2	3	4	5	6	7
9 話や説明が一方的になりやすい	1	2	3	4	5	6	7

Q6 次のような行動をとる教師は教職を遂行できていると思いますか。該当する数字を1つだけ選んで○で囲んで下さい。

	全く できてい ない	ほとんど できてい ない	あまり できてい ない	どちらと もいえな い	やや できて いる	かなり できて いる	よく できて いる
(例)まじめに仕事に取り組んでいる	1	2	3	4	5	6	⑦
1 自分から話しかけない	1	2	3	4	5	6	7
2 もじもじしたり，動作が落ち着かない	1	2	3	4	5	6	7
3 話す時，声が小さい	1	2	3	4	5	6	7
4 相手をほめたり，注意したりしない	1	2	3	4	5	6	7
5 話す時，視線を合わせない	1	2	3	4	5	6	7
6 会議では指名されるまで発言しない	1	2	3	4	5	6	7
7 打ち解けにくい	1	2	3	4	5	6	7
8 その場を仕切るのが苦手である	1	2	3	4	5	6	7
9 話や説明が一方的になりやすい	1	2	3	4	5	6	7

Q7 次の考えやことがらはあなたにどの程度当てはまりますか。該当する数字を1つだけ選んで○で囲んで下さい。

	全くあてはまらない	あてはまらない	あまりあてはまらない	どちらともいえない	ややあてはまる	あてはまる	よくあてはまる
(例)まじめに仕事に取り組んでいる	1	2	3	4	5	6	⑦
1 子どもは私の味方である	1	2	3	4	5	6	7
2 子どもは私のことを理解している	1	2	3	4	5	6	7
3 子どもは私に喜びを与えてくれる	1	2	3	4	5	6	7
4 同僚は困った時に助けてくれる	1	2	3	4	5	6	7
5 同僚はよきパートナーである	1	2	3	4	5	6	7
6 同僚とは何でも話すことができる	1	2	3	4	5	6	7
7 上司,管理職はよき相談相手だ	1	2	3	4	5	6	7
8 上司,管理職は私を認めてくれる	1	2	3	4	5	6	7
9 保護者は私のよき協力者だ	1	2	3	4	5	6	7
10 学校で困った時には味方がいる	1	2	3	4	5	6	7
11 授業では高いパフォーマンス能力が必要だ	1	2	3	4	5	6	7
12 授業では高いコミュニケーション能力が必要だ	1	2	3	4	5	6	7
13 授業では高い指導技術が必要だ	1	2	3	4	5	6	7
14 学級では何が起きても不思議でない	1	2	3	4	5	6	7
15 学級経営には相当の力量が必要だ	1	2	3	4	5	6	7
16 学校で子どもが反抗しないか心配だ	1	2	3	4	5	6	7
17 会議で発言するには勇気がいる	1	2	3	4	5	6	7
18 会議で皆を納得させることは難しい	1	2	3	4	5	6	7
19 保護者会でどんな意見が出るか心配だ	1	2	3	4	5	6	7
20 学校では気を抜けない	1	2	3	4	5	6	7

Q8 教職を遂行する際,困った場合によく行う対応を教えて下さい。該当する数字を1つだけ選んで○で囲んで下さい。

	全くない	ほとんどない	あまりない	どちらともいえない	たまにある	時々ある	よくある
(例) マニュアル本を読む	1	2	3	4	⑤	6	7
1 周囲の力を借りて解決しようとする	1	2	3	4	5	6	7
2 自分一人で解決しようとする	1	2	3	4	5	6	7

3 状況や相手を変えようとする	1	2	3	4	5	6	7
4 自分が変わろうとする	1	2	3	4	5	6	7
5 自分を責める	1	2	3	4	5	6	7
6 相手を責める	1	2	3	4	5	6	7
7 問題と向き合い解決しようとする	1	2	3	4	5	6	7
8 問題と向き合うことを回避する	1	2	3	4	5	6	7
9 様子をみたり,先延ばしする	1	2	3	4	5	6	7
10 今できることをやろうとする	1	2	3	4	5	6	7
11 完璧,完全な結果を得ようとする	1	2	3	4	5	6	7
12 我慢して状況を受け入れる	1	2	3	4	5	6	7

Q9 ご自身の教職遂行についてどのように認識されていますか。該当する数字を1つだけ選んで○で囲んで下さい。

	全くあてはまらない	あてはまらない	あまりあてはまらない	どちらともいえない	ややあてはまる	あてはまる	よくあてはまる
(例) 研修会によく参加する	1	2	3	4	5	6	⑦
1 子どもの話を上手に聞ける	1	2	3	4	5	6	7
2 子どもに上手に教えることができる	1	2	3	4	5	6	7
3 子どもと過ごす時間を楽しめる	1	2	3	4	5	6	7
4 子どもの思いや行動を理解できる	1	2	3	4	5	6	7
5 子どものやる気を引き出せる	1	2	3	4	5	6	7
6 学級集団作りは難しい	1	2	3	4	5	6	7
7 子どもを上手に叱ることは難しい	1	2	3	4	5	6	7
8 子どもの信頼を損ねることはない	1	2	3	4	5	6	7
9 子ども同士のトラブルに対応できる	1	2	3	4	5	6	7
10 自分の考えを保護者に伝えられる	1	2	3	4	5	6	7
11 保護者の願いを理解できる	1	2	3	4	5	6	7
12 保護者対応は難しい	1	2	3	4	5	6	7
13 同僚との意志疎通ができている	1	2	3	4	5	6	7
14 同僚とトラブルになることはない	1	2	3	4	5	6	7
15 同僚の協力を得ることは難しい	1	2	3	4	5	6	7
16 同僚と歩調を合わせてやっていける	1	2	3	4	5	6	7
17 管理職や上司には相談しにくい	1	2	3	4	5	6	7
18 管理職や上司の考えがわかる	1	2	3	4	5	6	7

19 管理職や上司に自分の意見を言える	1	2	3	4	5	6	7
20 周囲に敵を作らない	1	2	3	4	5	6	7

Q10 次の教職遂行場面で困った経験がありますか。該当する数字を1つだけ選んで○で囲んで下さい。

	全くない	ほとんどない	あまりない	どちらともいえない	たまにある	時々ある	よくある
(例)成績処理	1	2	3	4	⑤	6	7
1 授業準備・教材研究	1	2	3	4	5	6	7
2 授業	1	2	3	4	5	6	7
3 児童・生徒に対する個別指導	1	2	3	4	5	6	7
4 学級・HR経営	1	2	3	4	5	6	7
5 部(クラブ)活動指導	1	2	3	4	5	6	7
6 職員会議	1	2	3	4	5	6	7
7 保護者対応	1	2	3	4	5	6	7
8 事務・文書作成等	1	2	3	4	5	6	7
9 校内研修会参加	1	2	3	4	5	6	7

Q11 次の各場面でのあなたの経験を教えてください。該当する数字を1つだけ選んで○で囲んで下さい。

1 授業	全くない	ほとんどない	あまりない	どちらともいえない	たまにある	時々ある	よくある
(例) ベストを尽くそうと思う	1	2	3	4	5	6	⑦
1 うまくやりたいと思うが自信がない	1	2	3	4	5	6	7
2 子どもから拒否されないか心配になる	1	2	3	4	5	6	7
3 どう評価されるか気になる	1	2	3	4	5	6	7
4 失敗は許されないと思う	1	2	3	4	5	6	7
5 教壇に立つと緊張する	1	2	3	4	5	6	7
6 パフォーマンスが円滑でない	1	2	3	4	5	6	7
7 子どもとの双方向的やり取りが難しい	1	2	3	4	5	6	7
8 場をリードできない	1	2	3	4	5	6	7
9 子どもを叱ったり,注意できない	1	2	3	4	5	6	7

2　個別指導場面	全くない	ほとんどない	あまりない	どちらともいえない	たまにある	時々ある	よくある
1 うまくやりたいと思うが自信がない	1	2	3	4	5	6	7
2 子どもから拒否されないか心配になる	1	2	3	4	5	6	7
3 どう評価されるか気になる	1	2	3	4	5	6	7
4 失敗は許されないと思う	1	2	3	4	5	6	7
5 子どもと一緒にいると緊張する	1	2	3	4	5	6	7
6 パフォーマンスが円滑でない	1	2	3	4	5	6	7
7 子どもとの双方向的やり取りが難しい	1	2	3	4	5	6	7
8 場をリードできない	1	2	3	4	5	6	7
9 子どもを叱ったり，注意できない	1	2	3	4	5	6	7

3　学級・HR経営	全くない	ほとんどない	あまりない	どちらともいえない	たまにある	時々ある	よくある
1 うまくやりたいと思うが自信がない	1	2	3	4	5	6	7
2 子どもから拒否されないか心配になる	1	2	3	4	5	6	7
3 どう評価されるか気になる	1	2	3	4	5	6	7
4 失敗は許されないと思う	1	2	3	4	5	6	7
5 子どもの前に立つと緊張する	1	2	3	4	5	6	7
6 パフォーマンスが円滑でない	1	2	3	4	5	6	7
7 子どもとの双方向的やり取りが難しい	1	2	3	4	5	6	7
8 場をリードできない	1	2	3	4	5	6	7
9 子どもを叱ったり，注意できない	1	2	3	4	5	6	7

4　職員会議	全くない	ほとんどない	あまりない	どちらともいえない	たまにある	時々ある	よくある
1 うまくやりたいと思うが自信がない	1	2	3	4	5	6	7
2 同僚から拒否されないか心配になる	1	2	3	4	5	6	7
3 どう評価されるか気になる	1	2	3	4	5	6	7
4 失敗は許されないと思う	1	2	3	4	5	6	7
5 会議の場にいると緊張する	1	2	3	4	5	6	7
6 パフォーマンスが円滑でない	1	2	3	4	5	6	7
7 同僚との双方向的やり取りが難しい	1	2	3	4	5	6	7
8 場をリードできない	1	2	3	4	5	6	7

5　保護者対応場面	全くない	ほとんどない	あまりない	どちらともいえない	たまにある	時々ある	よくある
1 うまくやりたいと思うが自信がない	1	2	3	4	5	6	7
2 保護者から拒否されないか心配になる	1	2	3	4	5	6	7
3 どう評価されるか気になる	1	2	3	4	5	6	7
4 失敗は許されないと思う	1	2	3	4	5	6	7
5 保護者の前では緊張する	1	2	3	4	5	6	7
6 パフォーマンスが円滑でない	1	2	3	4	5	6	7
7 保護者との双方向的やり取りが難しい	1	2	3	4	5	6	7
8 場をリードできない	1	2	3	4	5	6	7
9 自分の意見を強く主張できない	1	2	3	4	5	6	7

ご協力ありがとうございました。

資料：学生調査１　シャイネスに関する調査

びわこ成蹊スポーツ大学　高柳真人

　この調査はシャイな人とはどのような人なのかを明らかにするために行われるものです。回答は統計的な処理を行いますので，個人が特定されることはなく，回答者にご迷惑をかけることはありません。ありのままにお答え下さい。ご協力をお願いします。

Q1　あてはまる性別を○で囲んでください　　　1．男性　　2．女性
Q2　あなたは自分がシャイだと思いますか。あてはまるものを○で囲んでください
　1．思う　2．思わない
　　：シャイな人とは，内気，恥ずかしがりや，引っ込み思案，てれや，はにかみやのこととします
Q3　シャイであるため，困った経験がありますか。あてはまるものを○で囲んでください
　1．これまで困った経験がある　　2．現在も困っている
　3．困った経験はない
Q4　次の各文章は，あなたにどの程度あてはまりますか。1～5のうち，あてはまるところに○をつけて下さい。

> 1．全くあてはまらない　2．あまりあてはまらない　3．どちらともいえない
> 4．ややあてはまる　5．よくあてはまる

1　私は新しい友人がすぐできる　　　　　　　　　　　（1・2・3・4・5）
2　私は人がいる所では気おくれしてしまう　　　　　　（1・2・3・4・5）
3　私はひっこみ思案である　　　　　　　　　　　　　（1・2・3・4・5）
4　私は人の集まる所ではいつも後ろの方に引っ込んでいる（1・2・3・4・5）
5　私は人と広くつきあうのが好きである　　　　　　　（1・2・3・4・5）
6　私は他人の前では，気が散って考えがまとまらない　（1・2・3・4・5）
7　私は内気（うちき）である　　　　　　　　　　　　（1・2・3・4・5）
8　私は誰とでもよく話す　　　　　　　　　　　　　　（1・2・3・4・5）
9　私は自分から進んで友達を作ることが少ない　　　　（1・2・3・4・5）
10　私は，はにかみやである　　　　　　　　　　　　　（1・2・3・4・5）

11 私は初めての場面でもすぐにうちとけられる (1・2・3・4・5)
12 私は人前（ひとまえ）に出ると気が動転してしまう (1・2・3・4・5)
13 私は自分から話し始める方である (1・2・3・4・5)
14 私は人目（ひとめ）に立つようなことは好まない (1・2・3・4・5)
15 私は知らない人とでも平気で話ができる (1・2・3・4・5)
16 私は人前（ひとまえ）で話すのは気がひける (1・2・3・4・5)

Q5 次の各文章は，あなたにどの程度あてはまりますか。1〜5のうち，あてはまるところに○をつけて下さい。

> 1. 全くちがう　2. ちがう　3. どちらともいえない　4. そうだ
> 5. 全くそうだ

1 ゆううつになりやすい (1・2・3・4・5)
2 自分がみじめな人間に思える (1・2・3・4・5)
3 物事がうまくいかないのではないかとよく心配する (1・2・3・4・5)
4 小さなことにはくよくよしない (1・2・3・4・5)
5 見捨てられた感じがする (1・2・3・4・5)
6 自分には全然価値がないように思えることがある (1・2・3・4・5)
7 陽気になったり陰気になったり気分が変わりやすい (1・2・3・4・5)
8 よく緊張する (1・2・3・4・5)
9 明るいときと暗いときの気分の差が大きい (1・2・3・4・5)
10 緊張してふるえるようなことはない (1・2・3・4・5)
11 大勢でわいわい騒ぐのが好きである (1・2・3・4・5)
12 地味（じみ）で目立つことはない (1・2・3・4・5)
13 にぎやかな所が好きである (1・2・3・4・5)
14 大勢の人の中にいるのが好きである (1・2・3・4・5)
15 もの静かである (1・2・3・4・5)
16 人の上に立つことが多い (1・2・3・4・5)
17 人に指示を与えるような立場に立つことが多い (1・2・3・4・5)
18 じっとしているのが嫌いである (1・2・3・4・5)
19 人から注目されるとうれしい (1・2・3・4・5)
20 スポーツ観戦で我を忘れて応援することがある (1・2・3・4・5)
21 あまりきっちりした人間ではない (1・2・3・4・5)

22	仕事を投げやりにしてしまうことがある	(1・2・3・4・5)
23	よく考えてから行動する	(1・2・3・4・5)
24	仕事は計画的にするようにしている	(1・2・3・4・5)
25	責任感が乏しいといわれることがある	(1・2・3・4・5)
26	まじめな努力家である	(1・2・3・4・5)
27	根気（こんき）が続かないほうである	(1・2・3・4・5)
28	几帳面（きちょうめん）である	(1・2・3・4・5)
29	しんどいことはやりたくない	(1・2・3・4・5)
30	欲望のままに行動してしまうようなことは，ほとんどない	(1・2・3・4・5)
31	誰に対してもやさしく親切にふるまうようにしている	(1・2・3・4・5)
32	人には温かく友好的に接している	(1・2・3・4・5)
33	人の気持ちを積極的に理解しようとは思わない	(1・2・3・4・5)
34	あまり親切な人間ではない	(1・2・3・4・5)
35	人情深いほうだと思う	(1・2・3・4・5)
36	人のよろこびを自分のことのように喜べる	(1・2・3・4・5)
37	どうしても好きになれない人がたくさんいる	(1・2・3・4・5)
38	出会った人はたいがい好きになる	(1・2・3・4・5)
39	気配りをする方である	(1・2・3・4・5)
40	人を馬鹿にしているといわれることがある	(1・2・3・4・5)
41	芸術作品に接すると鳥肌が立ち興奮を覚えることがある	(1・2・3・4・5)
42	美や芸術にはあまり関心がない	(1・2・3・4・5)
43	考えることは面白い	(1・2・3・4・5)
44	イメージがあふれ出てくる	(1・2・3・4・5)
45	自分の感じたことを大切にする	(1・2・3・4・5)
46	変わった人だとよくいわれる	(1・2・3・4・5)
47	空想の世界をさまようことはほとんどない	(1・2・3・4・5)
48	好奇心が強い	(1・2・3・4・5)
49	感情豊かな人間である	(1・2・3・4・5)
50	別世界に行ってみたい	(1・2・3・4・5)

Q6　あなたの回答を高柳の論文作成に利用してよいですか。
　　1．よい　　2．だめ

　　　　　　　　　　　　　　　　　　ご協力ありがとうございました

資料：学生調査2　シャイな教師に関する調査

びわこ成蹊スポーツ大学　髙栁真人

　この調査は，シャイな教師の対人行動円滑化をもたらす要因を検討するため，シャイな教師の実態を知ることを目的としています。回答して戴いた内容はすべて統計的に処理しますので，回答者が特定されるようなことはありません。研究の趣旨をご理解戴き，回答にご協力をお願い致します。

1. あなたの性別を教えて下さい。
　　　① 男性　②女性　←○で囲んでください
2. あなたは自分がシャイ（内気，恥ずかしがりや，引っ込み思案，てれや，はにかみや）だと思いますか。
　　　① 思う　②思わない　←○で囲んでください
3. あなたはこれまで，シャイな教師（内気，恥ずかしがりや，引っ込み思案，てれや，はにかみやな教師）に出会ったことがありますか。
　　　① 出会ったことがある　　②出会ったことがない　←○で囲んでください
4. 上記3で「①出会ったことがある」と回答した方にお願いします。あなたがこれまでに出会ったシャイな教師について教えて下さい。(1)は当てはまるものに○を，(2)(3)(4)は自由に記述して下さい。
　(1)その先生の属性を教えて下さい（複数回答可）。
　　①学校種（　小学校，　中学校，　高校　）
　　②性別（　男性，　女性　）
　　③年齢（　20歳代，30歳代，40歳代，50歳代　）
　　④担当教科（国語，英語，社会，数学，理科，保健体育，美術，音楽，技術家庭）
　(2)どのような行動上の特徴を持った人でしたか。

(3)そのシャイな先生は教職をうまく遂行していたでしょうか。

(4)あなたは，シャイな先生のことをどのように受け止めていましたか。

ご協力ありがとうございました
あなたの回答を高柳の論文作成に利用してよいですか。
　1．よい　　2．だめ

調査協力のお願い

びわこ成蹊スポーツ大学教授　高柳真人

前略

はじめまして。私は，日本カウンセリング学会会員の高柳真人と申します。私は，自分も含めたシャイな教師の教職遂行に関心を持ち，シャイな教師の対人行動に関する研究に取り組んでおります。今回，日本カウンセリング学会の会員名簿で先生のことを知り，調査にご協力賜りたく，お便りさせて戴きました。

1．研究の趣旨

これまでの私の研究で，教職を遂行する上で，シャイなために困った経験を有する教師が一定数存在すること，その一方，シャイであっても，教職遂行に困っていない教師がいることがわかっております。私の研究の目的は，シャイなため，教職を遂行する上で困っている教師の援助策を検討することですが，そのことを考える上で必要な知見を収集したく，教員を対象とした調査を計画致しました。今回の調査では，シャイな教師が，どのような学校場面で，どのような困った経験をしているかということを，シャイでない教師とも比較しながら明らかにするとともに，認知的側面に焦点を当て，シャイであって，教職遂行に困っている教師，困っていない教師の考え方の違いを明らかにすることを目的としています。

そのため，ご自身がシャイである，なしに関わらず，教員の皆さまを対象に調査をさせて戴きたく，調査協力をお願いする次第です。

2．実施方法

回答方法は，質問紙にあります質問にお答えください。特に，時間制限はありません。思った通りにお答えください。ご回答いただける範囲でご協力賜れば幸いです。

3．回答の取り扱い

ご協力いただきました回答については，すべて統計的に処理をし，個人が特定されることがないようにいたします。また，目的外の利用はいたしません。個人情報の厳重な管理，保護に努め，皆さまにご迷惑がかからぬよう致します。

4．成果の公表

調査結果は，現在取り組んでおります，博士論文の作成に利用させていただくほか，論文としてまとめ，学会誌への投稿や，学会発表をさせていただくことを考えております。

5. 調査協力への同意

　調査にご協力いただける方は，質問紙に回答後，同封の封筒にて返送をお願い致します。ご回答いただくことで，調査協力に同意いただけたものと判断させていただきます。

6. 実施時期

　年末（学期末）のお忙しい時期に恐縮いたしますが，アンケート到着後，2週間程度を目安に，ご返送いただければ幸いです（もちろん，それ以降でも結構です）。

　何卒，調査にご協力くださいますよう，重ねて，お願い申し上げます。

　末筆ながら，向寒の候，また，年末の慌ただしい時期，先生方におかれましては，くれぐれもご自愛くださいますように。

草々

著者略歴

高柳 真人（たかやなぎ　まさと）

1957年，東京都生まれ。1982年，筑波大学大学院教育研究科（学校教育コース）を修了し，東京都立農芸高等学校に着任（教諭）。1991年から，筑波大学附属坂戸高等学校教諭。1997年，筑波大学大学院教育研究科（カウンセリングコース）を修了。2001年から高知大学教育学部に着任（助教授。2007年から教授）。2008年，びわこ成蹊スポーツ大学に着任（教授）。2015年，筑波大学大学院人間総合科学研究科生涯発達科学専攻を修了し，博士（カウンセリング科学）の学位を授与される。2017年，京都教育大学教職キャリア高度化センターに着任（教授）し，現在に至る。

シャイな教師の教職遂行を規定する認知的要因に関する研究

2019年1月25日　初版第1刷発行

著　者　　高　柳　真　人
発行者　　風　間　敬　子
発行所　　株式会社　風　間　書　房
〒101-0051　東京都千代田区神田神保町1-34
電話03(3291)5729　FAX 03(3291)5757
振替00110-5-1853

印刷　藤原印刷　　製本　高地製本所

©2019　Masato Takayanagi　　　　　NDC 分類：140
ISBN978-4-7599-2260-8　　Printed in Japan

JCOPY〈(社)出版者著作権管理機構 委託出版物〉

本書の無断複製は，著作権法上での例外を除き禁じられています。複製される場合はそのつど事前に(社)出版者著作権管理機構（電話03-5244-5088，FAX 03-5244-5089, e-mail: info@jcopy.or.jp）の許諾を得て下さい。